데일카네기
나의 멘토 링컨

데일카네기
나의 멘토 링컨
LINCOLN THE UNKNOWN

1판 1쇄 발행 2010년 4월 12일
1판 2쇄 발행 2010년 12월 15일

지은이 | Dale Carnegie
옮긴이 | 강성복, 이인석
펴낸이 | 박찬영
기획편집 | 박시내, 김혜경, 한미정, 봉하연, 김진아
교정 | 송인환
마케팅 | 이진규, 장민영

발행처 | 리베르
주소 | 서울시 용산구 용산동5가 24번지 용산파크타워 103동 505호
등록번호 | 제2003-43호
전화 | 02-790-0587, 0588
팩스 | 02-790-0589
홈페이지 | www.리베르.kr www.liberbooks.co.kr
커뮤니티 | blog.naver.com/liber_book(블로그)
          cafe.naver.com/talkinbook(카페)
e-mail | skyblue7410@hanmail.net

ISBN | 978-89-91759-84-8 (04320)

Korean Translation Copyright ⓒ 2010 by LIBER BOOKS.

리베르(LIBER)는 디오니소스 신에 해당하며 책과 전원의 신을 의미합니다.
또한 liberty(자유), library(도서관)의 어원으로서 자유와 지성을 상징합니다.

데일 카네기
나의 멘토 링컨
Lincoln The Unknown

데일 카네기 지음 ✢ **강성복 · 이인석 옮김**

리베르

Abraham Lincoln

나의 어머니와 아버지께 바칩니다.

저자 서문

이 책을 어떻게, 왜 썼는가?

몇 년 전, 어느 봄날이었다. 평소와 같이 나는 런던에 있는 다이사르트 호텔에서 아침 식사를 하면서 〈모닝 포스트〉 칼럼에서 미국에 관한 새로운 소식이 있는지 찾고 있었다. 보통 때 같으면 대개 새로운 소식이 없었는데, 그날 아침은 운 좋게도 뜻밖의 값진 보물을 하나 건졌다.

지금은 고인이 됐지만 '영국 하원의 아버지'로 이름난 T. P. 오코너가 그 당시 '인물과 회고'라는 칼럼을 〈모닝 포스트〉에 연재하고 있었는데, 그 특별한 날부터 며칠 동안은 마침 에이브러햄 링컨을 다뤘다. 특이하게도 오코너는 링컨의 정치 활동뿐만 아니라 그의 슬픔과 거듭되는 실패, 가난과 앤 러틀리지와의 열애, 그리고 메리 토드와의 비극적인 결혼 등 개인적인 면을 다루고 있었다.

　나는 그 연재 칼럼을 상당히 흥미롭게 읽었는데, 한편으로는 놀라기도 했다. 링컨의 고향에서 그리 멀지 않은 미국 중서부 지방에서 내 생애의 첫 20년을 보냈고, 게다가 항상 미국 역사에 굉장한 관심을 가지고 있던 나는 누구보다도 링컨의 일생을 잘 안다고 생각하고 있었다. 그런데 곧 그렇지 않다는 것을 알게 되었다. 사실, 나는 링컨과 같은 미국인인데도, 런던에 와서 아일랜드 사람이 쓴 일련의 칼럼 기사를 영국 신문에서 읽고 난 뒤에야 링컨의 일생이 어느 누구의 삶보다 흥미롭다는 사실을 알게 되었다.

　정말 안타깝게도 나만 이 같은 사실을 모르고 있었던 게 아닌가 하는 의문이 들었다. 하지만 그런 의문은 오래가지 않았다. 나는 곧 이 문제를 놓고 많은 미국인들과 의견을 나누었는데 그들 역시 마찬가지였다. 그들이 링컨에 대해 알고 있는 것들은 모두 다음과 같은 이야기들이었다. 즉, 링컨은 통나무 집에서 태어났고, 수 킬로미터를 걸어 책을 빌려와 밤이면 그 책을 난롯가 마룻바닥에 드러누워 읽었으며, 울타리를 만들기 위해 통나무를 쪼갰고, 변호사가 되었으며, 웃기는 이야기를 했고, 사람의 다리는 땅에 닿을 정도면 된다고 했으며, '정직한 에이브'로 불렸고, 더글러스 의원과 논쟁을 벌였으며, 미합중국의 대통령으로 선출되었고, 실크 모자를 썼으며, 노예들을 해방시켰고, 게티즈버그에서 연설했으며, 다량의 위스키를 장군들에게 보내기 위해 그랜트 장군이 어떤 위스키를 마셨는지 알았으면 좋겠다고 말했고, 워싱턴의 한 극장에서 부스에게 저격당했다는 등의 이야기들이었다.

〈모닝 포스트〉에 연재된 그 칼럼을 보고 난 뒤, 나는 대영박물관 도서관에 가서 링컨에 관한 책을 많이 읽었다. 읽으면 읽을수록 그에게 더 끌리게 됐는데, 마침내 열정에 사로잡혀 링컨에 대한 책을 쓰기로 결심했다. 그러나 나는 학자나 역사가들을 위한 학문적인 논문을 만들어내기 위해 필요한 그런 간절함이나 기질, 교육, 혹은 능력이 내게는 없다는 것을 알고 있었다. 게다가 내가 읽은 그런 종류의 책이 또 한 권 나온다고 해서 무슨 의미가 있을까 하는 회의(懷疑)가 들었다. 왜냐하면 훌륭한 책들이 이미 많이 나와 있었기 때문이다. 하지만 링컨에 관한 책들을 많이 읽고 나자, 나는 바쁘고 급하게 살아가는 보통의 현대인들을 위해 링컨의 생애를 간단하고 간결하게 묘사한, 아주 흥미로운 사실을 담은 짤막한 전기가 정말 필요하겠다는 생각이 들었다. 그래서 나는 그런 책을 쓰기로 했다.

나는 유럽에서 시작해 1년 동안 부지런히 그 작업에 매달렸고, 그런 다음 2년 동안은 뉴욕에서 작업했다. 하지만 그 뒤

나는 그동안 내가 쓴 것들을 모두 찢어 휴지통에 버리고 말았다. 그리고 링컨이 꿈을 꾸었고 열심히 일한 곳을 바탕으로 링컨의 전기를 쓰기 위해 일리노이로 갔다. 그곳에서, 땅을 측량하고 울타리를 세우고 돼지들을 시장으로 싣고 가도록 링컨을 도왔던 사람들의 후손들과 몇 달 동안 함께 지냈다. 또한 몇 달씩이나 오래된 책과 편지들, 연설문들과 절반은 잊힌 신문들, 그리고 곰팡내 나는 법정 기록물들을 탐구하며 링컨을 이해하고자 애썼다.

나는 피터즈버그의 조그마한 마을에서 여름을 보냈다. 뉴세일럼의 복구된 마을에서 1.6킬로미터 떨어진 그곳은 링컨이 일생 중 가장 행복하고 가장 많이 성장했던 시기를 보낸 곳이다. 그곳에서 링컨은 방앗간과 잡화점을 운영했고, 법학을 공부했으며, 대장장이로 일했고, 닭싸움과 경마 시합의 심판을 봤으며, 사랑에 빠졌고 또한 상처를 입기도 했다.

하지만 그 전성기 때에도 뉴세일럼의 주민 수는 100명이 넘지 않았으며, 전성기라고 해보았자 약 10년 정도 지속되었을 뿐이다. 링컨이 그 마을을 떠나고 나자 바로 그곳은 버려져서, 무너진 오두막집에는 박쥐와 제비들이 둥지를 틀었으며, 반세기가 넘도록 소들이 그 지역 일대에서 방목되었다.

하지만 몇 년 전, 일리노이 주는 그곳을 인수하여 국립공원으로 만들었으며, 100년 전 그곳에 있었던 통나무집을 그대로 복원했다. 그래서 오늘날 뉴세일럼이라는 그 버려졌던 마을은 링컨이 살던 시대의 모습과 아주 흡사해 보인다.

링컨이 그 아래에서 전력을 다해 공부하고 사랑을 나누었던 백참나무들은 아직까지 변함없이 그대로 서 있다. 매일 아침 나는 타자기를 싣고 피터즈버그에서 그곳까지 차를 몰고 가, 이 책의 절반 정도를 그 나무들 아래에서 썼다. 글을 쓰기에 그곳은 정말 아름다운 곳이었다. 앞으로는 굽이굽이 생겨

먼 강이 흘렀고, 내 주변에는 메추라기가 아름답게 우짖는 숲과 풀밭이 펼쳐져 있었다. 참나무 사이로 어치와 멧새, 홍관조가 이따금씩 날아들었다. 그곳에서 나는 링컨을 온전히 느꼈다.

여름날 밤 가끔 혼자 그곳에 가면 쏙독새들이 생거민 강둑 근처 숲 속에서 지저귀고 있었고, 밤하늘의 달빛은 러틀리지 선술집을 비추고 있었다. 문득 100년 전, 이곳에서 젊은 에이브 링컨과 앤 러틀리지가 달빛 아래 손잡고 거닐며, 새소리를 들으면서 결코 이루어질 수 없는 황홀한 꿈을 꾸었던 그 밤이 떠올랐다. 링컨은 이곳 뉴세일럼에서 그 어느 때보다도 더없이 행복했을 것이다.

링컨의 연인의 죽음에 관련된 장면을 쓰기 시작했을 때, 나는 접이용 탁자와 타자기를 차에 싣고 시골 길을 달려 돼지우리와 소들이 있는 목초지를 지나 조용하고 한적한 곳에 이르렸다. 그곳은 앤 러틀리지가 잠들어 있는 곳이었다. 그때는 완전히 버려져서 여기저기 풀들이 무성하게 자라 있었다. 무덤에 가까이 가기 위해 잡초와 관목 그리고 덩굴들을 베어내야만 했다. 링컨이 와서 눈물을 흘렸던 바로 그곳에는 그의 슬픈 이야기가 고스란히 배어 있었다.

이 책의 여러 장(章)은 스프링필드에서 쓴 것이다. 어떤 장은 링컨이 16년 동안 불행하게 살았던 고향의 거실에서, 또 어떤 장은 첫 취임 연설문을 작성했던 책상에서, 그리고 그 밖의 장은 메리 토드에게 구애도 하고 다투기도 했던 곳에서 집필했다.

데일 카네기

저자서문 이 책을 어떻게, 왜 썼는가? 6

PART 1
자기 계발에 매진한 링컨에게서
노력의 중요함을 배우다

링컨의 직계 조상 이야기 30   어머니의 죽음과 가난했던 유년 시절 44

거의 받지 못한 정규 학교교육 56   링컨의 자기 계발과 앤 러틀리지와의 만남 68

연인인 앤 러틀리지의 죽음과 링컨의 좌절 84

변호사 일의 시작과 메리 토드와의 약혼 101   파경에 이른 메리 토드와 링컨 115

메리 토드와의 사랑 없는 결혼 129

PART 2
수많은 실패를 경험한 링컨에게서
성공을 배우다

불행한 결혼 생활의 시작 138   아내 메리 토드와의 경제적 갈등 154

비참한 가정생활 161   '정치적 자살'의 쓰라린 경험 173

재기했지만 또다시 맛본 실패 183   정치적 적수 더글러스에게 패배 197

공화당 대통령 후보에 뽑힌 링컨 217   대통령에 당선된 링컨 226

링컨의 워싱턴 입성과 남북전쟁의 조짐 243

PART 3
남북전쟁을 승리로 이끈 링컨에게서 리더십을 배우다

남북전쟁의 시작 254 소심하고 나약한 북군 사령관 매클렐런 265

북군 지휘관에 대한 링컨의 고민과 아들 윌리의 죽음 274 내각의 불화 287

노예해방 선언과 그 여파 309 게티즈버그 전투에서의 승리와 링컨의 연설 325

온 나라가 기다려왔던 위대한 지휘관, 그랜트 346

대통령 재선에 성공한 링컨 365 남군의 항복으로 끝이 난 남북전쟁 382

23년 동안 링컨이 견딘 가정의 불행 388 부스의 링컨 저격 404

PART 4
죽은 뒤 더 존경 받는 링컨에게서 위대함을 배우다

링컨의 죽음을 애도하는 국민들의 물결 424 저격범 부스의 최후 431

저격범 부스를 둘러싼 의혹 454 링컨 사후의 링컨 부인 468

링컨 묘지 도굴 사건과 링컨 유해의 이장 487

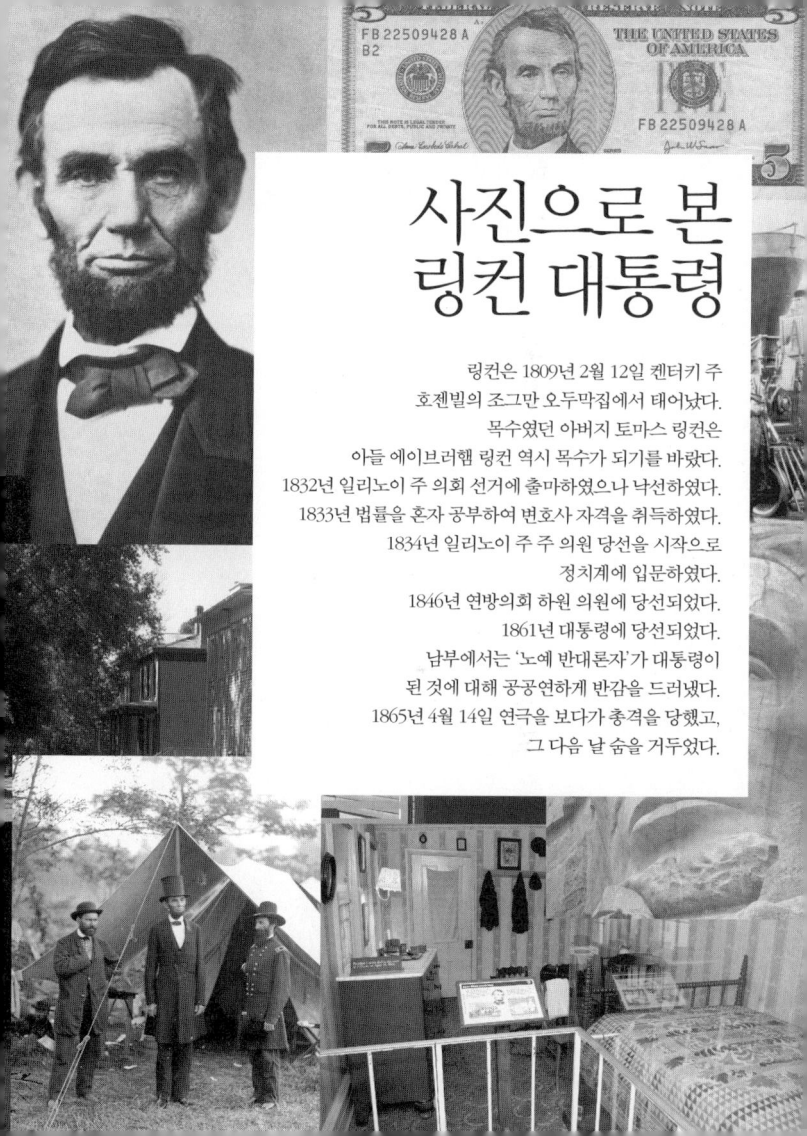

사진으로 본 링컨 대통령

링컨은 1809년 2월 12일 켄터키 주 호젠빌의 조그만 오두막집에서 태어났다. 목수였던 아버지 토마스 링컨은 아들 에이브러햄 링컨 역시 목수가 되기를 바랐다.
1832년 일리노이 주 의회 선거에 출마하였으나 낙선하였다.
1833년 법률을 혼자 공부하여 변호사 자격을 취득하였다.
1834년 일리노이 주 주 의원 당선을 시작으로 정치계에 입문하였다.
1846년 연방의회 하원 의원에 당선되었다.
1861년 대통령에 당선되었다.
남부에서는 '노예 반대론자'가 대통령이 된 것에 대해 공공연하게 반감을 드러냈다.
1865년 4월 14일 연극을 보다가 총격을 당했고, 그 다음 날 숨을 거두었다.

링컨의 백악관 공식 초상화

링컨의 「게티즈버그 초상」
링컨이 게티즈버그 연설을 하기 2주 전인 1863년 11월 8일에 찍은 사진이다.

링컨 자택 국립 사적지
일리노이 주 스프링필드에 링컨이 살았던 마을을 재현해 놓았다.

에이브러햄 링컨이 어린 시절을 보낸 오두막
링컨이 태어난 켄터키 주 호젠빌의 기념공원에 재현돼 있다.

에이브러햄 링컨의 아내, 메리 토드 링컨
링컨은 메리 토드와 연애결혼을 했지만 성장 환경에서 온 차이는 극복하지 못한 것 같다.
메리는 명문 가문에서 자랐기 때문에 예의범절이 몸에 배어 있었던 데 반해,
목수의 아들인 링컨은 자유분방하게 자랐기 때문에 두 사람 사이에는 자주 충돌이 있었다.
어떤 사람은 메리가 악처였다고도 말하지만, 그녀는 나름대로 행복한 결혼 생활을 했다.

노예해방을 선언하고 있는 링컨 대통령

왼쪽부터 에드윈 스탠턴 국방장관, 새먼 체이스 재무장관, 링컨 대통령, 기드온 웰스 해군장관, 칼렙 스미스 내무장관, 윌리엄 수어드 국무장관, 몽고메리 블레어 체신장관, 에드워드 베이츠 법무장관.

전황을 점검하는 링컨

링컨 대통령이 메릴랜드 주의 앤티텀 전장 가까이에 있는 막사에서 조지 매클렐런 장군과 함께 전황을 점검하며 대화를 나누고 있다(1862년 10월).

남북전쟁 당시의 링컨

링컨 대통령이 남북전쟁의 첫 전투인 앤티텀 전투 직후인 1862년 10월 3일에 앨런 핑커톤(왼쪽), 존 매클러넌드 장군(오른쪽)과 함께 찍은 사진이다. 링컨을 암살의 위험으로부터 구해준 핑커톤은 시카고 경찰서의 첫 탐정이 된 후 미국에서 처음으로 탐정사무소를 열었다.

에이브러햄 링컨의 암살
포드 극장에서 부스가 링컨을 암살하고 있다.
왼쪽부터 헨리 래스본, 클라라 해리스, 메리 토드 링컨, 에이브러햄 링컨, 존 윌크스 부스.
링컨을 암살한 부스의 배후에 남부의 결사 단체가 사주했다는 설도 있으나,
부스는 재판도 받기 전에 의문사했기 때문에 배후가 분명하게 밝혀지지 않았다.

포드 극장의 대통령석

포드 극장
링컨은 워싱턴 시내에 있는 포드 극장에서 공연을 보던 도중
암살범이 쏜 권총에 맞아 숨졌다.

링컨이 죽음을 맞이한 방
총에 맞은 링컨은 포드 극장의 길 건너편에 있는 어느 가정집의 침대 위에 눕혀졌다.
그 가정집은 지금도 그대로 보존되어 링컨 기념관으로 사용되고 있다.

링컨의 영구 열차
워싱턴의 백악관에서 일리노이 주의 스프링필드까지 운행되었다.

링컨센터
미국 제16대 대통령 에이브러햄 링컨을 기념하기 위해 지은 건물이다.

링컨의 조각상
링컨은 집 전체가 방 한 칸 크기도 안 될 정도로 작은 오두막에서 태어나 돈도 없고 출세할 기회도 적었지만 결국 미국의 대통령이 되었다.

러시모어 산의 링컨 바위 조각

1. 링컨의 직계 조상 이야기
2. 어머니의 죽음과 가난했던 유년 시절
3. 거의 받지 못한 정규 학교교육
4. 링컨의 자기 계발과 앤 러틀리지와의 만남
5. 연인인 앤 러틀리지의 죽음과 링컨의 좌절
6. 변호사 일의 시작과 메리 토드와의 약혼
7. 파경에 이른 메리 토드와 링컨
8. 메리 토드와의 사랑 없는 결혼

PART

1

자기 계발에 매진한 링컨에게서 노력의 중요함을 배우다

링컨의 **직계 조상** 이야기

⚜ I ⚜

자신의 어머니가 서출(庶出)이라는 결함에도 불구하고,
링컨은 버지니아의 혈통 좋은 외할아버지를 중시했고,
그에 대해 자부심을 가졌다.

당시 포트 해러드로 불렸던 켄터키 주 해로즈버그에 앤 맥긴티라는 여인이 살고 있었다. 그녀와 그녀의 남편은 켄터키 주에서 처음으로 돼지를 치고 오리를 기르고 물레를 이용한 사람이라고 알려져 있다. 어둡고 비참한 그 황무지에서 최초로 버터를 만든 사람 또한 그녀라고 한다. 하지만 그녀를 높이 평가해야 하는 진짜 이유는 그녀가 개발한 새로운 방직 기술을 통해 경제적인 기적이 이루어졌다는 사실이다.

그 당시 신비에 싸인 인디언 거주 지역에서는 목화를 재배할 수도 없고, 구입할 수도 없었다. 사나운 이리 떼들이 양들을 자주 습격했으므로 양을 키우기도 힘들었다. 그곳에서 옷감을 만들 수 있는 재료를 구하는 것은 거의 불가능했다. 이런 상황에서 앤 맥긴티가 개발한 방식으로 실을 뽑아 '맥긴티 표 옷감'을 만들었던 것이다. 그녀는 지천으로 널려 있던 값싼 쐐기풀 보푸라기와 들소 털을 재료로 삼아 옷감을 짰다.

그것은 엄청난 발견이었다. 주부들은 240킬로미터나 되는 맥긴티의 오두막으로 찾아와 새로운 기술을 배워갔다. 그들은 그곳에서 실을 잣고 직물을 뜨면서 수다를 떨었다. 그런데 여인들이 항상 쐐기풀과 들소 털에 관해서만 얘기를 나눈 것은 아니었다. 그들의 대화는 이웃에 대한 험담이 대부분이었다. 앤 맥긴티의 오두막은 순식간에 그 일대에서 일어나는 모든 스캔들의 정보 센터가 되어버렸다.

당시 간음은 고발당하는 범죄였으나, 혼인을 앞두고 애를 낳는 것은 손가락질은 받았지만 범죄는 아니었다. 잘못된 과거로 고통 받는 여자들의 과오를 캐내어 법원에 고발하는 일은 앤 맥긴티와 그녀의 오두막에 모인 여인들에게 더할 나위 없는 희열을 주는 일이었다. 그들은 달리 할 일이 없었던 것이다.

포트 해러드 형사 법원에는 맥긴티 오두막의 여인들이 간음 혐의로 고발한 불운한 여인들에 관한 수많은 기록이 있다. 1783년 봄 해로즈버그에서는 열일곱 건의 재판이 열렸는데, 그중 여덟 건이 간음죄를 다룬 재판이었다. 이런 고발 사건 가운데 하나가 1789년 11월에 대배심에 의해 제기된 '루시 행크스 간음 사건'이었다.

루시가 고발된 건 이 사건이 처음이 아니었다. 최초의 사건은 수년 전 버지니아에 있었을 때 일어났다. 그 사건은 아주 오래전의 일이고 기록이 거의 남아 있지 않아서, 서너 가지 사실은 확인되지만 그 내막은 알 길이 없다. 하지만 여기저기 흩어져 있는 자료들을 그러모아 사건을 재구성했다. 핵심적인 뼈대는 나름대로 분명해 보인다.

버지니아에는 한쪽에는 래퍼해넉 강이 흐르고 다른 쪽에는 포토맥강이 흐르는 좁고 긴 지역이 있는데, 여기가 행크스 가족의 고향이다. 이곳에는 워싱턴과 리, 카터, 폰틀로이 등 뼈대 있는 가문들이 많이 살고 있었다. 코담배를 즐기고 실크 바지를 입는 이 귀족들도 일요일이면 교회에 나와 예배를 보았고, 행크스 가족처럼 가난하고 배우지 못한 이웃들도 그들과 같은 교회에 다녔다.

1781년 11월 두 번째 일요일, 루시 행크스는 평소와 같이 교회 예배에 참석했다. 마침 워싱턴 장군이 라파예트 장군을 교회로 초대한 날이라 사람들은 목을 길게 빼며 그 유명한 프랑스인이 어떤 사람인지 구경하려고 애쓰고 있었다. 그때는 라파예트가 워싱턴을 도와 요크타운에서 영국의 콘월리스 경의 군대를 사로잡은 지 한 달밖에 안 되는 시점이었다. 마지막 찬송과 축복 기도로 예배가 끝나자, 신도들은 한 줄로 나아가 군대의 두 영웅과 악수를 나누었다.

라파예트에게는 군사전략과 국정 외에도 좋아하는 분야가 있었다. 그는 젊고 예쁜 여성들에게 깊은 관심을 갖고 있었다. 여성을 소개 받았을 때 매력적이라고 느껴지면 키스로 경의를 표하는 것이 그의 습관이었다. 그 특별한 아침, 교회 앞에서 그는 일곱 명의 여성에게 키스를 했다. 사람들은 그날 예배에서 목사님이 낭랑하게 읽어준 누가복음 3장보다 그의 행동에 대해 훨씬 더 많이 수군거렸다. 그의 키스를 받은 행운의 주인공 가운데 한 명이 루시 행크스였다. 이 키스로 인해 벌어진 일련의 사건들은 라파예트가 미국을 위해 싸웠던 그 모든 전투를 합친 것만큼이나 크게 미국의 미래를 바꾸어놓았다. 어쩌면 그보다 더 크다고 해야 할지도 모르겠다.

그날 아침 신도들 중에 부유한 귀족 총각이 한 명 있었다. 그도 행크스 집안에 대해서는 어렴풋이 알고 있었다. 그 집안은 자신이 사는 세상과는 너무나 동떨어진 저 밑바닥에서 가난에 찌들어 읽고 쓰는 걸 배우지도 못하고 사는 무리 가운데 하나일 뿐이었다. 하지만 그날 아침, 물론 순전히 그의 상상이었는지도 모르지만, 그의 눈에는 라파예트가 다른 여성들보다 루시 행크스에게 좀 더 열정적이고 적극적으로 키스를 하는 것으로 보였다.

농장 주인이었던 이 총각은 두 가지 면, 즉 전략의 귀재이면서 여성을 보는 눈이 남다르다는 점에서 라파예트 장군을 높이 평가하고 있었다. 이 총각이 루시 행크스에 대해 헛된 꿈을 품게 된 것은 어쩌면 당연한 일이었다. 그리고 가만히 생각해보면 세상에서 가장 아름답다고 알려진 미인들 가운데는 루시처럼 매우 가난한, 어쩌면 그보다 더욱 누추한 환경에서 나온 경우가 종종 있지 않은가. 넬슨 제독의 연인으로 유명한 해밀턴 부인이 그랬고, 마담 뒤바리 또한 찢어지게 가난한 양재사의 서출이었다. 마담 뒤바리는 글자를 거의 읽지 못했지만 루이 15세 비호하에 프랑스를 통치하다시피 했다. 이런 역사적 전례들은 그 총각에게 위안을 주었다. 그에게 그의 욕구가 나름대로 고상한 것이라는 생각도 들게 했다.

그날은 일요일이었다. 그 다음 날인 월요일, 그는 이리저리 궁리를 하며 하루를 보냈다. 화요일 아침, 그는 행크스

가족이 사는 지저분한 오두막으로 말을 몰았다. 그리고 루시를 자신이 소유하고 있는 농장의 하녀로 고용했다. 그는 이미 많은 노예들을 소유하고 있어서 더 이상의 하녀가 필요하지 않았다. 그런데도 그는 루시를 고용하여 가벼운 집안일을 시켰다. 그리고 다른 노예들과는 절대 어울리지 못하게 했다.

그 당시에는 버지니아의 많은 부유층들이 자신들의 아들을 영국으로 보내 교육시키는 것이 관례였다. 루시의 주인도 옥스퍼드를 다녔으며, 귀국하면서 자신이 소중하게 여겼던 장서들을 갖고 왔다. 어느 날 우연히 서재로 들어서던 그는 루시가 걸레를 손에 든 채 자리에 앉아서 역사책의 삽화를 열심히 들여다보고 있는 걸 발견했다.

하녀가 주인의 책을 읽는 것은 적절치 않은 행동이었다. 그는 루시를 혼낼 수도 있었지만 그러지 않았다. 대신 서재 문을 닫고 앉아서 각각의 삽화에 붙어 있는 설명을 읽어주며 그것이 무슨 뜻인지 루시에게 가르쳐주었다. 루시가 진지하게 들을 때만 해도 그러려니 하던 그도 마침내 그녀가 읽고 쓰기를 배우고 싶다고 털어놓았을 때는 깜짝 놀라지 않을 수 없었다.

지금은 하녀가 글을 읽는 것이 그렇게 놀라운 일이 아니지만 1781년도에 하녀가 이런 갈망을 품었다는 것이 얼마나 놀라운 일이었는지 우리로서는 상상도 할 수 없다. 그 당시 버지니아에는 무료 교육이라는 게 없었고, 지주라 해도 증서에 자신의 이름을 쓸 줄 아는 사람이 채 절반도 되지 않았다. 여성들이 땅을 양도할 때는 누구나 이름 대신 자신의 표식을 그리는 게 전부이던 시절이었다.

이런 시절에 감히 읽고 쓰기를 배우고 싶다는 하녀가 나타난 것이었다. 버지니아에서 가장 현명한 사람조차도 이런 행동을 보았다면 혁명까지는 아니어도 위험한 생각이라고 했을 것이다. 하지만 루시의 호소가 그녀의 주인에게는 효과가 있었다. 그는 자발적으로 그녀의 개인 교사가 되겠다고 나섰다. 그날 저녁 식사가 끝난 후 그는 그녀를 서재로 불러 알파벳을 하나씩 가르치기 시작했다. 그렇게 며칠이 지난 어느 날, 그는 깃펜을 잡은 그녀의 손 위에 자신의 손을 올려놓고 어떻게 글자를 쓰는지 가르쳐주었다.

그는 그녀를 오랫동안 가르쳤다. 그리고 그의 노력은 그가 자랑할 만한 결과를 만들어냈다. 그녀가 쓴 장식체 견본 하나가 지금도 남아 있는데, 거기에는 그녀가 휘갈긴 대담하고 자신 있는 필체가 고스란히 남아 있다. 그녀의 글씨에는 그녀의 정신과 인격, 그리고 강인한 개성이 배어 있다.

루시는 '허가(approbation)' 같은 어려운 단어를 썼고 철자 또한 정확했다. 조지 워싱턴과 같은 사람들도 철자법이 완벽하지 않았던 시절에, 그녀가 보여준 성취는 대단하다고 할 만했다.

그날의 읽기와 철자 공부를 마치고 나면 루시와 그녀의 선생은 서재에 나란히 앉아서 난로의 흔들리는 불길을 바라보기도 하고 숲 속 나무 위로 떠오르는 달을 쳐다보기도 했다. 주인과 하녀는 사랑에 빠졌다. 그녀는 그를 신뢰했다. 하지만 그녀의 신뢰는 지나쳤고, 결국 우려할 만한 일이 생기고 말았다. 몇 주 동안 그녀는 밥을 잘 먹지도 못하고 잠도 거의 잘 수 없었다. 계속되는 걱정으로 그녀의 얼굴은 초췌해졌다. 이제는 스스로도 더 이상 부인할 수 없는 시간이 되자 그녀는 그에게 사실을 털어놓았다. 잠깐이나마 그는 그녀와의 결혼을 생각했다. 하지만 그건 잠깐뿐이었다. 가족, 친구들, 사회적 신분, 저쪽 집안과의 관계, 그다지 달갑지 않은 만남들……. 이건 아니었다. 게다가 그는 그녀에게 싫증이 나던 참이었다. 그는 돈을 주고 그녀를 내보냈다.

한 달, 두 달이 지나며 루시의 배가 불러오자 사람들은 그녀에게 손가락질을 해대며 멀리했다. 어느 일요일 아침, 대담하게도 루시가 아기를 안고 교회에 나타났다. 바로 예배당 안에서 난리가 벌어졌다. 정숙한 체하는 여자들은 분개했다. 예배당 안에서 벌떡 일어서서 당장 저 매춘부를 내쫓으라고 길길이 날뛰는 여자도 있었다.

　루시의 아버지는 딸이 모욕당하는 상황을 더 이상 보고 싶지 않았다. 행크스 가족은 보잘것없는 가재도구 몇 가지를 짐마차에 싣고 윌더니스 로드를 따라 컴벌랜드 골짜기를 넘어 켄터키 주의 포트 해러드에 정착했다. 그곳에는 그들을 아는 사람이 아무도 없었다. 그래서 그들은 루시 아이의 아버지에 대해 스스럼없이 둘러댈 수 있었다.

　포트 해러드에서도 루시는 여전히 아름다웠다. 버지니아에서와 마찬가지로 남자들에게 그녀는 아주 예쁘고 매력적인 여성이었다. 남자들은 그녀를 쫓아다니면서 그녀의 환심을 사려고 했다. 그녀는 다시 사랑에 빠졌다. 이번은 예전보다 더 쉽게 잘못된 길로 들어섰다. 누군가 이 사실을 알게 되었고, 이 사실은 또 다른 누군가에게 전해졌다. 그러다 마침내 앤 맥긴티의 오두막에까지 그 소문이 퍼지게 되었다. 이전에 그랬던 것처럼 대배심은 루시를 간음죄로 고발하였다. 하지만 보안관은 루시가 법의 심판을 받아야 할 그런 여성이 아니라는 것을 알고 있었다. 그는 소환장을 자신의 호주머니에 넣고 사슴 사냥을 하러 감으로써 그녀를 소환하지 않고 그냥 내버려두었다.

그때가 11월이었다. 그 뒤 이듬해 3월에 법정이 다시 열렸다. 그 자리에서 어떤 한 여성이 또 다른 안 좋은 소문을 거론하면서 바람둥이 루시를 법정으로 끌고 와 심문해야 한다고 주장했다. 다시 소환장이 발부되었다. 루시는 대담하게도 소환장을 갈기갈기 찢은 다음 전달하러 온 사람의 얼굴에 휙 내던졌다. 다음 재판 기일은 5월이었는데, 이번에는 루시가 법정에 끌려가지 않을 도리가 없었다. 이때 멋진 청년 한 명이 나타나서 루시를 구해주었다. 그가 바로 헨리 스패로였다.

그는 말을 타고 마을로 들어와 그녀의 오두막 앞에 말을 묶어놓고 집 안으로 들어섰다. 그리고 그녀에게 아마 이런 식으로 말했을 것이다. "루시, 나는 여자들이 당신에 대해 이러쿵저러쿵 말하는 것에 대해 전혀 개의치 않소. 나는 당신을 사랑하오. 나와 결혼해주시오." 어쨌든 그는 루시에게 청혼했다. 하지만 그녀는 바로 결혼하고 싶지 않았다. 그녀는 스패로가 어쩔 수 없이 자기와 결혼하게 되었다는 식으로 소문이 도는 걸 원하지 않았다.

"헨리, 일 년만 기다려 주세요." 그녀가 고집했다. "그동안 정숙하게 살 수 있다는 걸 모든 사람들에게 증명해 보이고 싶어요. 일 년 뒤에도 여전히 저를 원한다면 그때 오세요. 당신을 기다리고 있을게요."

헨리 스패로는 곧바로 결혼 허가증(당시는 결혼 허가증을 발급받은 후 일정 기간이 지나야 결혼식을 올릴 수 있었다–옮긴이)을 발급받았다. 그게 1790년 4월 26일의 일이었다. 그 이후로 소환장 얘기는 다시 나오지 않았다. 일 년쯤 지난 후 그들은 결혼했다.

이런 일이 있고 나서도 앤 맥긴티 오두막집에 모인 여인들은 머리를 절레절레 흔들며 혀를 찼다. "그 결혼이 오래가겠어? 고년의 옛날 행실이 어디 가겠어?" 이런 말은 핸리 스패로의 귀에도 들어갔다. 모든 사람들이 그 소문을 들었다. 스패로는 루시를 보호하고 싶어서 그녀에게 더 먼 서부로 가 좀 더 우호적인 환경에서 다시 시작하는 게 어떻겠느냐고 제안했다.

그녀는 도피라는 전통적인 해결 방법을 거부했다. 자신은 아무 잘못이 없으므로 머리를 꼿꼿이 세우고 다니겠다고 선언했다. 그녀는 도망갈 생각이 전혀 없었다. 모든 어려움을 이겨내고 기필코 포트 해러드에서 정착하고 말겠노라고 굳게 마음먹고 있었다. 그리고 실제로 그렇게 했다. 루시는 거기에서 여덟 명의 자녀를 길렀다. 지난날 자신의 이름을 추문의 대명사로 여기던 바로 그 지역사회에서 그녀는 자신의 명예를 되찾았다. 루시의 아들 가운데 둘은 목사가 되었다. 그리고 손자 가운데 한 명, 그러니까 그녀가 결혼 전에 낳은 딸의 아들은 미합중국 대통령이 되었다. 그가 바로 에이브러햄 링컨이다.

이 얘기를 통해 우리는 링컨의 가까운 직계 조상이 어떤 사람들이었는지 살펴보았다. 링컨 자신은 버지니아의 혈통 좋은 외할아버지를 중요시했다. 윌리엄 H. 헌돈은 20년 동안 링컨의 법률 파트너였다. 그는 아마도 링컨이 고금에 드문 훌륭한 사람이었다는 것을 알고 있었을 것이다. 다행히도 그는 1888년에 세 권짜리 링컨 자서전을 썼다. 이 책은 링컨에 관한 수많은 책들 가운데 가장 중요한 책 중의 하나라고 꼽히고 있다. 그의 책 제1권 3쪽과 4쪽을 여기 옮겨보겠다.

링컨이 자신의 조상이나 혈통 문제에 대해 언급했던 것은, 내 기억으로는 단 한 번뿐이었다. 대략 1850년경, 내가 링컨과 함께 말 한 필이 끄는 마차를 타고 일리노이 주 메니드 카운티의 법정으로 갈 때의 일이었다. 우리가 맡은 이번 소송은 직접

적으로든 부차적으로든 유전적 특성이라는 문제를 다룰 가능성이 있는 사건이었다.

마차를 타고 가면서 그는 내 앞에서는 처음으로 자신의 어머니에 대해 얘기를 꺼냈다. 그는 어머니가 어떤 특징을 갖고 있었으며 자신이 어머니로부터 어떤 특징을 물려받았는지 일일이 열거하면서 설명했다.

이런저런 말끝에 그는 자신의 어머니가 할머니인 루시 행크스와 버지니아의 혈통 좋은 가문의 젊은 농장주 사이에서 태어난 서녀라는 사실을 털어놓았다. 그러면서 자신의 분석력, 논리력, 지적 활동, 야망 등을 포함해 행크스 집안의 다른 가족이나 자손들과 자신을 구분시켜주는 그 모든 특징이 외할아버지에게서 나왔다고 주장했다. 유전적 특성이라는 문제에 관해 그가 주장하는 요지는 무슨 이유에서인지는 몰라도 정상적인 혼인 관계보다는 그렇지 않은 관계에서 나온 후손이 더 강인하거나 더 똑똑하다는 것이었다. 그리고 그 자신의 경우에는 누군지는 모르지만 버지니아의 그 관대한 외할아버지에게서 좋은 성격과 뛰어난 자질을 물려받았다고 믿고 있었다.

고통스러운 가계의 비밀을 털어놓고 나자 자연스레 어머니에 대한 기억이 그의 뇌리에 되살아난 듯했다. 때마침 흔들리는 마차 안에서 그는 슬픈 어조로 이렇게 덧붙였다. "어머니에게 신의 은총이 있기를…… 내가 이룬 모든 것, 그리고 앞으로 내가 이룰 수 있는 모든 것이 다 어머니 덕분이라네." 그러고는 더 이상 입을 열지 않았다. 우리의 의견 교환은 그걸로 끝이 났고 그 후 상당한 시간 동안 서로 아무 말도 하지 않았다. 그는 슬픈 안색으로 무언가를 골똘히 생각하고 있었다. 아마도 그는 틀림없이 조금 전 자신이 한 말을 되씹어보면서 생각 속에 자신을 파묻은 채 주위에 장벽을 쌓고 있었을 것이다. 나는 그 장벽을 깨뜨리고 싶지 않았다. 그가 한 말과 그의 구슬픈 어조는 내게 깊은 인상을 남겼다. 내가 결코 잊지 못할 그런 경험이었다.

어머니의 죽음과
가난했던 유년 시절

❧ 2 ❧

아홉살 때 어머니를 잃은 링컨은 수년간 인디애나의
오두막에서 미래에 자신이 해방시킬 많은 노예들보다도
더욱 끔찍한 가난을 견뎌 나갔다.

링컨의 어머니 낸시 행크스는 친척 집에서 자랐다. 학교교육이라고는 전혀 받지 못한 것 같다. 문서에 서명 대신 표식을 한 것으로 보아 글도 쓰지 못했음을 알 수 있다. 그녀는 어둡고 깊은 숲 속에서 살았다. 친구도 거의 없었다. 스물두 살이 되었을 때 그녀는 날품을 팔거나 사슴을 사냥해서 먹고 사는 우둔한 남자와 결혼했다. 그는 켄터키 주에서도 가장 가난하고 못 배운 축에 속했다. 실제 이름은 토머스 링컨이었지만 그가 살던 등나무 숲 마을이나 주변 오지 사람들은 모두 그를 '링크혼'이라고 불렀다.

그는 되는대로 흘러 다니며 사는 떠돌이 부랑자로 배가 고플 때만 일거리를 찾는 사람이었다. 길도 닦고, 벌목도 하며, 덫으로 곰을 잡는 일도 하고, 토지를 개간하는 일도 하며, 옥수수를 재배하기는 일도 하고, 통나무집을 짓는 일도 했다. 총을 들고 죄수를 지키는 일도 세 차례 한 적이 있다고 한다. 1805년 켄터키 주 하딘 카운티에서는 말을 안 듣는 노예들을 잡아다가 채찍질하는 일을 하고 시간당 6센트를 받기도 했다.

그는 돈에 대한 개념이 전혀 없었다. 인디애나 주에 있는 한 농장에서 14년 동안이나 살았지만 돈을 모으기는커녕 일 년에 10달러밖에 안 되는 소작료도 내지 못할 정도였다. 한번은 가난에 찌든 아내가 단추가 없어서 뾰족한 가시로 옷을 여미고 있는데도 그는 켄터키 주 엘리자베스타운에서 자신이 쓸 실크 멜빵을 산 적도 있었다. 그것도 외상이었다. 얼마 후에는 경매에서 3달러를 주고 칼을 낙찰 받았다. 아마도 그는 맨발로 다니면서도 실크 멜빵을 하고 칼을 차고 다녔을 것이다. 결혼 직후 그는 마을로 이사해서 목수 일로 생계를 꾸려나가려고 애썼다. 방앗간 공사를 맡기는 했지만 목재를 반듯하게 다듬지도 못했고 길이에 맞춰 자르지도 못했다. 그에게 일을 맡긴 사람이 일이 제대로 안 됐다며 품삯을 한 푼도 주지 않는 바람에 세 건의 송사에 휘말려야 했다.

톰 링컨은 산골 출신이었다. 비록 아둔한 사람이었지만

자신이 갈 곳은 산골뿐이라는 사실을 깨달을 정도는 되었다. 그는 아내와 함께 숲 가까이에 있는 농장으로 되돌아갔다. 볼품없는 농장은 돌로 가득차 있었다. 하지만 그 농장을 버리고 도시로 들어가는 만용을 부리지는 않았다.

엘리자베스타운에서 그다지 멀지 않은 곳에 나무 하나 없이 광활하게 펼쳐진 땅이 있었다. 사람들은 그곳을 불모지로 여겼다. 인디언들이 수 세대에 걸쳐 그 땅에 불을 놓아 나무, 관목, 덤불 할 것 없이 모두 불태워버리는 바람에 햇볕이 잘 드는 그곳에는 풀들이 무성했고, 들소 떼만 한가로이 풀을 뜯어 먹고 있었다.

1808년 12월, 톰 링컨은 에이커당 66센트를 주고 '불모지'의 농장을 구입했다. 그 농장에는 사냥꾼들이 사용하던 아주 엉성한 오두막이 한 채 있었는데, 주변에는 야생 사과나무가 무성했다. 그곳에서 8백 미터 정도 되는 곳에 놀린 크리크의 남쪽 지류가 흐르고 있었다.

봄이 되면 개울가에 있는 말채나무에 하얀 꽃이 흐드러지게 피었다. 여름이 되면 푸른 하늘에서 매들이 한가로이 원을 그리며 날아다녔고, 키가 큰 풀들이 거대한 녹색 파도처럼 바람결에 물결쳤다. 이런 곳에 정착하겠다고 생각할 정도로 판단력이 부족한 사람은 그리 많지 않았다. 겨울이 되면 켄터키 주에서 그곳보다 더 외지고 황량한 곳은 없을 것이다.

1809년 한겨울 눈보라가 치는 어느 일요일 아침에 이토록 외지고 황량하기 그지없는 불모지의 한 귀퉁이에 자리한 사냥꾼의 오두막에서 에이브러햄 링컨이 세상에 태어났다. 바람에 흩날리던 눈은 통나무 틈을 비집고 들어와 옥수수 껍질이 깔려 있는 나무 침대 위에 누운 낸시 행크스와 아기가 덮고 있던 곰 가죽 위에 사뿐히 내려앉았다. 그로부터 9년 뒤, 개척 생활의 고난과 궁핍한 생활에 지친 그녀는 서른다섯의 나이로 세상을 떴다. 그녀는 행복이 어떤 것인지도 느끼지 못했다. 어디를 가건 서출이라는 꼬리표가 그녀를 따라다녔다. 그날 아침 그녀가 미래를 내다볼 수 있었다면, 그녀가 고통으로 점철된 바로 그 자리에 자신에게 감사하며 후세 사람들이 세운 대리석 전당을 볼 수만 있었다면, 얼마나 행복했을 것인가. 참으로 안타까운 일이 아닐 수 없다.

당시 개척이 이루어지던 황야에서 종이돈은 별로 쓸모가 없었다. 그 가치를 인정받지 못하는 경우가 많았던 것이다. 돈 대신 돼지, 사슴 고기, 위스키, 너구리 가죽, 곰 가죽, 농산물 등이 교환 수단으로 많이 이용되었다. 심지어 목사들도 신도들에게 헌금 대신 위스키를 받곤 했다. 에이브러햄

이 일곱 살이 되던 1816년, 톰 링컨은 옥수수 위스키 400갤런에 자신의 농장을 팔고 인디애나 주에 있는 인적 드문 야생의 숲으로 이주했다. 음울하면서도 외진 곳이었다. 가장 가까운 이웃은 곰 사냥꾼이었다. 사방이 온통 나무와 관목, 덩굴과 덤불로 우거져 있어 어디로든 가려면 칼로 나무 숲을 헤치며 나아가야 했다. 바로 이 '깊은 덤불 속'에서 에이브러햄 링컨이 14년을 살았다.

링컨 가족이 도착한 것은 이미 첫눈이 내릴 때였다. 톰 링컨은 서둘러 당시 '3면 오두막'이라고 불리던 집을 지었다. 요즘 같으면 헛간이라고 부를 것이다. 마루도 없고, 문도 없고, 창문도 없이 단지 장대와 잡목으로 지붕을 만든 정도였다. 나머지 한 면은 휑하니 열려 있어 바람과 눈, 진눈깨비, 추위가 그대로 들어왔다. 요즘의 현대화된 인디애나 농부들이라면 소나 돼지도 이렇게 열악한 축사에서 겨울을 나게 하지 않을 것이다. 하지만 톰 링컨은 그런 헛간에서도 자신과 가족들이 긴 겨울을 나기에 충분하다고 생각했던 모양이다. 안타깝게도 1816년에서 1817년까지의 그 겨울은 미국 역사상 가장 춥고 가장 혹독한 겨울이었다.

낸시 행크스와 아이들은 그 겨울을 거기서 보냈다. 마치 개들처럼 한쪽 구석 바닥에 깔린 나뭇잎과 곰 가죽 위에서 몸을 잔뜩 웅크리고 잤다.

그들에겐 먹을 것도 부족했다. 버터도 없고, 우유도 없었으며, 달걀이나 과일, 채소는 물론 심지어는 감자도 없었다. 짐승을 사냥하거나 견과류를 주워 먹으며 연명하는 수밖에 없었다.

톰 링컨은 돼지를 키우려고 해보았지만 먹을 게 부족한 곰들이 돼지를 공격해 산 채로 먹어 치웠다.

그 후 여러 해 동안 그곳 인디애나에서 에이브러햄 링컨은 나중에 자신이 해방시킨 노예들보다 더 끔찍한 가난을 견뎌내야 했다.

그 근처 사람들은 치과 의사라는 말을 들어본 적도 없었다. 그나마 가까운 병원도 35마일 가량 떨어져 있었다. 아내가 이가 아프다고 했을 때 톰 링컨은 다른 개척자들이 흔히 그러듯 히코리 나무로 못을 만들어 아픈 어금니에 대고 돌로 쳤을 것이다.

아주 옛날부터 중서부 지역의 개척자들은 '우유병'이라고 알려진 괴질에 시달렸다. 이 병은 소나 양, 말에게 치명적이기도 했지만 일가족의 목숨을 앗아가는 경우도 적지 않았다. 누구도 원인을 알지 못해 의학계에서도 백 년 이상 풀리지 않는 난제로 남아 있었다. 20세기 초에 와서야 서양등골

자기 계발에 매진한 링컨에게서 노력의 중요함을 배우다

나물이라는 풀을 먹은 가축 때문에 우유병에 걸린다는 사실이 과학적으로 확인되었다. 젖소가 이 독초를 먹으면 그 독이 우유를 통해 사람에게 전달되었던 것이다. 이 풀은 숲이 우거진 목초지와 그늘진 깊은 골짜기에서 잘 자라며 오늘날까지도 이 독초 때문에 죽는 사람들이 있다. 해마다 일리노이 주 농림부에서는 이 풀을 제거하지 않으면 죽을 수도 있다는 내용의 플래카드를 지방법원 건물에 붙여서 농민들의 경각심을 일깨우고 있다.

1818년 가을 이 악마의 저주가 인디애나 주 버크혼 계곡을 덮쳤다. 수많은 집들이 가족을 잃었다. 곰 사냥꾼 피터 브루너의 아내가 그 병에 걸리자 낸시는 그녀를 간호하려 그의 집으로 건너갔다. 반 마일 정도의 가까운 거리였다. 브루너의 아내는 결국 죽고 말았다. 그런데 갑자기 낸시가 몸이 이상한 걸 느꼈다. 머리는 빙빙 돌고 날카로운 통증이 복부를 꿰뚫는 듯했다. 연신 구토를 해가며 간신히 집으로 돌아온 낸시는 나뭇잎과 곰 가죽이 깔린 보잘것없는 침대에 누웠다. 손발은 얼음장처럼 차가웠지만 속은 불이라도 난 듯이 뜨거웠다. 그녀는 끊임없이 물을 찾았다. 물. 물. 물 좀 더 줘.

톰 링컨은 상징이나 징조에 대해 깊은 믿음을 갖고 있었다. 그녀가 앓아 누운 둘째 날 밤, 개 한 마리가 오두막 밖에서 길고도 애처롭게 울어댔다. 그는 모든 희망을 접고 아내가 곧 죽을 것이라고 말했다.

마침내 낸시는 베개에서 머리를 들 수도 없는 지경에 이르렀다. 말을 해도 입만 달싹거릴 뿐 목소리는 거의 들리지 않았다. 그녀는 에이브러햄 링컨과 그의 누나를 손짓으로 부른 다음 뭔가 말하려고 했다. 어머니가 하는 말을 듣기 위해 아이들은 몸을 기울였다. 그녀는 남매에게 서로 우애 있게 지내고 자신이 가르친 대로 살며 하느님을 섬기라고 말했다.

이것이 그녀의 마지막 말이었다. 후두부와 모든 내장 기관이 이미 마비 초기 단계에 들어선 상태였다. 그녀는 긴 혼수상태에 접어들었고, 결국 숨을 거두었다. 1818년 10월 5일, 병이 난 지 17일째 되는 날이었다.

톰 링컨은 아내의 눈을 감기고 두 개의 구리 동전을 아내의 눈 위에 올려놓았다(눈이 감겨 있도록 하기 위해 눈 위에 동전을 올리는 건 지금도 일부 지방에서 행하는 풍습이다-옮긴이). 그는 숲으로 가서 나무를 베어 판자를 만든 다음 나무못으로 그 판자들을 고정시켰다. 그리고 이 조악한 관에 루시 행크스의 딸, 슬픈 얼굴의 낸시 행크스의 피곤하고 지친 몸을 뉘었다.

2년 전, 톰 링컨은 아내를 썰매에 태워 이곳에 왔다. 이날, 그는 다시 썰매에 아내를 태우고 집에서 얼마 떨어지지 않은 수풀 우거진 언덕 위로 올라갔다. 그리고 예배도, 의식도 없이 아내를 땅에 묻었다.

이렇게 에이브러햄 링컨의 어머니는 세상을 떠났다. 그녀가 어떻게 생겼는지, 어떤 종류의 사람이었는지 우리는 앞으로도 영원히 알지 못할 것이다. 그녀는 짧은 생애를 어두컴컴한 숲 속에서 지냈으며, 만난 사람도 별로 없고, 또 그 사람들에게조차 뚜렷한 인상을 남기지 않았기 때문이다.

링컨 서거 직후, 그의 전기 작가 한 사람이 링컨의 어머니가 어떤 사람이었는지 알기 위해 백방으로 뛰어다닌 적이 있었다. 그녀가 세상을 떠난 지 이미 반세기가 흐른 뒤였다. 그 작가는 그녀를 만났다는 몇 명 안 되는 사람들을 찾아가 그녀에 관해 물어보았다.

하지만 그들의 기억은 마치 지금은 잊어버린 꿈속의 일처럼 희미했다. 심지어는 그녀의 외모에 대해서도 의견이 일치하지 않았다. 누구는 그녀가 '땅딸막하고 몸집이 있었다'고 하는 반면, 누구는 '호리호리하고 가냘펐다'고 했다. 눈동자도 누구는 검은색이라고 생각했고, 누구는 갈색이라고 했으며, 또 다른 누구는 초록색이라고 우겼다. 그녀와 15년 동안 한 지붕 아래서 살았던 사촌 동생 데니스 행크스조차도 처음에는 그녀의 머리가 밝은 색이었다고 했다가 자세히 생각해본 뒤에 그녀의 머리는 까만색이었다고 자신이 한 말을 뒤집었다.

사망 후 60년 동안 그녀의 무덤에는 위치를 알려주는 비석 하나 서있지 않았다. 그래서 오늘까지도 그녀의 묘에 대해서는 대략적인 위치만 알려져 있을 뿐이다. 그녀는 자신을 키워준 삼촌 부부와 함께 나란히 묻혀 있다. 세 개의 무덤 중 어느 것이 그녀의 무덤인지는 아무도 모른다.

아내가 죽기 얼마 전, 톰 링컨은 새 오두막을 한 채 지었다. 이번에는 벽이 네 개이긴 했으나 예전과 마찬가지로 마루도, 창문도, 출입문도 없었다. 입구에는 지저분한 곰 가죽이 걸려 있었고 내부는 어두우면서 퀴퀴한 냄새가 났다. 톰 링컨은 숲 속에서 사냥을 하며 대부분의 시간을 보냈으므로 집안일은 전적으로 두 남매의 몫이었다.

누나인 사라가 음식을 만들면 링컨은 불을 피우고 일 마일쯤 떨어진 곳에 있는 샘으로 가서 물을 떠왔다. 나이프도 없고 포크도 없었으므로 그들은 손으로 음식을 먹었다. 그들의 손은 깨끗한 적이 없었다. 물을 구하기가 어려울 뿐더러 비누도 없었기 때문이었다. 낸시는 아마도 양잿물로 비누를 만들어 썼을 것이다. 하지만 그녀가 만들어놓은 비누는 이미 오래전에 떨어졌다. 아이들은 비누 만드는 법을 몰랐고 톰 링컨은 비누를 만들려 하지 않았다. 그들의 삶은 늘 궁핍하고 늘 더러웠다.

춥고 긴 겨울 내내 그들은 몸을 씻는 건 엄두도 내지 못했다. 기껏해야 더러운 누더기 옷을 빠는 게 그들이 하는 일이었지만 그것도 그리 자주는 아니었다. 나뭇잎과 곰 가죽을 깔아 만든 잠자리는 불결하게 변해갔다. 햇볕이 들지 않아 집 안은 항상 춥고 눅눅했다. 집 안을 비추는 빛은 화로와 돼지기름 등잔에서 나오는 불빛이 전부였다. 개척지에 있던 여러 오두막에 대해 상세히 묘사해놓은 글들을 통해 우리는 어머니가 없던 이 오두막이 어떤 모습이었을지 충분히 짐작할 수 있다. 그곳은 냄새가 진동했다. 벼룩이 득실거렸다. 온통 벌레 천지였다.

이렇게 돼지우리 같은 환경에서 일 년을 보내자 톰 링컨도 더 이상은 견딜 수가 없었다. 그는 살림을 맡아줄 아내를 들이기로 마음먹었다.

사실 그는 13년 전 켄터키 주에서 사라 부시라는 여성에게 청혼을 한 적이 있었다. 그녀는 그의 청혼을 거절하고 하딘 카운티에 사는 교도관과 결혼했다. 그 후 남편은 사망했고 그녀에게는 세 아이와 약간의 빚만 남았다. 톰 링컨은 지금이야말로 다시 청혼할 적기라고 생각했다. 그는 개울로 가서 몸을 깨끗이 씻었다. 더러운 손과 얼굴을 모래로 문질러 닦고 칼을 차고는 예전에 왔던 그 어둡고 울창한 숲을 헤치고 켄터키를 향해 길을 떠났다. 엘리자베스타운에 도착하자 그는 실크 멜빵을 다시 사 입었다. 그러고는 휘파람을 불며 거리를 행진하듯이 걸어갔다.

때는 1819년. 날마다 새로운 일들이 일어났으며 사람들은 너나없이 산업 발전을 얘기했다.

마침내 증기선이 대서양을 건너왔던 것이다!

거의 받지 못한
정규 학교교육

※ 3 ※

링컨이 받은 정규 학교교육은 다 합쳐도 기껏해야 12개월을 넘지 못했다.
하지만 독서는 그가 전에 한 번도 꿈꾸지 못했던 새로운
미지의 세상으로의 문을 열어주어 그를 변화시켰을 뿐 아니라,
그의 시야를 넓혀주었으며, 그에게 비전을 가져다주었다.
그는 25년 동안 독서에 대한 열정으로 살았다.

열다섯 살이 되었을 때 링컨은 나름대로 철자도 알고 더듬더듬 읽을 수도 있었다. 하지만 쓰는 법은 전혀 알지 못했다. 그해, 즉 1824년 가을, 오지를 떠돌며 학생을 가르치던 한 선생이 피전 크리크 인근 마을에 학교를 세웠다. 링컨 남매는 새로 온 아젤 도시 선생에게 배우기 위해 아침저녁으로 사 마일씩이나 숲을 헤치고 다녔다.

도시 선생은 이른바 '큰 소리 학교'를 만들었다. 선생이 하는 말을 학생들은 큰 목소리로 따라 외웠다. 선생은 이 방법으로 학생들이 공부에 집중하는지 안 하는지 쉽게 알 수 있다고 믿었다. 그는 회초리를 들고 교실 이곳저곳을 다니

며 조용히 있는 학생들을 혼냈다. 시끄러워야 칭찬을 받았으므로 학생들은 다른 아이를 이기려고 더욱 목청을 높였다. 아이들의 목소리가 수백 미터 밖에서 들리는 경우도 적지 않았다.

링컨은 다람쥐 가죽 모자에 사슴 가죽 바지를 입고 이 학교에 다녔다. 바지는 길이가 너무 짧아 앙상한 정강이와 눈과 바람을 맞아 시퍼래진 핏줄이 그대로 드러났다.

교실은 아주 볼품이 없었으며 천장은 선생이 간신히 설 수 있을 정도로 낮았다. 창문도 없었다. 그 대신 사방 벽에서 통나무 하나씩을 떼내고 그 자리를 기름 먹인 종이로 막아 햇볕이 들게 만들었다. 바닥과 의자 역시 통나무를 다듬어 만든 것이었다.

그는 성경으로 읽기 공부를 했고 워싱턴과 제퍼슨의 글씨를 본으로 삼아 쓰기 공부를 했다. 링컨의 필체는 그들의 필체를 닮아 아주 깔끔하고 또렷했다. 이런 사실이 사람들에게 알려지기 시작하자 글을 모르는 이웃 사람들이 멀리서도 링컨을 찾아와 편지를 써달라고 부탁했다.

이제 링컨은 배움의 재미와 맛을 알아가고 있었다. 학교 수업은 너무 짧아 그는 공부거리를 집으로 가지고 왔다. 당시 종이는 구하기도 힘들고 값도 비쌌으므로 그는 숯 막대기로 널빤지에 글씨를 썼다. 통나무로 만든 벽에 좀 평평한 곳이 있으면 거기다 수학 문제를 풀기도 했다. 그 면이 글씨나 숫자로 가득 차면 칼로 얇게 깎아내고 다시 사용했다.

너무 가난해 수학책을 살 수 없던 그는 책을 빌려와서 일반적인 편지지 크기의 종이에 베껴 쓴 다음 실로 묶어 자신만의 책을 만들었다. 그가 죽은 뒤에도 그의 새어머니는 이 책 일부를 보관하고 있었다.

링컨은 점차 여느 오지 학생들과는 현격하게 다른 특징을 드러내기 시작했다. 그는 다양한 주제에 관해 자신의 견해를 밝히는 글을 쓰고 싶어했다. 때로는 시를 짓는 데 열중했다. 그는 자신이 지은 시와 산문을 이웃에 살던 윌리엄 우드에게 보여주며 평가해달라고 부탁하기도 했다. 그는 자신이 지은 시를 외워 사람들에게 들려줬고 그가 쓴 글들은 사람들의 주목을 받았다. 한 변호사는 국가 정치에 관한 링컨의 글에 감명을 받아 그 글을 신문에 게재했다. 금주에 관한 그의 글이 오하이오에서 발행되는 한 신문에 실린 적도 있었다.

하지만 이런 일들은 나중의 일이고 그가 처음 글을 쓴 건 이 학교를 다닐 때였다. 계기는 친구들의 잔인한 장난이었다. 아이들은 거북이를 잡아다 달아오른 숯을 등 위에 올려놓는 장난을 쳤다. 링컨이 하지 말라고 말려도 아이들이 말을 듣지 않으면 그는 얼른 달려가 맨발로 숯을 차내곤 했다. 그의 첫 작문은 동물 사랑에 관한 것이었다. 소년 링컨에게서 보이는 고통 받는 자에 대한 깊은 연민은 후에 그의 가장 큰 특징으로 자리 잡는다.

5년 후 그는 다른 학교를 비정기적으로, 링컨 자신의 표현을 빌자면 '조금씩' 다녔다.

그가 받은 공식 교육은 이게 전부였다. 학교를 다닌 기간이 다 합쳐 채 열두 달도 되지 않았다.

1847년 하원 의원에 당선되고 나서 자신의 인적 사항과 관련된 서류를 작성하다 링컨은 다음과 같은 항목을 보았다. "학교교육을 얼마나 받았습니까?" 여기에 그는 단 한 단어로 대답했다. "불비(不備)."

대통령 후보로 지명된 후 링컨은 다음과 같이 말했다.

"성년이 되었을 때 저는 별로 아는 게 없었습니다. 그럭저럭 읽기, 쓰기, 셈하기, 이 세 가지는 할 수 있었지만, 그게 전부였습니다. 그 이후 학교에 다닌 적이 없습니다. 제 지식 창고가 예전보다 약간이나마 늘어나게 된 건 필요할 때마다 어쩔 수 없이 그에 관해 지식을 습득했기 때문입니다."

링컨을 가르친 선생들은 과연 어떤 사람들이었을까? 그

들은 마녀가 존재하며 지구는 평평하다고 믿는 무지몽매한 떠돌이 선생들에 불과했다. 이렇게 불완전하고 불규칙적인 교육을 받았지만 그는 거기서 누구라도 부러워할 만한, 대학을 나온 사람도 부러워할 만한 소중한 자산을 얻었다. 지식에 대한 사랑과 배움에 대한 갈증이 그것이었다.

책을 읽기 시작하면서 그의 앞에는 예전에는 꿈도 꾸지 못하던 새롭고 환상적인 세상이 모습을 드러냈다. 그는 완전히 다른 사람이 되었다. 시야가 넓어졌고 꿈을 품게 되었다. 그 후 사반세기 동안 그의 인생을 지배한 가장 강한 열망은 독서였다. 새어머니는 아버지와 결혼하면서 약간의 장서를 가지고 왔다. 『성경』과 『이솝우화』, 『로빈슨 크루소』, 『천로역정』, 그리고 『신드바드의 모험』 이렇게 다섯 권이었다. 링컨은 이루 헤아릴 수 없이 소중한 이 보물을 읽고 또 읽었다. 그는 특히 『성경』과 『이솝우화』를 늘 손 가까이 두고 틈나는 대로 펼쳐 보았다. 이 두 권의 책은 링컨의 문체와 대화 방식, 남을 설득하는 방법 등에 깊은 영향을 끼쳤다.

하지만 이 책들만으로는 부족했다. 링컨은 더 많은 책을 읽고 싶었지만 돈이 없었다. 그는 책이건 신문이건 가릴 것 없이 인쇄된 것이라면 무엇이든 빌려 보기 시작했다. 한번은 오하이오 강까지 걸어가서 변호사한테서 개정판 인디애나 주 법전을 빌려왔는데, 그 책에서 그는 처음으로 미국 독립선언문과 헌법을 읽었다.

한번은 이웃 농부에게서 자서전 두어 권을 빌려왔다. 곡식 뿌리를 뽑거나 옥수수 줄기를 캐낼 때 종종 링컨에게 일을 맡기던 농부였다. 자서전 중 하나가 파슨 윔즈가 쓴 워싱턴 전기였다. 이 책에 완전히 매료된 링컨은 더 이상을 책을 읽지 못할 정도로 늦은 밤까지 그 책을 탐독했다. 그러고는 아침 햇살이 비치자마자 책을 읽고 싶은 마음에 책을 통나무 벽 틈새에 끼워두곤 했다. 어느 날 밤, 비가 들이쳐 책이 젖고 말았다. 책 주인이 그런 책은 받기 싫다고 거부하는 바람에 링컨은 사흘 동안 꼴을 베고 볏가리를 만드는 일로 책값을 대신해야 했다.

그가 빌려 탐독한 책들 가운데 『스콧의 웅변술(Scott's Lessons)』만큼 그에게 실제적인 도움을 준 책은 없다. 이 책을 통해 그는 대중 연설이 어떤 것인지 알게 되었고 키케로와 데모스테네스, 그리고 셰익스피어의 작품들에 나오는 인물들이 했던 명연설들을 접하게 되었다.

『스콧의 웅변술』을 펼쳐 들고 숲 속을 이리저리 거닐며 그는 배우들에게 지시를 내리는 햄릿의 독백을 낭송하거나 카이사르가 죽은 후 안토니우스가 했던 연설을 읊었다.

"친구들이여, 로마 시민들이여, 로마의 백성들이여, 그대들의 귀를 빌려주십시오. 나는 카이사르를 매장하러 왔습니다. 찬양하러 오지 않았습니다."

그러다 특별히 가슴에 와 닿는 구절이 있는데 종이가 없으면 널빤지에 적어놓기도 했다. 결국 그는 볼품없는 스크랩북을 하나 만들었다. 거기에 그는 독수리 깃털 펜과 까만자리공 열매즙을 짜서 만든 잉크로 자신이 좋아하는 구절을 적었다. 그는 이 스크랩북을 늘 끼고 다니면서 눈을 감고도 외울 수 있을 때까지 수많은 긴 시와 연설들을 읽고 또 읽었다.

그는 일을 하러 들판으로 나갈 때도 항상 책을 가지고 갔다. 옥수수 고랑 끝에서 말들이 잠깐 쉴 때면 그는 울타리 위에 걸터앉아 책을 읽었다. 점심에는 가족들과 함께 앉아 식사를 하는 대신 한 손에는 옥수수빵, 다른 손에는 책을 들고 뒤로 비스듬히 누워서는 다리를 머리보다도 높이 올린 채 활자 속으로 빠져들었다.

법정이 열리는 날에는 그는 종종 변호사들의 변론을 듣기 위해 십오 마일을 걸어서 읍내로 갔다. 그 후에 사람들과 함께 들판에서 일을 할 때면 그는 가끔씩 괭이나 호미를 내려놓고 울타리 위에 올라서서 록포트나 분빌에서 변호사들이

했던 변론을 재연했다. 어떨 때는 일요일에 리틀 피전 크리크 교회에서 일장 연설을 하는 완고한 침례교 목사들을 흉내 내기도 했다.

링컨은 종종 밭에 가면서 『퀸의 농담』이라는 책을 가지고 갔다. 그가 울타리에 걸터앉아 큰 소리로 이 책을 읽으면 농부들의 너털대는 웃음소리가 숲에 울려 퍼졌다. 하지만 이러는 사이 옥수수 밭에는 잡초가 무성해지고 들판의 밀은 노랗게 시들어갔다.

링컨을 고용한 농부들은 링컨이 게으르다고, "심하게 게으르다."고 불평했다. 링컨 자신도 "아버지는 일을 하라고 가르치셨지 일을 사랑하라고 가르치시지는 않았다."고 하면서 그런 점을 인정했다.

링컨의 아버지는 아들에게 당장 그런 바보 같은 짓을 그만두라고 호통쳤다. 하지만 하나도 달라지는 게 없었다. 링컨은 여전히 농담을 즐기고 연설을 연습했다. 어느 날 아버지는 사람들 앞에서 아들의 얼굴에 주먹을 한 방 날렸고 아들은 쓰러졌다. 소년은 눈물을 흘렸지만 아무 말도 하지 않았다. 죽을 때까지 지속된 아버지와 아들 사이의 소원함은 이미 이때부터 자라고 있었다. 후에 링컨이 노년의 아버지를 재정적으로 돌보기는 했지만 1851년 아버지의 임종이

자기 계발에 매진한 링컨에게서 노력의 중요함을 배우다

다가왔을 때 아들은 "지금 우리가 만나면 즐거움보다 고통이 크지 않으리라는 자신이 없다."라고 말하면서 아버지를 찾아보지 않았다.

1830년 겨울, '우유병'이라는 괴질이 다시 돌았다. 인디애나 버크혼 계곡에 또다시 죽음이 번졌다.

공포와 절망감이 엄습하자 늘 떠도는 성격의 톰 링컨은 돼지와 옥수수를 처분하고 그루터기투성이의 농장도 팔십 달러에 팔아버렸다. 그런 뒤 난생 처음 마련한 큼지막한 마차에 가족과 짐을 싣고서 그는 에이브러햄에게 고삐를 맡기고 자신은 소에게 소리를 지르며 일리노이 주 '생거먼' 계곡을 향해 길을 나섰다. 인디언 말로 '먹을 것이 풍부한 땅'이라는 의미를 지닌 곳이었다.

2주 동안 소들은 느릿느릿 걸음을 옮겼고 마차는 부서질 듯 삐걱삐걱 소리를 내며 언덕을 넘고 인디애나의 울창한 숲을 지나 사는 사람 하나 없이 황량하게 버려진 채 여름 햇살에 누렇게 시든 한 길 높이의 풀이 융단처럼 깔려 있는 일리노이의 대초원을 가로질러 나아갔다.

빈센즈에서 링컨은 난생 처음 인쇄기를 보았다. 그의 나이 스물한 살이었다.

그들 가족들은 디케이터 법원 마당에 천막을 쳤다. 26년이 지난 뒤 링컨은 마차가 서 있던 바로 그 자리를 가리키며 "저는 그때까지도 변호사가 될 수 있으리라고는 전혀 생각하지 못했습니다."라고 회상했다.

링컨은 헌돈에게 그 여정에 대해 이렇게 말했다.

아직 겨울 서리가 완전히 자리 잡을 때가 아니라서 낮에는 땅이 살짝 녹았다가 밤이면 다시 얼어붙곤 했지. 길을 가는 게 무척 힘들고 느릴 수밖에 없었다네. 더구나 소가 끄는 마차라 더욱 힘들었지. 다리가 있을 리가 없던 때라 개울을 만나면 돌아가거나 그러지 못하면 얕은 여울을 찾아서 마차에 타고 건너야 했다네. 여행 초반에는 개울에도 얼음이 그다지 두껍게 얼지 않아 소들이 걸음을 옮길 때마다 얼음이 우지직거리며 깨졌다네.

일행 가운데는 개도 한 마리 있었는데, 늘 총총걸음으로 마차를 따라왔었네. 그러던 어느 날 일행이 개울을 건넜는데 이 녀석이 보이지 않는 거야. 그래서 돌아보니까 이 조그마한 녀석이 미처 따라오지 못하고 개울 건너편에서 애처롭게 짖으며 이리저리 뛰고 있지 않겠나. 얼음이 깨지며 물이 그 위로 넘쳐 흐르니까 이 불쌍한 녀석이 건널 엄두를 내지 못하고 있던 거지. 개 한 마리 구하겠다고 마차를 돌려서 다시 개울을 건너는 건 아무리 생각해도 무리였지. 앞으로 갈 길이 멀다는 생각에 다들 개를 떼어놓고 가자고 결정했어. 하지만 나는 아무리 개라고 해도 버리고 간다는 생각을 견딜 수가 없었다네. 신발과 양말을 벗고 나는 개울을 건너갔네. 그리고 바들바들 떠는 그 개를 품에 안고 뿌듯한 마음으로 돌아왔네. 폴짝폴짝 뛰면서 기쁘고 고맙다는 표시를 하는 개를 보니 약간 고생은 했지만 충분히 보상을 받았다는 생각이 들었다네.

링컨 가족이 소를 몰고 대초원을 가로지르는 동안 의회에서는 주가 연방에서 탈퇴할 수 있는 권리를 갖고 있는지에 대해 미래의 암운을 예고하는 격렬한 토론이 진행되고 있었다. 미합중국 상원에서 열린 토론에서 대니얼 웹스터는 깊고 윤택하면서 우렁우렁거리는 목소리로 연설을 했다. 링컨이 후에 '미국인이 한 연설 가운데 가장 훌륭한 연설'이라고 평한 연설이었다. '헤인 의원에 대한 웹스터의 답변'이라고 알려진 이 연설은 다음과 같은 매우 유명한 어구로 끝이 난다. "자유와 연방은 지금도, 앞으로도 영원히 하나이며 떨어질 수 없다." 나중에 링컨은 이 말을 자신의 정치적 신조로 삼게 된다.

남부의 주들이 미합중국에서 탈퇴할 수 있는지에 관한 이 격렬한 논쟁은 30여 년이 지나서야 결말이 난다. 이 문제를 해결한 건 대단한 웹스터도 아니고 재능 있는 클레이도 아니며 유명한 칼훈도 아니었다. 너구리 가죽 모자에 사슴 가죽 바지 차림으로 "행복의 땅 컬럼비아 만세, 맘껏 취하게, 내가 책임질 테니." 하고 저속한 노래를 신나게 부르며 일리노이로 소를 몰고 가던 돈도 없고 이름도 없는 시골뜨기 링컨이었다.

링컨의 **자기 계발**과
앤 러틀리지와의 **만남**

❖ 4 ❖

'문학 동호회'와 같은 활동을 통해 링컨은 대중 앞에서 연설하는 법을
배웠고, 식견을 넓혔으며, 야망을 일깨웠다. 또 그는 번스와
셰익스피어의 시를 통해 의미와 느낌, 사랑이라는 완전히 다른
세계에 눈을 뜨게 되었으며, 앤 러틀리지를 만나 사랑에 빠지게 되었다.

링컨 가족은 일리노이 주 디케이터 근처에 정착했다. 생거 먼 강이 내려다보이는 벼랑 위에 길게 뻗어 있는 삼림지대였다.

링컨은 아버지를 도와 나무도 베고 오두막을 짓고 잡목을 베며 땅을 고르고 멍에 씌운 소 두 마리를 몰고 15에이커의 초지를 뒤엎고 옥수수 씨를 뿌리고 목재를 쪼개 방책을 만들고 농장에 울타리를 둘렀다.

이듬해 그는 삯을 받고 이웃집 일을 해주었다. 밭을 일구거나 건초를 쌓고 나무를 쪼개고 돼지를 잡는 등의 잡다한 일이었다.

링컨이 여기서 맞은 첫 겨울은 일리노이 주 역사상 가장 추운 겨울 가운데 하나였다. 초원 지대에서는 바람에 날린 눈이 4~5미터씩 쌓이기도 했고, 소들이 죽고 사슴과 야생 칠면조는 거의 몰살되었으며 얼어 죽는 사람들도 생겼다.

링컨은 이런 겨울에 버터호두나무 껍질로 물들인 갈색 진 바지 한 벌을 받는 대가로 방책용 나무 천 개를 쪼개주기로 약속했다. 그는 매일 일하러 삼 마일을 가야 했다. 하루는 생거먼 강을 건너다 그가 탄 작은 배가 뒤집히는 바람에 얼음장처럼 차가운 강물에 빠지고 말았다. 링컨이 그곳에서 가장 가까운 워닉 소령의 집에 도착했을 때 그의 발은 꽁꽁 얼어붙어 있었다. 한 달 동안 걷지 못하게 된 링컨은 소령의 집 난롯가에 누워 이런저런 얘기를 하거나 일리노이 주 법전을 읽으면서 시간을 보냈다.

이런 일이 있기 전 링컨은 소령의 딸에게 청혼을 한 적이 있었다. 소령은 그의 청혼을 언짢게 생각했다. 뭐라고? 내 딸이, 워닉 가문의 딸이 멍청하고 배운 것도 없이 나무나 패는 놈과 결혼을 해? 땅도 없고 이름도 없고 전망도 없는 놈하고? 말도 안 되지.

실제로 링컨에게는 땅이 하나도 없었다. 그리고 그게 전부가 아니었다. 링컨은 땅을 소유하고 싶어하지 않았다. 22

년 동안 농장에서 일하고 나자 그는 개척지 농장 일에 그만 신물이 나고 말았다. 뼈 빠지게 고된 노동과 삶의 단조로움이 지긋지긋했다. 그는 다른 사람들과 관계를 맺고 싶은 욕망과 그 관계 속에서 뛰어난 사람이 되고 싶은 욕망을 갖고 있었다. 그러므로 사람들을 만나고 사람들을 자기 주위로 끌어 모으고 자신이 하는 말에 대해 사람들이 환호를 해주는 그런 일을 하고 싶었다.

예전에 인디애나에 살 때 링컨은 미시시피 강 하류에 있는 뉴올리언스로 너벅선을 끌고 가는 일을 도운 적이 있었다. 그건 정말 신나는 체험이었다. 새로움과 흥분, 모험이 있었다. 어느 날 밤, 마담 뒤센느의 농장 근처 강변에 정박했을 때의 일이다. 한 무리의 흑인들이 칼과 곤봉으로 무장하고 배 위로 올라왔다. 선원들을 죽이고 시체를 강물에 버린 다음 뉴올리언스에 있는 자신들 본거지로 화물을 끌고 갈 생각이었다.

링컨은 곤봉을 하나 빼앗아 길고도 힘센 팔을 이용해 강도 셋을 물 속에 처넣은 다음 나머지 놈들을 쫓아 뭍에 올랐다. 하지만 싸우는 도중 흑인 한 명이 링컨의 이마를 칼로 긋는 바람에 그의 오른쪽 눈 위에는 무덤까지 가져가는 흉터가 생겼다.

어려운 일이었다. 이런 소년 링컨을 개척지 농장에 붙들어 두는 건 아버지 톰 링컨이 할 수 있는 일이 아니었다.

전에 한번 뉴올리언스에 가봤던 링컨은 다시 한 번 뱃일에 도전하기로 마음먹었다. 일당 50센트에 보너스까지 약속 받고 링컨은 이복형제, 재종형제와 함께 나무를 쓰러뜨려 가지를 치고 강물에 띄워 제재소로 가져가서 24미터 길이의 너벅선을 건조한 다음 거기에 베이컨과 옥수수, 돼지를 싣고 미시시피 강을 따라 내려갔다.

링컨은 선원들에게 음식도 만들어주고 키도 조종하며 얘기를 늘어놓기도 하고 카드놀이도 하며 큰 소리로 이런 노래를 부르기도 했다.

> 세상을 깔보는 터번 두른 터키인,
> 꼬부라진 수염 달고 뽐내며 걷지만
> 아쉽다 아무도 봐주는 이 없구나.

강 하구로 내려가는 이 여행은 링컨에게 지워지지 않는 강한 인상을 남겼다. 헌돈은 이렇게 말한다.

> 뉴올리언스에서 링컨은 난생 처음 노예제의 잔혹한 실상을

보았다. 그는 '쇠사슬에 묶인 채 채찍질과 괴롭힘을 당하는 흑인들'을 보았다. 이런 비인간적인 행위에 그의 정의감이 불타올랐고, 지금까지 읽고 듣기만 했던 실상을 실제 눈으로 보면서 정신과 양심이 각성되었다. 그의 동료의 표현대로 "노예제의 비참함이 그때 그 자리에서 그의 폐부를 꿰뚫었다."는 게 맞을 것이다.

어느 날 아침 이들 세 명은 도시를 이리저리 둘러보다 노예 경매 현장을 지나게 되었다. 튼튼하고 아리따운 흑인 혼혈 소녀를 매매하고 있었다. 입찰자들은 그녀를 구석구석 검사했다. 그들은 소녀의 살을 꼬집어보기도 하고 경매장 안을 마치 말처럼 이리저리 달리게도 했다. 제대로 움직이는지, 경매인의 표현을 빌자면 구매 대상으로 나온 품목이 제대로 된 물건인지 아닌지 '입찰자들이 확인할 수 있도록' 하기 위해서였다.

그 광경이 너무나 역겨웠던 링컨은 '견딜 수 없는 분노'가 가슴 깊은 곳에서 솟구치는 걸 느끼며 그 자리를 벗어났다. 동료들에게 가자고 재촉하면서 링컨은 이렇게 말했다. "세상에, 얼른 여기를 벗어나는 게 좋겠네. 혹시라도 내게 기회가 온다면, 내 반드시 저런 걸 금지시키겠네."

링컨을 채용해 뉴올리언스로 오게 한 덴턴 오퍼트는 링컨을 매우 좋아했다. 농담 잘하고 입심 좋고 정직한 게 그의 마음에 쏙 들었다. 그는 링컨을 고용해서 일리노이 주의 뉴세일럼으로 돌아가 나무를 잘라 오두막 잡화점을 열었다. 굽이쳐 흐르는 생거먼 강 한쪽 벼랑 위에 있던 이 마을에는 열다섯에서 스무 가구 정도가 살고 있었다. 이곳에서 링컨은 가게를 관리하고 제분소와 목공소를 운영하는 일을 맡았다. 그는 여기에서 6년 동안 생활하는데, 이 기간은 그의 미래에 엄청난 영향을 미쳤다.

이 마을에 난폭하고 시비 걸기 좋아하며 항상 말썽을 일으키는 '클레리 숲 남아들'이라는 건달패가 있었다. 이들은 늘 자신들이 일리노이 주에 있는 그 누구보다 술 잘 먹고, 욕 잘하고, 싸움 잘한다고 떠벌리고 다녔다.

사실 그들은 본바탕이 나쁜 사람들은 아니었다. 의리 있고 솔직하며 아량과 동정심도 있는 사람들이었다. 다만 으스대는 것을 좋아했을 뿐이었다. 그런데 수다스런 덴턴 오퍼트가 마을에 나타나서 자신의 잡화점을 관리하는 링컨의 무용담을 자랑하자 이 '클레리 숲 남아들'은 환호성을 질렀다. 이 신참내기에게 한 수 가르쳐줄 기회를 별렀다.

하지만 그들의 의도는 빗나갔다. 이 젊은 거인은 달리기와 높이뛰기 시합에서 그들을 앞질렀고 던지기에서도 유난히 긴 팔로 큰 나무망치와 포탄을 그들보다 멀리 던졌기 때문이다. 게다가 그들도 이해할 만한 종류의 웃긴 얘기를 수도 없이 늘어놓았다. 그가 오지 생활에 관한 얘기를 할 때면 그들은 몇 시간씩이나 배꼽을 잡고 웃어댔다.

뉴세일럼에서 지내는 동안 '클레리 숲 남아들'과 관련해 링컨의 위세가 최고조에 달한 건 그들의 리더인 잭 암스트롱과 한 판 붙은 날이었다. 온 마을 사람들이 그들의 시합을 보기 위해 떡갈나무 아래에 모였다. 링컨이 암스트롱을 때려눕혔을 때, 그때가 링컨의 최고점이었다. 그날 이후 클레리 숲 남아들은 링컨에게 우정과 헌신을 보여주었다. 링컨에게 경마와 투계의 심판을 보게 했으며, 링컨이 직업을 잃어 잠잘 곳이 없어지자 그에게 잠자리와 먹을 것을 제공해주었다.

그곳 뉴세일럼에서 링컨은 그동안 오랜 시간 자신이 갈구하던 것, 즉 두려움을 이기고 대중 앞에서 연설하는 법을 배울 기회를 갖게 되었다. 전에 인디애나에 있을 때는 고작해야 밭에서 일하는 농부 몇 명을 상대로 얘기하는 게 전부였다. 하지만 이곳 뉴세일럼에는 '문학 모임'이 조직되어 있었고 이들은 토요일 밤마다 러틀리지 선술집에 모였다. 링컨은 기꺼이 그 모임에 참여해서 주도적인 역할을 했다. 이야기도 들려주고 자신이 지은 시도 읽고 생거먼 강의 운항 방법과 같은 즉석 발표를 하고 그날그날의 다양한 주제들에 대해 토론을 벌였다.

이 활동은 대단한 가치가 있었다. 링컨의 지적 영역을 확장시키고 야망을 일깨워주었다. 그는 자신의 연설로 다른 사람들을 설득하는 데 뛰어난 능력을 갖고 있다는 사실을 발견했다. 이런 자각은 전에 일어난 어떤 일보다도 더 크게 그에게 자신감과 용기를 북돋아주었다.

몇 달 지나지 않아 오퍼트의 가게는 문을 닫았고 링컨은 일자리를 잃었다. 때마침 선거가 코앞이라 주 전체가 정치로 들끓고 있었다. 그는 자신의 연설 능력을 시험해보기로 했다.

링컨은 그 지역의 교사인 멘토 그레이엄의 도움을 받으며 수 주에 걸쳐 주 의원 선거에 출마를 선언하는 자신의 첫 대중 연설문을 작성했다. 그는 '내면적인 향상, 생거먼 강의 운항 여건 개선, 더 나은 교육, 정의' 등을 우선시한다고 말했다.

연설문 결구에서 그는 이렇게 말했다.

"저는 가장 비천한 집안에서 태어나 지금도 비천하게 살아가고 있습니다. 저를 추천해줄 부유하거나 유명한 친척도 친구도 없습니다."

그리고 나서 다음과 같은 애처로운 문장으로 끝맺었다.

"하지만 만일 선량한 분들이 현명하게 생각하고서도 제가 나서지 않는 게 좋겠다고 판단하신다면, 늘 그랬던 것처럼 실망의 눈물을 삼키겠습니다."

며칠 후 기병 하나가 깜짝 놀랄 소식을 갖고 급히 마을로 왔다. 인디언 추장 블랙 호크가 전사를 이끌고 출정하여 집을 불태우고 여자들을 잡아가고 정착민들을 학살하고 있으며 로크 강변을 따라 죽음의 공포가 퍼지고 있다는 소식이었다.

이에 놀란 주지사 레이놀즈는 지원병을 모집했다. '일자리도 없고, 돈도 없으며, 공직에 출마한' 링컨은 30일간의 민병대 활동에 참가했고 지휘자로 발탁되어 '클레리 숲 남아들'을 훈련시키려고 애썼다. 그들은 그의 지휘에 "지옥에나 가라."고 하며 야유를 보냈다.

헌돈에 의하면 링컨은 당시 블랙 호크 전투 참가를 '휴일에 한 번씩 나서는 닭서리 원정' 정도로 여겼다고 한다. 그리고 실제로도 그 정도였다.

후에 의회에서 연설하면서 링컨은 인디언들을 한 번도 공격한 적이 없으며 '야생 양파나 공격했을 뿐'이라고 말했다.

또한 인디언은 보지도 못한 채 "모기들하고만 셀 수 없이 많은 전투를 했다."고 털어놓았다.

전투에서 돌아온 '대장 링컨'은 다시 정치 유세에 뛰어들었다. 집집마다 쫓아다니며 악수를 하고, 이야기를 늘어놓고, 맞장구치고, 언제 어디서든 사람이 모이기만 하면 연설을 했다.

뉴세일럼의 208표 가운데 3표를 제외하고 나머지는 모두 다 링컨을 찍었지만 그는 선거에서 패배했다.

이 년 후, 그는 다시 선거에 뛰어들어 당선되었다. 그는 돈이 없어서 의회에 갈 때 입을 옷을 사기 위해 돈을 빌려야 했다.

그는 1836년과 1838년, 그리고 1840년 이렇게 세 번 당선되었다.

그 시절 뉴세일럼에 잭 켈소라는 사람이 살았다. 어업을 했긴 하지만 바이올린이나 켜고 시나 읊조리며 무능력하게 하숙을 치는 아내에게 얹혀사는 사람이었다. 마을 사람들은 대부분 그를 낙오자라며 깔봤지만 링컨은 그를 좋아해서 친하게 어울려 다녔고 그로부터 상당한 영향을 받았다.

켈소를 만나기 전 링컨은 셰익스피어나 번즈에 대해 별로 아는 게 없었다. 간신히 이름만, 그것도 흐릿하게 알고 있을 뿐이었다. 하지만 잭 켈소가 읽어주는 『햄릿』과 『맥베스』를 들으며 링컨은 언어가 어떤 교향곡을 빚어낼 수 있는지 비로소 깨달았다. 무한한 아름다움을 빚어내는 이 언어란 얼마나 신비로운가! 얼마나 커다란 감정과 느낌의 소용돌이를 만들어내는가!

링컨을 압도한 건 셰익스피어였지만 그의 사랑과 공감을 얻은 건 바비 번즈였다. 그는 번즈에게서 동질감을 느끼기까지 했다. 링컨과 마찬가지로 번즈도 가난했다. 링컨이 태어난 것보다 낫다고 할 수 없는 오두막에서 태어났다. 또한 링컨과 마찬가지로 쟁기나 끌던 시골 소년이었다. 하지만 이 시골 소년에게 쟁기 끝에 부서지는 들쥐의 보금자리는 작은 비극이었고 시의 소재가 되어 불멸의 생명을 얻을 가치가 있는 사건이었다. 셰익스피어와 번즈의 시를 통해 링컨은 의미와 느낌, 사랑이라는 완전히 새로운 세계에 눈을 뜨게 되었다.

하지만 링컨에게 가장 놀라운 사실은 따로 있었다. 셰익스피어도 번즈도 대학을 나오지 않았다! 그들이 받은 교육은 링컨과 별반 차이가 없었던 것이다.

링컨에게는 가끔씩 이런 대담한 생각이 들었다. 일자무식

톰 링컨의 못 배운 자식이긴 하지만 나도 좀 더 근사한 일을 할 수 있지 않을까? 앞으로도 반드시 잡화점에서 일하거나 대장장이로 살아야만 하는 건 아니지 않을까?

그 이후 셰익스피어와 번즈는 링컨이 가장 좋아하는 작가가 되었다. 링컨은 다른 모든 작가의 작품을 합친 것보다 셰익스피어의 작품을 더 많이 읽었다. 그의 문체에는 이런 역사의 흔적이 고스란히 남아 있다. 백악관에 입성한 후 남북전쟁으로 인한 심적인 부담과 고민이 이마에 깊은 고랑을 남길 때마다 링컨은 셰익스피어에 몰두했다. 그 바쁜 와중에도 그는 셰익스피어 전문가들과 편지를 주고 받았고 작품의 특정 대목에 대해 의견을 교환했다. 저격당하던 바로 그 주에도 그는 친구들에게 두 시간 동안이나 『맥베스』를 큰 소리로 읽어주었다.

뉴세일럼의 별 볼 일 없는 어부 잭 켈소의 영향력은 백악관에까지 미치고 있었다.

한편 뉴세일럼의 선술집 주인으로 남부 출신의 제임스 러틀리지는 뉴세일럼 최초의 정착자 가운데 한 사람이었다. 그에게는 앤이라고 하는 아주 매력적인 딸이 하나 있었다. 링컨이 그녀를 처음 보았을 때 그녀는 푸른 눈에 갈색 머리를 한 아리따운 열아홉 처녀였다. 그녀는 이미 마을에서 가장 부유한 상인인 존 맥닐과 약혼한 상태였지만, 링컨은 그녀와 사랑에 빠졌다.

그런데 링컨이 뉴세일럼에 도착하고 얼마 지나지 않아 한 가지 이상한 일이 일어났다. 뉴욕으로 돌아가서 부모님과 가족을 일리노이로 데리고 오겠다며 맥닐이 가게를 팔았던 것이다. 그리고 출발을 며칠 앞두고 맥닐은 앤 러틀리지에게 한 가지 비밀을 털어놓았다. 그녀가 거의 기절할 정도로 놀라운 얘기였다. 하지만 그녀는 아직 어렸고 그를 사랑했다. 그녀는 그의 얘기를 곧이곧대로 믿었다. 며칠 후 맥닐은 앤에게 잘 있으라고 손을 흔들며 자주 편지하겠다는 약속을 남긴 채 뉴세일럼을 떠났다.

당시 그 마을의 우편배달부는 링컨이었다. 편지는 역마차로 일주일에 두 번 들어왔는데 그 양이 매우 적었다. 배달 거리에 따라 매겨지는 우편요금이 적어도 6센트 이상이었고 많으면 25센트나 되었기 때문이다. 링컨은 편지를 모자 안에 넣고 다니다가 사람들이 편지가 왔는지 물으면 모자를 벗어 살펴보았다.

앤 러틀리지는 매주 두 차례씩 편지가 왔는지 물었다. 석 달이 지나서 첫 편지가 도착했다. 편지 안에는 오하이오를 지나다 열병에 걸려 때로 의식을 잃기도 하면서 3주를 앓아 눕는 바람에 바로 편지를 보내지 못했다는 변명이 들어 있었다.

그로부터 또 석 달이 지나서야 그에게서 두 번째 편지가 왔다. 하지만 안 보내니만 못한 편지였다. 성의도 없고 내용도 불분명했다. 그는 아버지가 많이 편찮으신데다가 아버지에게 돈을 빌려준 사람들이 자신을 괴롭혀서 언제 다시 돌아올 수 있을지 잘 모르겠다고 했다.

그 후 몇 달 동안 앤은 그 편지만 들여다보면서 다음 편지가 오기를 기다렸다. 하지만 편지는 오지 않았다. '그가 나를 사랑하기는 한 걸까?' 그녀에게 이런 의구심이 생기기 시작했다.

그녀의 고통을 지켜보던 링컨은 자신이 맥닐을 찾아보겠다고 자청하고 나섰다.

"싫어요."

그녀는 링컨의 제안을 거절했다.

"제가 어디 있는지 그 사람은 알고 있어요. 그 사람이 제게 편지를 쓸 마음이 없다면 나도 그 사람을 찾고 싶은 마음이 없어요."

이때가 돼서야 그녀는 맥닐이 떠나기 전에 털어놓은 놀라운 사실을 아버지에게 전했다. 그 사람이 오랫동안 가명을 사용해왔으며 뉴세일럼 사람들이 알고 있는 맥닐은 가짜 이름이다. 진짜 이름은 맥나머다.

그는 왜 이름을 속이고 다녔을까? 맥닐은 다음과 같이 설명했다. 뉴욕 주에서 사업을 하던 아버지가 사업이 실패하면서 엄청난 빚을 떠안게 되었다. 장남이었던 그는 돈을 벌기 위해 행선지도 밝히지 않고 서부로 왔다. 본명을 사용하면 가족들이 자기가 어디 있는지 알고 자신을 찾아올 테고 그러면 온 가족을 부양해야 하지 않을까 염려되었다. 뭔가 해보겠다고 기를 쓰는 참에 그런 부담을 안게 되면 일이 방해 받지나 않을까 걱정되었다. 그렇게 되면 몇 년 동안이나 지체될지도 모를 일이었다. 그래서 가짜 이름을 사용했다. 하지만 이제 재산을 모았으니 가족을 일리노이로 데리고 와 행복하게 살 작정이었다.

이 이야기가 마을에 퍼지자 한바탕 소동이 벌어졌다. 사람들은 그 말을 터무니없는 거짓말이라고 하며 그를 사기꾼으로 낙인찍었다. 상황은 안 좋아 보였고 소문은 최악으로 치달았다. 그가 어떤 사람이었는지 말하는 것 자체가 불가능했다. 아마 이미 결혼한 몸이었을 것이다. 어쩌면 아내가 둘 혹은 셋일지도 모른다. 누가 알겠는가? 어쩌면 은행을 털었을지도 모르고 어쩌면 살인을 저질렀는지도 모른다. 이러이러한 사람이니 저러저러한 사람이니 추측은 끝이 없었다. 그가 앤 러틀리지를 버렸지만 앤으로서는 오히려 고마워해야 할 일이었다.

뉴세일럼 사람들이 내린 결론은 이랬다. 링컨은 아무 말도 하지 않았지만 속으로는 많은 생각을 하고 있었다.

마침내 그가 간절히 원하던 기회가 왔던 것이다.

연인인 앤 러틀리지의
죽음과 링컨의 좌절

✤ 5 ✤

사랑하는 앤 러틀리지에게 자랑스러운 사람이 되기 위해
링컨은 변호사가 되겠다는 중대한 결심을 하고 공부에 매진했다.
하지만 앤 러틀리지의 죽음으로 링컨은
인생에서 가장 끔찍한 시간을 맞이하게 되었다.

러틀리지 선술집은 엉성하고 낡은 건물로 변경 어디서나 흔히 보이는 여느 통나무집과 다른 점이 하나도 없었다. 이방인이라면 눈길 한 번 주려고 하지 않았겠지만 링컨은 온 눈과 정신이 온통 거기에만 쏠려 있었다. 링컨에게는 그 집이 온 세상을 채우고 온 하늘을 덮었다. 그 집 문턱을 넘어설 때마다 링컨은 가슴이 두근거리는 걸 피할 수 없었다.

가게 카운터에 길게 드러누워 잭 켈소에게서 빌려온 셰익스피어 희곡의 페이지를 넘기면서 그는 다음 구절을 읽고 또 읽었다.

잠깐, 쉿! 저기 저 창문으로 흘러나오는 빛이 무엇이더냐?
저기는 동녘 하늘
나의 태양 줄리엣이 떠오르는구나!

  그는 책을 덮었다. 책을 읽을 수가 없었다. 아무런 생각도 할 수 없었다. 한 시간 동안이나 그는 거기 누워서 지난 밤 사랑스러운 앤 러틀리지가 한 말을 하나씩 되새기면서 몽상에 잠겼다. 이즈음 그가 바라는 건 그녀와 함께 시간을 보내는 것, 이 한 가지뿐이었다.

  당시에는 여자들끼리 퀼트 모임을 갖는 게 유행이었고, 앤은 이런 모임에 거의 빠짐없이 초대를 받았다. 앤은 날씬한 손가락으로 남들이 흉내 내지 못할 정도로 빠르고 정교한 바느질 솜씨를 보여주었다. 링컨은 아침에 퀼트 모임이 있는 곳까지 그녀를 태워다주었고 밤이면 다시 그녀를 데리러 가곤 했다. 한번은 그가 대담하게 안으로 들어가 그녀 곁에 앉았다. 이런 장소에는 남자들이 여간해서는 들어가지 않는 곳이었다. 그녀의 가슴은 고동쳤으며 얼굴은 장밋빛으로 달아올랐다. 흥분한 탓인지 그녀는 삐뚤빼뚤하게 바느질을 하고 말았고, 옆자리의 나이든 여인들은 이런 모습을 보고 빙그레 웃었다. 그 집주인은 오랫동안 그 퀼트를 보관해

두었다가 나중에 링컨이 대통령이 된 후 그녀의 집을 방문하는 사람들에게 그 퀼트를 보여주며 대통령의 연인이 삐뚤빼뚤하게 바느질했던 자국을 가리키기도 했다.

여름날 저녁이면 링컨과 앤은 생거먼 강둑을 함께 거닐었다. 그럴 때 숲 속에서는 쏙독새들이 지저귀고 하늘에서는 개똥벌레가 금실로 수를 놓았다.

가을에는 떡갈나무가 붉게 타오르고 호두가 후드득거리며 떨어지는 숲 속을 거닐었으며, 겨울에는 눈 내리는 숲 속을 거닐었다. 어느 시인의 시처럼 아름다운 겨울이었다.

> 떡갈나무, 호두나무 모두 옷을 입었구나.
> 백작도 걸치지 못하는 귀하디 귀한 흰 담비 옷.
> 느릅나무 가장 작은 가지에도
> 하얀 눈 소복이 진주처럼 쌓였네.

이제 링컨과 앤, 이 두 사람에게 삶은 성스러운 부드러움, 새로우면서도 이상하리만치 아름다운 의미를 띠게 되었다. 링컨이 가만히 서서 앤의 파란 눈을 내려다보기만 해도 그녀의 가슴에서는 기쁨의 노래가 흘렀다. 앤의 손이 스치기만 해도 링컨은 숨이 멎을 것만 같았다. 이럴 때마다 그는 이 세상 모든 일들이 얼마나 큰 기쁨을 줄 수 있는지 느끼며 놀라지 않을 수 없었다.

앤과 만나기 얼마 전부터 링컨은 목사의 아들인 주정뱅이 베리와 사업을 시작했다. 작은 마을 뉴세일럼은 죽어가고 있었고 모든 가게들이 숨을 헐떡이고 있었다. 하지만 링컨도 베리도 세상이 어떻게 돌아가는지 몰랐다. 그들은 문을 닫은 세 개의 통나무 잡화점을 사들여 하나로 합친 후 자신들이 직접 가게를 열었다.

어느 날, 아이오와 주로 가던 개척자 한 사람이 그들 가게 앞에 마차를 세웠다. 길이 질퍽거려 말들이 지친 상태라 그 사람은 짐을 줄이고 싶었다. 그래서 그는 링컨에게 짐 한 상자를 팔았다. 링컨은 그 짐을 사고 싶은 생각이 별로 없었지만 말들이 불쌍해 보여 50센트를 주고 그 짐을 샀다. 그리고 내용물을 보지도 않고 가게 뒷방에 처박아 두었다.

2주 후, 시간도 남고 자신이 산 물건이 궁금하기도 했던 링컨은 상자를 꺼내 속에 든 걸 바닥에 쏟았다. 거기에서, 그러니까 여러 가지 잡동사니 밑에서, 블랙스톤 주석판 법전이 한 질 발견되었다. 링컨은 즉시 그 법전을 읽기 시작했다. 농부들이 들판에서 바쁘게 일할 철이라 손님은 거의 없었고 책 읽을 시간은 넘쳐났다. 법전을 읽으며 링컨의 관심은 점점 더 커졌다. 그때처럼 책에 몰두한 적이 없을 정도였다. 그는 책 네 권을 전부 독파했다.

그리고 나서 그는 중대한 결심을 했다. 변호사가 되어야겠다는 결심이었다. 그는 앤 러틀리지가 남편감으로 자랑할 만한 그런 종류의 사람이 되고 싶었다. 앤도 그의 결심에 찬성했다. 그들은 링컨이 법 공부를 마치고 변호사로 개업하면 결혼하기로 약속했다.

블랙스톤의 책을 다 읽고 나서 링컨은 초원을 가로질러 이십 마일가량 떨어진 스프링필드로 갔다. 블랙 호크 전투 때 만났던 변호사에게서 다른 법전들을 빌리기 위해서였다. 집으로 돌아오는 길에서도 그는 한 손에 책을 펼쳐 들고 읽으면서 걸었다. 난해한 문장이 나오면 걸음이 느려졌으며 때로는 아예 멈춰 서서 의미가 완전히 파악될 때까지 골똘히 생각했다. 그는 쉬지 않고 책을 읽었다. 이삼십 페이지가 지나고, 어둠이 내려앉아 더 이상 책을 볼 수 없을 때까지 읽고 또 읽었다. 별이 뜨고 시장기가 몰려왔을 때라야 비로소 그는 발걸음을 재촉했다.

그는 끊임없이 책을 파고 들었다. 다른 것에는 거의 신경을 쓰지 않았다. 낮에는 가게 옆 느릅나무 그늘에서 맨발을 나뭇등걸에 비스듬히 걸치고 드러누워 책을 읽었고 밤에는 통 제조업자의 작업실에서 여기저기 굴러다니는 자투리 나무로 불을 지펴 책을 읽었다. 그는 자주 소리 내어 책을 읽었다. 때로는 책을 덮고 금방 읽은 구절의 뜻을 적은 다음 어린 아이라도 알 정도로 분명한 표현이 되도록 글을 고치고 다듬었다.

강변을 따라 산책을 하건, 숲길을 거닐건, 들에서 일을 하건, 어디를 가건 링컨은 치티 혹은 블랙스톤의 책을 끼고 다녔다. 어느 날은 링컨에게 품삯을 주며 장작을 패달라고 시킨 농부가 오후 느지막이 가봤더니 링컨이 맨발로 장작더미 위에 앉아 법률 책을 읽고 있는 것을 발견한 적도 있었다.

멘토 그레이엄은 링컨에게 정치적으로 성공하기 위해서는 문법을 알아야 한다고 일러주었다. 그러자 링컨이 이렇게 물었다. "어디 가면 문법책을 빌릴 수 있을까요?"

그레이엄이 마을에서 육 마일가량 떨어진 곳에 사는 존 반스라는 농부가 『커크햄 문법서』를 가지고 있다고 하자 링컨은 곧바로 일어나 모자를 쓰고 책을 빌리러 달려나갔다.

그레이엄은 링컨이 그렇게 빨리 그 문법책을 마스터하는 것을 보고 깜짝 놀랐다. 30년이 지난 후 그레이엄 선생은 자신이 5천 명이 넘는 학생을 가르쳐보았지만 링컨만큼 '탐구적이며 부지런히 지식과 문학에 관한 공부 한 길로만 매진하는 젊은이는 본 적이 없다고 말했다.

그레이엄은 또한 이렇게 말했다. "그는 한 가지 생각을 표현하는 세 가지 방법을 놓고 그 가운데 어떤 게 가장 좋은지 몇 시간씩이나 고민하곤 했습니다."

『커크햄 문법서』를 마스터한 뒤 링컨은 기번의 『로마제국 흥망사』, 롤린의 『고대사』, 미국 장군들의 일생을 다룬 책, 제퍼슨과 클레이, 웹스터 전기들과 토머스 페인의 『이성의 시대』를 탐독했다.

그는 푸른 면 코트를 두른 채 싸구려 장화를 신고 다녔는데 연푸른색의 카시넷 천으로 된 바지는 어찌나 짧은지 위로는 코트에 3인치나 못 미치고 아래로는 양말하고는 1~2인치 정도나 떨어질 정도였다. 이런 복장을 하고서도 이 비범한 젊은이는 책을 읽고 연구하고 이야기를 들려주면서 뉴 세일럼 이곳저곳을 돌아다녔고 가는 곳마다 많은 사람들을 친구로 만들었다.

당대 링컨에 관한 가장 뛰어난 학자였던 앨버트 J. 베버리지는 그의 기념비적인 링컨 전기에서 다음과 같이 말했다.

"그의 위트와 친절함 그리고 지식이 사람들을 끌어당겼을 뿐 아니라 그의 이상한 옷차림과 촌스러운 어색함이 사람들의 눈길을 끌었다. 특히 그의 짧은 바지가 재미있는 얘깃거리가 되었다. 얼마 지나지 않아 누구나 '에이브 링컨'이라는 이름을 알게 되었다."

링컨과 베리가 동업한 잡화점은 결국 문을 닫았다. 이것은 예견된 결과이기도 했다. 링컨은 책에 파묻혀 지냈고 베리는 거의 술에 절어 살았기 때문에 이런 결과는 피할 수 없었다. 단돈 1달러도 없어 숙식을 해결할 수 없던 링컨은 무슨 일이건 닥치는 대로 해야 했다. 나무를 베고, 건초를 말리고, 울타리도 만들고, 옥수숫단도 쌓고, 제재소에서도 일하고, 잠시 대장간에서 일하기도 했다.

그 후 링컨은 측량 기사가 되기 위해 멘토 그레이엄의 도움을 받아 과감하게 삼각측량술과 대수라는 어려운 지식을 배우는 일에 도전했고, 외상으로 말과 나침반도 사고 밧줄 대용으로 사용할 포도 덩굴도 준비했다. 그리고 구획당 37.5센트를 받으며 마을 부지를 측량했다.

한편 러틀리지 선술집이 문을 닫으며 링컨의 연인 앤은 농가의 하녀로 가게 되었다. 링컨도 마침 그 농장에서 옥수수 농사 짓는 일을 얻게 되었다. 저녁이면 그는 앤 곁에 서서 앤이 설거지한 접시를 닦았다. 그는 그녀와 가까이 있다는 생각만으로도 가슴 가득 행복감이 넘쳐흘렀다. 그의 인생에서 이런 황홀함과 이런 만족감은 다시는 돌아오지 않았다.

죽기 얼마 전 링컨은 친구에게 백악관에 있을 때보다 일리노이에서 맨발로 농장 일을 하던 시절에 훨씬 더 행복했노라고 털어놓았다.

하지만 이 두 연인의 행복은 강렬했던 것만큼 짧았다. 1835년 8월, 앤이 병에 걸리고 말았다. 처음에는 아무런 통증도 없었다. 단지 무척 피곤할 뿐이었다. 그녀는 평소와 다름없이 일하려고 애썼다. 하지만 어느 날, 잠을 깬 그녀는 자리에서 일어날 수 없는 자신을 발견했다. 그날부터 고열이 시작되었다. 그녀의 동생은 뉴세일럼으로 가서 의사 앨런을 데리고 왔다. 장티푸스라는 진단이 내려졌다. 그녀의 몸은 불덩이 같았으나 발은 얼음장같이 차가워 뜨거운 돌로 발을 따뜻하게 해줘야 했다. 그녀는 연신 물을 찾았지만 물은 주어지지 않았다. 요즘 의학 기술이라면 얼음찜질을 하고 원하는 만큼 물을 마시게 했겠지만 당시 의사에게는 이런 지식이 없었다.

모두가 근심하는 가운데 몇 주가 흘렀다. 쇠약해질 대로 쇠약해진 앤은 손을 까딱하기도 힘든 상태가 되었다. 의사는 절대안정을 처방했고 면회가 금지되었다. 그날 밤은 링컨조차도 면회가 허락되지 않았다. 하지만 다음 날도, 그 다음 날도 앤은 들릴 듯 말 듯한 소리로 링컨의 이름만을 끊임없이 되뇌었다. 이 모습이 얼마나 애처로웠던지 결국 사람들이 링컨을 불러다주었다. 링컨은 도착하자마자 방에 들어갔다. 문이 닫히고 방에는 그들 두 사람만이 남았다. 이것이 이 두 연인이 함께한 마지막 순간이었다. 바로 그 다음 날, 앤은 의식을 잃더니 다시는 깨어나지 못하고 숨을 거두고 말았다.

앤의 죽음 이후 몇 주는 링컨 인생에서 가장 고통스러운 시간이었다. 그는 잠을 이룰 수 없었다. 아무것도 먹으려 하지도 않았다. 살고 싶지 않다는 말만 되풀이하면서 죽어버리겠다는 말로 사람들을 걱정시켰다. 친구들이 놀라서 주머니칼도 빼앗아 감추고, 혹시 강물에 뛰어들지는 않을까 늘 지켜보았다. 그는 사람들을 만나려 하지도 않았고 만나더라도 말도 않고 쳐다보지도 않았다. 자기 앞에 존재하는 이 세상에는 아무 미련도 없이 다른 세상만을 응시하는 사람 같았다.

날이면 날마다 링컨은 5마일 밖에 있는 콩코드 묘지까지 걸어갔다. 앤이 잠들어 있는 곳이었다. 때때로 그가 거기 앉아서 늦게까지 돌아오지 않으면 그가 걱정된 친구들이 찾아가서 데려오기도 했다. 비바람이 몰아치는 날이면 그는 떨어지는 빗방울이 앤의 무덤을 두들긴다는 생각에 도저히 견딜 수가 없다며 슬피 울었다.

하루는 알아들을 수 없는 말을 중얼거리며 생거먼 강을 따라 비틀비틀 걸어가는 게 발견되기도 했다. 사람들은 이러다 그가 실성하지나 않을까 염려했다.

그래서 사람들은 의사를 불러왔다. 뭐가 문제인지 확인한 의사는 링컨에게는 일이 필요하다는 진단을 내렸다. 그에게는 정신을 쏟을 수 있는 어떤 활동이 필요했던 것이다.

마을 북쪽으로 1마일가량 떨어진 곳에 링컨의 절친한 친구 볼링 그린이 살고 있었다. 그가 링컨을 자기 집으로 데리고 가서 돌보기로 했다. 그곳은 조용하고 한적한 곳이었다. 집 뒤로는 떡갈나무가 무성한 언덕이 불쑥 솟았다가 서쪽으로 길게 늘어져 있었고, 집 앞에는 나무로 둘러싸인 평평한 저지대가 생거먼 강까지 뻗어 있었다. 친구의 아내 낸시 그린은 나무를 베고 감자를 심고 사과를 따고 소젖을 짜고 자신이 실을 지을 때 실타래를 들고 있게 하는 등 링컨을 일부러 바쁘게 만들었다.

몇 주가 몇 달이 되고, 몇 달이 몇 해가 되어도 링컨은 슬픔에서 헤어나지 못했다. 앤지 죽은 지 2년이 지난 1837년, 그는 동료 주 의원에게 이렇게 털어놓았다.

"사람들에게는 제가 때로 인생을 굉장히 신나게 즐기는

것으로 보일지 모르지만, 혼자 있을 때는 정말 기분이 우울해집니다. 내가 주머니칼을 가지고 다녀도 될까 하고 걱정이 될 정도로 말입니다."

앤이 죽은 그날부터 링컨은 다른 사람이 되었다. 그 일로 인해 그의 내부에 자리 잡은 우울함이 잠깐씩 모습을 드러냈다. 날이 갈수록 우울함은 심해져갔다. 결국 링컨은 일리노이 주에서 가장 슬픈 사람이 되었다.

링컨의 동료 변호사 헌든은 다음과 같이 말했다.

"지난 20년 동안 링컨에게 하루라도 기쁜 날이 있었는지, 나는 알지 못한다. 그가 걸을 때면 우울이 방울방울 떨어져 내렸다."

이때부터 평생토록 링컨은 슬픔과 죽음을 다룬 시를 좋아했다. 거의 집착이라고 할 정도였다. 링컨은 종종 몇 시간씩 말 한 마디 없이 앉아서 회상에 잠겼다. 그 장면은 우울, 그 자체였다. 그러다 불쑥 올리버 웬들 홈스의 시집 『마지막 잎새』의 시 가운데 한 소절을 읊조리곤 했다.

> 그가 입 맞추던 꽃봉오리 같은 입술 위에
> 이끼 낀 대리석만 무심히 놓여 있고,
> 그의 귀에 달콤하게 들리던 그 이름은

이제 묘비에 새겨진 지 오래되었네.

앤이 죽은 지 얼마 지나지 않았을 때 링컨은 〈죽음에 관하여〉라는 시를 외웠다. "오, 죽음을 피하지 못하는 인간이여, 왜 그리 당당한가?"로 시작하는 시였다. 이 시는 그의 애송시가 되었다. 주위에 아무도 없을 때면 그는 종종 이 시를 읊조렸다. 일리노이에 있던 시골 호텔에서도 사람들에게 이 시를 들려주었고 대중 앞에서 연설할 때도 들려주었으며 백악관을 찾은 손님들에게도 이 시를 들려주었다. 친구들에게는 이 시를 직접 적어서 주기도 했다. 그러면서 그는 이렇게 말했다.

"내가 가진 모든 것을 다 바치고 빚더미에 올라 앉더라도 이런 시만 지을 수 있다면 원이 없겠네."

그는 특히 마지막 2연을 좋아했다.

그렇다! 희망과 절망, 기쁨과 고통이
햇살과 빗물 속에서 서로 혼합된다.
미소와 눈물, 송가(頌歌)와 만가(輓歌)가
파도 위에 파도가 치듯 서로를 쫓아다닌다.

눈 한 번 깜짝일 사이, 숨 한 번 내쉴 사이
꽃다운 건강함은 죽어 창백해진다.
화려한 내실을 떠나 수의에 쌓여 관으로 들어간다.
오, 죽음을 피하지 못하는 인간이여, 왜 그리 당당한가?

앤이 묻혀 있는 오래된 콩코드 묘지는 1에이커 정도의 땅으로 조용한 농가 한가운데 있으며, 세 면은 밀밭으로 둘러싸여 있고 한 면에는 소와 양들이 풀을 뜯는 푸른 초원이 있었다. 지금 이 묘지는 수풀과 덩굴이 우거져 있어 사람들이 거의 찾지 않는다. 봄에는 메추라기가 묘지 안에 둥지를 튼다. 이곳의 정적을 깨는 건 양들이 음매거리는 소리나 메추라기 우는 소리뿐이다.

반세기 이상 앤 러틀리지의 시신은 그곳에 평화롭게 잠들어 있었다. 그런데 1890년 이 지역 한 장의사가 거기서 4마일가량 떨어진 피터즈버그에 새 묘지를 조성했다. 피터즈버그에는 이미 로즈힐 묘지라는 아름답고 널따란 묘지가 있었다. 새로 조성한 묘지는 장사가 잘 안될 수밖에 없었다. 그래서 탐욕스런 이 장의사는 불경스런 계획을 세웠다. 감히 링컨 대통령의 연인의 묘를 파내서 그녀의 유해를 자신의 공동묘지로 옮겨 묻은 다음, 그 묘의 존재를 홍보해서 사업을 일으켜보겠다는 계획이었다.

이 장의사의 충격적인 고백을 그대로 옮기자면, '1890년 5월 15일경' 그는 앤의 무덤을 열었다. 거기서 그는 무엇을 발견했을까? 우리는 이 질문에 대한 답을 알고 있다. 피터즈버그 근처에 사는 점잖은 노부인 한 사람이 이 책의 저자인 나에게 진실을 말해주었기 때문이다. 그녀는 맹세코 자신이 하는 말은 모두 진실이라고 다짐했다. 그 부인은 앤 러틀리지의 남자 사촌인 맥그래디 러틀리지의 딸이다. 맥그래디 러틀리지는 종종 들판에서 링컨과 함께 일했으며, 링컨이 측량 기사로 일했을 때 그의 조수로 일했고 링컨과 같이 식사를 하고 링컨과 침대를 같이 쓰기도 했으므로, 링컨과 앤의 사랑에 대해 제삼자 가운데서는 누구보다도 더 잘 알고 있을 만한 사람이었다.

어느 조용한 여름 저녁, 이 노부인은 현관 흔들의자에 앉아 이 책의 저자인 나에게 다음과 같은 얘기를 들려주었다. "저는 가끔 아버지에게서 앤이 죽고 난 후 링컨이 5마일이나 떨어진 앤의 무덤에 가서 오랫동안 오지 않으면 무슨 일이라도 생겼을까 걱정되어 아버지가 직접 가서 그를 집으로 데려오곤 했다는 얘기를 들었습니다. …… 그랬어요. 앤의 무덤을 열었을 때 아버지도 그 장의사와 함께 그 자리에 있었어요. 아버지가 무덤 안에서 발견한 앤의 유해의 흔적은 그녀의 옷에서 나온 진주 단추 네 개뿐이었다고 말하는 걸 자주 들었어요."

장의사는 네 개의 진주 단추와 약간의 흙을 퍼냈다. 그리고 이것을 피터즈버그에 새로 조성한 오클랜드 묘지에 묻어 놓고서 앤 러틀리지가 거기 묻혀 있다고 선전을 했다.

지금은 여름마다 수많은 참배자가 그녀의 무덤이라고 되어 있는 것을 보기 위해 차를 타고 모여든다. 나는 그들이 머리를 숙이고 서서 네 개의 진주 단추 위에 눈물을 떨구는 것을 보았다. 네 개의 단추 너머에는 아름다운 화강암 묘비가 있고, 거기에는 에드거 미 매스터의 『스푼 리버 시집』의 한 구절이 적혀 있다.

> 부족하고 이름 없는 나로부터 흘러나온
> 불멸의 음악의 울림
> "아무도 미워하지 말고 누구나 사랑하자."
> 나로부터 흘러나온
> 수백만을 향한 수백만의 용서
> 정의와 진리로 빛나는
> 선량한 얼굴을 한 국가

여기 잡초 아래 누워 있는 나는 앤 러틀리지
에이브러햄 링컨이 평생 사랑했고
결혼을 약속했으나 이루지 못하고
이별로 끝난 여인
영원히 피어나라, 오, 공화국이여
내 가슴 스러진 먼지로부터

하지만 앤의 성스러운 유해는 여전히 오래된 콩코드 묘지에 있다. 탐욕스런 그 장의사는 그녀의 유해를 옮기지 못했다. 그녀와 그녀의 기억은 여전히 그곳에 있다. 에이브러햄 링컨이 눈물로 성스럽게 만든 곳, 링컨이 자신의 심장이 묻혀 있다고 한 곳, 앤 러틀리지가 묻혀 있기를 바라는 곳은 메추라기 지저귀고 야생 장미가 피어나는 바로 그곳이다.

변호사 일의 **시작**과
메리 토드와의 약혼

❧ 6 ❧

링컨은 스프링필드에서 친구들의 도움으로 변호사로
일하기 시작했다. 그리고 대통령이 될 사람과 결혼하겠다는
신념을 가진 메리 토드를 만나 결혼을 약속했다.

앤이 죽은 지 2년이 지난 1837년 봄, 링컨은 말을 빌려 타고 뉴세일럼을 떠나 스프링필드로 갔다. 링컨 자신의 말에 따르면 '변호사 일에 도전'을 시작하기 위해서였다.

그는 안장주머니에 자신이 가진 소지품을 전부 넣었다. 소지품이라고 해야 법률 서적 몇 권과 여벌의 셔츠와 속옷 몇 벌이 전부였다. 그리고 6.25센트와 12.5센트짜리 조각 돈들이 들어 있는 파란 양말도 챙겼다(당시 서부에서는 은화를 조각내 사용하는 경우가 많았다. 은화를 여덟 조각내면 12.5센트가 되었다-옮긴이). 뉴세일럼의 우편배달부 일을 갑자기 그만두면서 우편요금으로 징수한 돈을 갖고 있었던 것이다. 스프링필드에서 보낸 첫해에 링컨은 현금이 필요할 때가 많았다. 이만

저만 필요한 게 아니었다. 우편요금을 쓰고 나서 나중에 자기 돈으로 채워 넣어도 되었을 텐데, 링컨은 그러는 게 정직하지 못한 짓이라고 여겼던 모양이다. 그래서 우체국 회계사가 정산을 하러 왔을 때 그는 우편배달부로 일하며 받은 정확한 액수뿐 아니라 받은 동전을 그대로 넘겼다.

링컨이 말을 타고 스프링필드로 가던 날, 그의 수중에는 돈이 한 푼도 없었다. 그것뿐만이 아니었다. 천백 달러의 빚까지 지고 있었다. 뉴세일럼에서 베리와 동업하던 잡화점이 망하는 바람에 진 빚이었다. 그 후 베리는 술에 절어 살다가 사망했고 링컨 혼자 모든 책임을 떠맡게 되었다. 사실, 링컨이 꼭 갚아야 하는 건 아니었다. 공동 책임과 사업 실패라는 사실을 주장하여 합법적으로 법망을 피해갈 수도 있었다. 하지만 그건 링컨의 방식이 아니었다.

링컨은 오히려 채권자들을 찾아가 자신에게 시간을 주면 이자까지 덧붙여 갚겠다고 약속했다. 피터 반 베르겐 한 사람만 빼고 채권자들은 모두 그렇게 하라고 했다. 베르겐은 바로 소송을 제기했고 판결문을 받아 들자 링컨의 말과 측량 기구를 공개 경매에 붙였다. 하지만 다른 사람들은 다 그의 말을 믿고 기다렸고 이후 14년 동안 링컨은 그들과 한 약속을 지키기 위해 먹고 싶은 것, 쓰고 싶은 것을 참아가며 돈을 모았다. 하원 의원이던 1848년까지도 그는 봉급의 일부를 집으로 보내서 이 오래전 잡화점의 마지막 남은 빚을 갚았다.

스프링필드에 도착한 링컨은 광장 북서쪽 귀퉁이에 있던 조슈아 F. 스피드의 잡화점 앞에 말을 묶어두고 가게 안으로 들어갔다. 스피드는 그때 일을 이렇게 말한다.

    그는 빌린 말을 타고 마을로 들어와서 마을에 하나뿐인 가구점에 가서 1인용 침대 틀을 예약했다. 그리고 우리 가게로 들어와 카운터에 그의 안장주머니를 올려놓고는 1인용 침대에 부속되는 물건을 다 갖추려면 얼마나 드는지 물었다. 내가 연필로 석판에 계산해보았더니 모두 17달러였다. 그가 이렇게 말했다. "상당히 저렴해 보이는군요. 그런데 한 가지 말씀드릴 일이 있습니다. 그게 큰돈은 아니지만 지금 제게는 그걸 갚을 돈이 없습니다. 혹시 크리스마스까지 외상을 주실 수는 없을까요? 제가 여기서 변호사로 자리를 잡으면 그때는 반드시 갚겠습니다. 만일 제가 성공하지 못하면 갚지 못하게 될지도 모릅니다."

    그 목소리가 어찌나 애처로운지 남의 일 같지가 않았다. 나는 그의 얼굴을 올려다보았다. 그의 얼굴은 내가 평생 본 얼굴

가운데 가장 슬프고 우울해 보였다. 지금도 이런 생각은 달라지지 않았다. 그래서 나는 그에게 말했다. "이렇게 작은 금액도 그렇게 부담스럽게 생각하니까 하는 소린데, 선생이 빚을 지지 않고 목적을 이룰 수 있는 방안을 하나 제안하지요. 내가 사는 방은 상당히 넓고 또 침대도 두 사람이 쓰기 충분할 정도로 큽니다. 혹시 그럴 의향이 있다면 나랑 방을 같이 쓰는 게 어떻겠습니까?" 그러자 그가 물었다. "방이 어디 있나요?" 나는 가게에서 내 방으로 연결되는 계단을 가리키며 "저기 2층입니다."라고 했다. 대답 한 마디 없이 그는 자신의 안장주머니를 들고 2층으로 올라가서 방바닥에 내려놓고는 다시 내려왔다. 그러고는 환하게 웃는 얼굴로 이렇게 말했다. "스피드 씨, 이제 이사 끝났습니다."

이렇게 해서 링컨은 그 이후 5년 반 동안 집세를 한 푼도 들이지 않고 그 가게 2층에서 스피드와 함께 살았다.

링컨의 또 다른 친구인 윌리엄 버틀러는 링컨을 5년 동안 자기 집에서 먹여주었을 뿐 아니라 상당한 양의 의복도 사주었다.

링컨이 기회가 닿을 때마다 조금씩이라도 돈을 내긴 했지만 이들의 관계는 비용을 지불하고 뭔가를 받는 관계가 아니었다. 친구끼리 때때로 도움을 주는 그런 관계일 뿐이었다.

링컨은 그런 도움이 있었다는 사실에 진심으로 하느님께 감사를 드렸다. 만일 스피드와 버틀러가 도와주지 않았다면 링컨은 결코 변호사로 성공하지 못했을 것이다.

링컨은 스튜어트라는 변호사와 동업을 했다. 스튜어트는 대부분의 시간을 정치에 투자하면서 사무실 업무는 모두 링컨에게 맡겼다. 하지만 사무실 업무는 몇 건 되지 않았고, 사무실 역시 보잘것없었다. 비품이라고는 작고 낡은 침대와 물소 가죽 깔개, 의자 하나, 벤치 하나, 그리고 법률 서적이 몇 권 세워져 있는 책장 하나가 전부였다.

사무실 기록을 보면 그들이 첫 여섯 달 동안 맡은 사건은 고작 다섯 건에 불과했다. 2달러 50센트짜리 사건이 1건, 5달러짜리가 2건, 10달러짜리 1건, 그리고 나머지 1건은 수임료 일부를 외투로 받아야 했다.

의욕이 꺾인 링컨은 어느 날 스프링필드에 있던 페이지 이튼 목재소에 들러서 변호사업을 그만두고 목수 일을 해볼까 고민 중이라고 털어놓았다. 수년 전 뉴세일럼에서 법률 공부를 할 때에도 공부를 집어치우고 대장장이가 되는 게 어떨까 고민한 적도 있었다.

이렇게 스프링필드에서 보낸 첫해는 링컨에게는 외로운 시기였다. 그가 만나는 사람들이라고는 저녁이면 스피드 가게 뒤편에 모여 정치 얘기로 소일하는 사람들이 전부였다. 링컨은 일요일에 교회에 나가지도 않았다. 링컨 자신이 고백한 대로 스프링필드에 있는 것과 같은 근사한 교회에서 어떻게 행동해야 할지 알 수 없었기 때문이었다.

그 첫해에 그에게 말을 건 여자는 단 한 명이었는데, 링컨은 친구에게 보내는 편지에 그 여자도 '피할 수만 있었다면 말을 걸지 않았을 것'이라고 적었다.

그런데 1839년, 링컨에게 말을 걸었을 뿐 아니라, 그와 사귀려 하고, 결국은 그와 결혼하겠다고 결심하는 여성이 마을에 나타났는데, 그녀가 바로 메리 토드였다.

누군가 링컨에게 토드(Todd) 집안 사람들은 왜 자기 이름에 d를 두 개 쓰느냐고 물은 적이 있었다. 이때 링컨은 하느님(God)도 d가 하나면 충분한데, 토드가(家)는 기어코 두 개의 d를 가져야 했던 것 같다고 대답했다.

토드가는 6세기까지 거슬러 올라가는 족보를 자랑하는 집안이었다. 메리 토드의 조부와 증조부는 형제들이 장군과 주지사를 지냈으며 해군 장관도 한 명 있었다. 메리 토드 자신은 켄터키 주 렉싱턴에 있는 프랑스식 교육을 하는 학교에서 속물적인 교육을 받았다. 이 학교를 운영하는 마담 빅토리 샬롯트 르끌레르 멘텔과 그녀의 남편은 프랑스혁명 기간에 단두대의 칼날을 피해 파리에서 도망쳐 나온 프랑스 귀족들이었다. 이들은 메리 토드에게 파리의 독특한 액센트가 섞인 불어를 가르쳤고 베르사유 궁전에서 비단옷을 입은 궁정 사람들이나 추던 코티용과 서카시안 서클을 가르쳤다.

메리 토드는 콧대가 높고 오만했으며 자기가 남들보다 우월하다고 생각했다. 그리고 언젠가 미국 대통령이 될 사람과 결혼할 것이라고 굳게 믿고 있었다. 믿기 힘든 생각이었지만 그녀는 그렇게 믿었을 뿐 아니라 그런 믿음을 공공연히 자랑하고 다녔다. 사람들은 이런 그녀를 한심하다고 여기고 비웃으며 입방아를 찧었다. 하지만 그녀는 한 치의 흔들림도 없이 호언장담을 하고 다녔다.

심지어 그녀의 언니조차도 그녀가 "화려하게 으스대면서 남의 이목을 끌고 또 권력을 휘두르기를 좋아했으며, 그녀만큼 야망이 큰 사람을 본 적이 없다."고 말할 정도였다.

안타깝게도 그녀의 불같은 성격은 도가 지나칠 때가 적지 않았다. 1839년 어느 날, 그녀는 새어머니와 말다툼을 하고는 문을 쾅 닫고 가출해버렸다. 그리고 그 길로 스프링필드에서 결혼해 살고 있던 언니 집으로 달려가 거기서 살았다.

그녀가 미래의 미국 대통령과 결혼할 작정이었다면 그곳이야말로 최적의 장소였다. 세상 어느 곳에도 일리노이 주 스프링필드만큼 그녀의 전망을 밝게 만들어줄 수 있는 곳은 없었다. 당시 그곳은 작고 지저분한 변경 마을에 불과했다. 마을은 나무도 없는 초원까지 길게 뻗쳐있었고 포장도로도 없으며, 전기도 들어오지 않았고 인도도 하수시설도 없는 곳이었다. 소들이 제멋대로 시내를 어슬렁거렸고 대로변 진창에는 돼지들이 뒹굴었다. 퇴비가 썩으며 풍기는 악취는 온 마을을 뒤덮었다. 마을 인구래야 다 해서 천오백 명에 불과했다. 하지만 1860년 미국 대통령 선거 후보로 나설 두 젊은이가 1839년의 이 마을에 웅크리고 있었으니, 바로 민주당 북부 지역 후보인 스티븐 A. 더글러스와 공화당 후보인 에이브러햄 링컨이었다.

두 사람 모두 그녀를 만났으며, 같은 시기에 그녀에게 구애했고, 그녀와 포옹했으며, 그녀 자신의 말에 따르면 둘 다 그녀에게 청혼했다.

누구랑 결혼할거냐는 질문을 받으면 그녀는 항상 '대통령이 될 가능성이 높은 사람'이라고 했다고 그녀의 언니는 말했다.

사실 이 말은 더글러스와 결혼하겠다는 말이나 다름없었

다. 당시만 해도 그가 대통령이 될 가능성이 링컨보다는 백 배나 더 컸기 때문이다. 더글러스는 나이가 스물여섯에 불과했지만 그 시절에 이미 '작은 거인'이라는 별명을 가지고 있었으며 미합중국 국무장관이었다. 이와는 달리 링컨은 친구 가게에 붙은 다락방에서 생활하며 식비조차 제대로 해결하지 못하고 힘들게 살아가는 변호사에 불과했다.

링컨의 이름이 자신이 살던 주 이외의 지역으로 알려지기 훨씬 전에 더글러스는 전국적으로 강력한 정치력을 발휘하는 사람이 되어가고 있었다. 실제로 링컨이 대통령에 당선되기 2년 전까지만 해도 보통의 미국 사람들이 링컨에 대해 아는 건 그가 화려한 경력의 유력 정치가 스티븐 A. 더글러스와 언젠가 논쟁을 벌인 적이 있다는 사실 하나뿐이었다.

메리의 친척들도 그녀가 링컨보다는 더글러스에게 더 마음을 두고 있다고 여겼으며, 실제로도 그러했을 것이다. 더글러스는 여자들의 환심을 살 만한 인물이었다. 그는 인간적으로 매력이 있었고 전도유망했으며 매너도 뛰어났고 사회적 지위도 있었다.

게다가 그윽하게 울리는 목소리에 뒤로 빗어 넘긴 까만 머리는 물결치듯 구불거렸으며 왈츠 솜씨 또한 대단히 뛰어났다. 또한 메리에게 자그마하지만 예쁜 선물도 많이 했다.

그는 그녀에게는 완벽 그 자체였다. 그녀는 거울을 바라보며 이렇게 속삭이곤 했다. "메리 토드 더글러스 여사." 자신이 듣기에도 멋진 이름이었다. 그녀는 아름다운 미래를 꿈꿨다. 백악관에서 남편 더글러스와 함께 왈츠를 추는 자신을 그려보기도 했다.

그런데 메리와 교제를 하던 더글러스가 어느 날 싸움을 벌이는 일이 일어났다. 그것도 스프링필드 광장 한가운데에 서였고 상대방은 신문사 편집부에 근무하는 사람으로 메리의 가까운 친구의 남편이었다.

아마도 틀림없이 메리는 그에게 자신이 그 일에 대해 어떻게 생각하는지를 말했을 것이다. 그리고 아마도 틀림없이 그녀는 그가 공식 만찬 석상에서 술에 취해서 탁자 위에 올라가 이리저리 왈츠를 추고 고함지르고 노래 부르며, 술잔이며 칠면조 구이, 위스키 병, 음식 접시들을 바닥으로 걷어찬 것에 대해서도 말을 했을 것이다.

혹시라도 더글러스가 자신을 데리고 간 파티에서 딴 여자와 춤이라도 추면 그녀는 볼썽사나운 장면을 만들어내곤 했다.

결국 더글러스와의 교제는 없던 일이 되었다. 이에 대해 베버리지 상원 의원은 다음과 같이 말했다.

더글러스가 메리에게 청혼했는데 '도덕성'에 하자가 있어서 퇴짜를 당했다는 말이 있었지만, 그건 이런 상황에서 흔하게 보이는 일로서 여자를 보호하기 위해 지어낸 얘기가 분명했다. 영리하고 눈치가 빠르며 세상물정에도 밝은 더글러스가 그녀에게 청혼을 했을 리가 없기 때문이다.

실망이 매우 컸던 그녀는 그의 강력한 정치 맞수였던 에이브러햄 링컨에게 열렬한 관심을 보임으로써 더글러스의 질투심을 유발시키려고 했다. 하지만 더글러스가 이런 계략에 걸려들지 않자 그녀는 결국 링컨을 사로잡는 쪽으로 방향을 바꾸었다.

메리 토드의 언니 에드워즈 부인은 당시 상황에 대해 이렇게 말했다.

두 사람이 있는 방에 내가 우연히 들어가는 경우가 종종 있었어요. 물론 메리가 항상 대화를 주도했죠. 링컨 씨는 메리 옆에 앉아서 조용히 듣고 있고요. 그는 거의 말을 안 했어요. 다만 어떤 보이지 않는 강력한 힘에 속절없이 끌려가는 듯 메리를 바라보고만 있었죠. 동생의 재기 넘치는 말과 총명함은 그를 사로잡았어요. 하지만 메리처럼 교육 받은 숙녀와 오랫동안 대화를 하는 건 그에게는 힘에 부치는 일이었어요.

그해 7월, 여러 달 동안 논의되던 휘그당 대집회가 스프링필드에서 열리며 도처에서 사람들이 모여들자 마을 전체가 그 분위기에 휩쓸려 들어갔다. 사람들은 펄럭이는 깃발과 밴드를 앞세우고 수백 마일 밖에서부터 몰려들었다. 시카고 대표단은 일리노이 주 절반가량의 거리를 두 개의 돛대를 단 정부 범선의 행렬을 끌고 왔다. 배 위에서는 음악이 연주되었고 아가씨들이 춤을 추었으며 대포가 쏘아졌다.

당시 민주당 지지자들은 휘그당 후보인 윌리엄 헨리 해리슨에 대해 통나무집에 살면서 사과주나 홀짝대는 할머니라고 놀려대고 있었다. 그러자 휘그당원들은 소 서른 마리가 끄는 마차 위에 통나무집을 설치하고 스프링필드 곳곳을 휘젓고 다녔다. 통나무집 옆면에는 호두나무 가지가 걸려 있고 그 위에서 너구리들이 뛰어놀았다. 문간에는 꼭지 달린 사과주 통이 놓여 있었다.

밤이면 링컨은 횃불 아래서 정치 연설을 했다. 어느 날 밤, 사람들이 링컨이 속한 휘그당원들은 고급 옷을 입고 귀족 행세를 하고 다니며 못사는 사람들의 표를 얻으려고 한다고 비난했다. 그러자 링컨은 다음과 같이 대답했다.

제가 처음 일리노이 주에 왔을 때 저는 가난하고 낯선, 아는 사람이 하나도 없는 무식한 소년에 지나지 않았습니다. 한 달에 8달러를 받고 바닥이 평평한 배에서 일했습니다. 바지라고는 단 한 벌밖에 없었는데, 그것도 사슴 가죽 바지였습니다. 사슴 가죽이라 바지가 젖었다가 햇볕에 마르면 오그라들었습니다. 어찌나 오그라들었던지 나중에는 바지 밑단과 양말 사이에 틈이 생기고 정강이가 드러났습니다. 키는 커지고 바지는 줄어들면서 꽉 끼게 되자 결국 종아리 둘레에 시퍼런 자국이 생겼는데, 그 자국이 지금까지도 남아 있습니다. 여러분, 그런 멋진 옷을 입은 사람을 귀족이라고 하신다면, 저는 그런 비난을 면할 길이 없습니다."

사람들은 휘파람을 불고 소리를 지르며 링컨의 말에 환호했다.

그날 밤, 메리는 링컨과 함께 언니 집으로 돌아오며 링컨이 너무나 자랑스럽다고 말했다. 그리고 그가 훌륭한 연설가이며 언젠가 미국 대통령이 될 것이라고 했다.

링컨은 그녀를 내려다보았다. 그녀는 달빛을 받으며 그의 곁에 서 있었다. 그녀의 태도가 모든 것을 말해주고 있었다. 그는 팔을 뻗어 그녀를 품에 안고 부드럽게 키스했다.

결혼식 날짜는 1841년 1월 1일로 정해졌다. 앞으로 단지 여섯 달 뒤였다. 하지만 그 사이 그들 앞에 수많은 폭풍이 기다리고 있었다.

파경에 이른
메리 토드와 링컨

⋇ 7 ⋇

교육과 성장 배경, 기질과 취미, 사고방식 등 여러 면에서
서로 달랐던 링컨과 메리 토드는 점점 사이가 멀어졌고,
급기야 링컨은 메리와 결혼하기로 한 날 사라져 결혼식에 나타나지 않았다.

메리 토드는 에이브러햄 링컨과 결혼 약속을 하자마자, 링컨의 스타일을 바꾸려고 했다. 그녀는 링컨의 옷 입는 방식을 못마땅하게 여겼고, 링컨을 자신의 아버지와 자주 비교하곤 했다. 메리의 아버지는 12년 동안 거의 매일 아침 렉싱턴 거리를 금테 두른 지팡이에 푸른색 고급 외투, 그리고 하얀 린넨 바지에 가죽끈을 매단 단화 차림으로 다녔다. 반면 링컨은 날씨가 더울 땐 외투를 거의 걸치지 않았으며, 더군다나 때로는 칼라도 달지 않은 옷차림을 하기도 했다. 평소에는 멜빵 하나로 지탱하는 바지를 입었고, 단추가 떨어지면 나무못을 박아 단추 대신으로 사용하곤 했다.

링컨의 이런 무신경함에 짜증이 난 메리 토드는 그런 점

자기 계발에 매진한 링컨에게서 노력의 중요함을 배우다

을 일일이 지적했다. 하지만 안타깝게도 그녀의 조언에는 듣는 사람을 편안하게 해주는 요령이 전혀 없었다.

그녀는 렉싱턴에 있는 빅토리 샬럿 르 클레르 맨틀 학교에서 궁정 사교춤이나 추는 것을 배웠을 뿐 사람을 다루는 기술은 전혀 배우지 못했던 모양이다. 그래서 그녀는 남자가 여자에게 정나미가 떨어지는 가장 확실하고 가장 빠른 방법, 즉 잔소리를 늘어놓았던 것이다. 그녀가 링컨을 불편하게 하자, 링컨은 그녀를 피했다. 그래서 그는 이전에는 일주일에 두세 번 정도 밤에 그녀를 찾아갔지만, 이제는 열흘이 넘도록 가지 않았다. 그러면 그녀는 어쩌면 이렇게 무관심할 수가 있냐고 불평 섞인 편지를 그에게 보내곤 했다.

그즈음에 마틸다 에드워즈가 이 마을에 왔다. 마틸다는 키가 크고 품위가 있었으며 아름다운 금발에, 니니언 W. 에드워즈의 사촌이자 메리 토드의 올케이기도 했다. 게다가 그녀는 에드워즈의 널따란 저택에서 지냈다. 그리고 링컨이 메리를 만나러 올 때면, 마틸다는 굉장히 눈에 띄려고 애썼다. 그녀는 표준 프랑스 억양의 프랑스어를 말하지도, 서카시안 서클 춤을 추지도 못했다. 하지만 그녀는 남자를 다루는 방법을 알고 있어서, 링컨은 차츰 그녀를 아주 좋아하게 되었다. 그녀가 방으로 조용히 들어오면, 링컨은 넋을 놓고 바라보는 바람에 때로는 메리 토드가 하는 말을 듣지 못하기도 했다. 이것 때문에 메리는 화가 단단히 났다.

또 한 번은 링컨이 메리를 무도회장에 데리고 갔지만, 그는 춤을 좋아하지 않아, 메리를 다른 남자와 춤추게 하고서는 자신은 마틸다와 구석에 앉아 이야기를 나누기도 했다. 메리가 링컨이 마틸다와 사랑에 빠졌다고 비난하자, 링컨은 아니라고 말하지 않았다. 그러자 그녀는 갑자기 울면서 마틸다는 쳐다보지도 말라고 다그쳤다.

한때 행복한 앞날이 기대되던 두 사람의 사랑은 이제 싸움과 불화 그리고 서로에 대한 흠집 찾기로 변해버렸다. 링컨은 그제야 메리와 자신이 여러 가지 면에서 맞지 않는다는 것을 깨닫게 되었다. 교육과 성장 배경, 기질과 취미, 사고방식 등이 달랐다. 이런 차이로 인해 두 사람은 갈수록 사이가 벌어졌다. 링컨은 지금 파혼하지 않으면 비참한 결혼 생활을 하게 되리라는 것을 깨달았다.

메리의 언니와 형부 역시 그 점에 대해서는 비슷한 결론을 내렸다. 그들 부부는 메리에게 두 사람은 서로 맞지 않으며, 결코 행복하게 살 수 없을 거라고 귀가 닳도록 말하면서 파혼을 종용했다. 하지만 메리는 그런 이야기를 전혀 귀담아 듣지 않았다.

그리고 몇 주일이 지난 어느 날, 링컨은 그녀에게 고통스러운 진실을 털어놓아야겠다는 마음에서 용기를 내어 스피드의 가게를 찾았다. 그는 벽난로 앞을 왔다 갔다 하다가, 주머니에서 편지를 꺼내 스피드에게 읽어달라고 했다. 이에 대해 스피드는 다음과 같이 말했다.

그 편지는 메리 토드에게 보낼 것이었고, 그의 솔직한 심정이 담겨 있었다. 결혼 문제를 냉정하고 신중하게 생각해본 끝에 내린 결론은 결혼 생활을 잘 이끌어갈 정도로 그녀를 진심으로 사랑하지 않는다는 사실을 깨달았다는 내용이었다. 그는 내가 편지를 그녀에게 전해주기를 원했다. 하지만 내가 못하겠다고 하자, 그는 다른 사람에게 부탁하겠다고 했다. 나는 그에게 편지가 그녀의 수중에 들어가는 순간, 그녀가 훨씬 유리하게 될 것이라고 말했다. 나는 "말로 하면 잊힐 수도 있고, 오해할 수도 있으며, 무시할 수도 있겠지만 글로 쓰면 영원히 남게 돼."라고 말하면서 안타까운 편지를 난로 속으로 던져버렸다.

링컨이 그녀에게 무슨 말을 했는지 정확하게 알지는 못한다. 하지만 베버리지 상원 의원은 "우리는 링컨이 메리 토드에게 무슨 내용의 편지를 보냈는지에 대해서는 그가 오언스 양에게 마지막으로 쓴 편지를 통해 충분히 짐작할 수 있다."고 말한다.

링컨과 오언스 양에게 일어난 이야기는 간단하게 말할 수 있다. 이것은 4년 전 일이다. 그녀는 베넷 아벨 부인의 여동생이다. 링컨은 아벨 부인을 뉴세일럼에서 알게 되었다. 1836년 가을, 아벨 부인은 만약 링컨이 자신의 여동생과의 결혼을 승낙한다면 그녀를 일리노이로 데리고 올 것이라고 말하며, 가족을 만나기 위해 켄터키로 갔다.

3년 전에 그녀를 본 적이 있던 링컨은 흔쾌히 승락했다. 승락이 떨어지기 무섭게 그녀가 마을에 왔다. 그녀는 아름다운 얼굴에 세련미가 있었으며, 교육도 받았고 부자였다. 하지만 막상 3년 만에 다시 만나게 되자 링컨은 그녀와의 결혼을 원하지 않았다. 그는 '그녀가 너무 지나칠 정도로 거리낌이 없다.'고 생각했다. 게다가 그녀는 한 살 연상이었고, 키도 작고 매우 뚱뚱했다. 링컨의 표현에 따르면 '폴스타프(셰익스피어의 작품에 등장하는 희극적 인물-옮긴이)에 잘 어울리는 사람'이라고 했다.

또 링컨은 "나는 그녀가 전혀 마음에 들지 않았어. 하지만 어떻게 해야 하지?"라고 했다.

아벨 부인은 링컨이 약속을 지키기를 '몹시 바랐다.' 하지만 그는 약속을 지키지 않았다. 그는 자신이 그렇게 했던 '성급함을 계속 후회하고' 있었으며, '굴레에 묶이는 것을 두려워하는 것만큼이나' 결혼을 생각만 해도 두려움에 휩싸였다.

그래서 그는 오언스 양에게 편지로 자신의 생각과 왜 결혼 약속을 지키지 못하는지에 대해 솔직하고 요령껏 썼다.

다음은 링컨이 쓴 편지 가운데 하나다. 1837년 5월 7일 스프링필드에서 오언스 양에게 쓴 이 편지는 그가 메리 토드에게 쓴 앞의 편지에 대해 아주 많은 것을 알게 해줄 것으로 생각된다.

친애하는 메리 오언스 양에게.

지금까지 저는 당신에게 보내려고 두 통의 편지를 쓰기 시작했습니다. 하지만 두 통 다 반 정도 쓰다가 맘에 들지 않았습니다. 그래서 도중에 편지를 찢어버렸습니다. 첫 번째 것은 너무 가볍다는 생각이 들었고, 두 번째 것은 또 그 반대라는 생각이 들어서였습니다. 그래서 어떻게 여기실지는 모르겠지만, 지금 이 편지를 보내기로 했습니다.

이곳 스프링필드에서 살아가기에는 적어도 저에게는 좀 버겁습니다. 저는 이곳에서의 생활이 굉장히 외롭습니다. 여기에 온 후 오직 한 여성과만 대화를 해오고 있습니다. 만약 그녀가 피했다면, 그녀와도 대화를 나누지 못했을 것입니다. 지금까지 저는 교회를 다녀본 적이 없으며, 내가 어떻게 행동해야 할지를 모르고 있다는 것을 인식하고 있기에 교회를 멀리했습니다. 저는 가끔 당신이 스프링필드에서 정착해서 사는 문제에 대해 생각해봅니다. 이곳이 당신에게 만족스러울지 우려가 됩니다. 마차를 타고 둘러보면 여기는 무척 풍요로운 곳입니다. 하지만 당신이 그 풍요로움을 누리지 못하고 단지 바라만 본다면 절망스러울 것입니다. 가난을 숨기는 재주가 없다면 당신은 여기서 가난하게 살 수밖에 없습니다. 당신은 그것을 잘 참아낼 수 있겠습니까? 저에게 자신의 운명을 맡긴 여성이 그 누구이든지 간에, 다른 여느 남자들처럼, 그녀를 행복하고 만족스럽게 해주기 위해 온 힘을 다하는 것이 저의 의무입니다. 하지만 그 노력이 실패로 끝났을 때보다 저를 더 비참하게 만드는 것은 없을 것입니다. 당신이 제게 아무런 불만도 없다면, 물론 지금의 제 삶보다는 당신과 함께하는 삶이 훨씬 더 행복할 것임을 잘 압니다.

당신이 제게 말했던 내용이 농담이거나, 제가 오해한 것일 수도 있습니다. 만약 그렇다면 그 말은 잊어버립시다. 그런데 만약 그렇지 않다면, 당신이 결정을 내리기 전에 진지하게 생각해보시길 바랍니다. 저로서는 이미 마음을 정했습니다. 저는 당신이 원한다면, 당신이 말한 것을 정말 따르겠습니다. 제 개인적인 생각이지만, 당신이 그러지 않는 편이 나을 것입니다. 당신은 어려운 상황에 대해 익숙하지 않으며, 당신이 생각하는 것보다 훨씬 더 힘듭니다. 저는 당신이 어떤 문제에 대해 정확하게 생각하는 능력이 있는 사람으로 알고 있습니다. 만약 당신이 결정하기 전에 이것에 대해 신중하게 잘 생각한다면 저는 기꺼이 당신의 결정에 따를 것입니다.

결정을 한 후에는 제게 장문의 편지를 써서 보내주면 고맙겠습니다. 그렇게만 해주시면 됩니다. 편지를 쓰고 나면 재미가 없게 여겨질지라도 이렇게 부산한 황무지에서는 편지가 굉장한 동무가 될 것 같습니다. 이곳 생활을 정리하고 떠나는 과정을 저로서는 더 이상 듣고 싶지 않다고 당신 언니에게 말해주시기 바랍니다. 그런 이야기를 들을 때마다 제 마음이 아플 것입니다. 그럼 안녕히 계세요.

링컨 드림

메리 오언스와 링컨의 일은 이 정도로 해두고 다시 메리 토드와의 이야기로 돌아가자. 스피드는 링컨이 메리 토드에게 썼던 편지를 난로 속에 던지면서, 자신의 친구이자 룸메이트인 링컨을 향해 다음과 같이 말했다.

"링컨, 자네가 용기 있는 사나이라면 메리를 직접 만나, 사실은 사랑하지 않아서 결혼을 하지 못하겠다고 말하게. 간단하게 말하고 가급적 자리를 일찍 뜨게."

또한 스피드는 이렇게 말했다. "이렇게 충고를 하자, 링컨은 외투를 걸치고 다소 굳은 표정으로 내가 분명히 일러준 대로 심각한 일을 처리하기 위해 메리를 만나러 갔다."

이와 관련하여 헌돈은 그날 일을 다음과 같이 회상했다.

그날 밤 스피드는 우리와 함께 자는 2층 침실로 올라오지 않았다. 봐야 할 책이 있다고 핑계를 댔지만, 사실 그는 가게에 있었다. 10시가 지났는데도 링컨은 토드 양과 대화가 끝나지 않은 듯했다. 마침내 11시가 조금 지나자 그가 성큼성큼 들어왔다. 링컨이 시간을 길게 끌어 자신이 말한 대로 따르지 않았지만, 스피드는 안심을 하며 "여보게, 그래 내가 말한 대로 했는가?" 하며 말문을 열었다.

"그래, 그렇게 했네." 링컨은 깊은 생각에 빠진 채 말했다. "그런데 내가 사랑하지 않는다고 말하자 그녀가 갑자기 울음을 터뜨리며 의자에서 튀어 오를 듯이 고통스러운 듯 손을 움켜쥐며 사기꾼한테 속은 것 같다고 말했네." 그러고는 말을 멈추었다.

"그래서 뭐라고 그랬나?" 스피드가 그 진상을 알아내기 위해 묻자, 링컨은 "솔직하게 말하겠는데, 스피드. 정말이지 힘들었어. 내 볼로 흐르는 눈물을 어떻게 할 수가 없었어. 그래서 그녀의 손을 잡고 그녀에 키스했어."라고 대답했다.

스피드는 "파혼을 그런 식으로 하다니. 자네는 어리석게 행동했을 뿐 아니라, 그렇게 하면 결혼 약속이 다시 원래대로 유지되는 것과 마찬가지라고. 이제는 멋지게 물러설 수 없게 된 거야." 하며 어이가 없어 웃었다.

링컨은 스피드의 말에 "글쎄, 다시 시작해야 한다면 그렇게 하지 뭐. 어떻게 할 수 없잖은가, 약속을 지킬 수밖에." 하며 우물거렸다.

몇 주가 지나 결혼 날짜가 바짝 다가왔다. 재봉사들은 메리 토드의 혼수 준비로 눈코 뜰 새 없었고, 에드워즈 저택은 도색 작업을 새롭게 하고, 거실을 새롭고 꾸미고, 양탄자를 수선하고, 가구에 광을 내며 단장했다.

하지만 링컨에게 무시무시한 일이 일어나고 말았다. 어떻게 말로 표현할 수 없는 난감한 일이었다. 심각한 정신적 우울증은 일반적인 유형의 슬픔과는 다른 것으로 정신과 육체에 심각한 손상을 주는 질병이다.

링컨의 우울증은 하루가 다르게 심각해져갔다. 도무지 마음이 진정되지 않았고, 말할 수 없는 고통이 오래 지속돼 정말 완전히 회복될 수 있을지 의심스러울 정도였다. 결혼하겠다고 말은 했지만, 링컨의 마음은 온통 결혼에 저항하고 있었다. 하지만 링컨은 자신의 진심을 알아차리지 못한 채, 도피할 방법만 찾았다. 그는 사무실에 나갈 생각도 않고, 주의회에도 참석하지 않은 채 스피드의 방에서 몇 시간이고 꼼짝하지 않고 앉아 있곤 했다. 때로는 새벽 3시에 일어나 아래층으로 내려가 난로에 불을 지피고, 먼동이 틀 때까지 어둠만 응시한 채 앉아 있을 때도 있었다. 그는 먹지 못해 점점 수척해지고 예민해져서 사람을 피하고 누구에게도 말을 건네려고 하지 않았다.

이제 눈앞에 닥친 결혼의 공포로부터 그는 천천히 뒷걸음치기 시작했다. 마음은 어두운 심연에서 허우적거리고 있었다. 게다가 그는 이러다가 실성할지도 모른다는 두려움까지 느꼈다. 급기야 서부에서 가장 저명한 의사이자 신시내티 의과대학의 학장인 다니엘 드레이크 박사에게 자신의 상태와 함께 치료할 수 있는 의사를 추천해달라는 내용의 편지를 썼다. 하지만 드레이크 박사는 직접 진찰하지 않고는 불가능하다는 답장을 보내왔다.

결혼식은 1841년 1월 1일로 잡혀 있었다. 그날은 날씨가 매우 청명했는데, 스프링필드의 유명 인사들은 썰매를 타고 모여들어 새해 인사를 했다. 말들의 콧구멍에서는 김이 모락모락 나왔고 작은 종소리가 주위를 가득 메웠다.

에드워즈 저택은 결혼식 막바지 준비로 부산하기 이를 데 없었고, 배달하는 아이들은 마지막에 주문한 물건을 들고 뒷문으로 서둘러 들어갔다. 결혼식을 위해 특별 요리사가 고용되기도 했다. 저녁 식사는 낡은 철제 오븐이 아닌 방금 설치해 만든 새 오븐에서 요리한 음식이 차려졌다.

새해 초저녁에 사람들이 마을로 모여들었고, 촛불이 부드럽게 타올랐으며, 창문에는 정결한 화환이 걸렸다. 에드워즈 저택은 흥분과 생기 넘치는 기대감으로 달아올랐다.

6시 30분경 희색만면한 하객들이 들어오기 시작했다. 6시 45분에는 의식을 거행할 목사가 도착했다. 실내에는 식물들과 각종 꽃들이 가득했고, 거대한 불꽃이 난로에서 탁탁 소리를 내며 타올랐다. 실내는 환담 소리로 가득 찼다.

괘종시계가 7시를 쳤다. …… 또다시 7시 30분을 쳤다. 링컨은 아직도 모습을 드러내지 않았다. 늦은 듯싶었다.

시간은 계속 흘렀다. …… 천천히, 무정하게, 홀 입구의 대형 괘종시계가 8시를 지나갔다. 또 30분이 지나도, 신랑은 보이지 않았다. 에드워즈 부인은 현관으로 가서 초조하게 도로를 쳐다보았다. '도대체 무슨 일이지? 혹시…… 아니 그럴 리가 없어! 그런 일은 있을 수 없어…….'

메리의 가족들은 자리를 떴고…… 여기저기서 속삭이는 소리가 들렸으며…… 서둘러 의논하기도 했다.

메리 토드는 옆방에서 화려한 실크 드레스 차림에 베일을 두르고 머리에 꽃을 초조하게 만지작거리면서 창가를 서성이며 기다리고…… 기다렸다. 그녀는 거리에 시선을 던졌다가 괘종시계를 쳐다보았다. 손바닥이 축축해지면서 이마에서는 진땀이 배었다. 무시무시한 시간이 흘러갔다. 결혼하겠다고 철석같이 약속해놓고…….

9시 30분이 되자 손님들은 하나둘, 천천히, 의아스럽고, 당황해 하며 식장을 빠져나갔다. 마지막 손님이 나가기 무섭게 신부는 머리에 있는 베일을 찢고 머리에 꽂은 꽃을 집어던지며 흐느껴 울면서 계단으로 향했고, 방으로 들어가 침대에 몸을 던졌다. 그녀는 슬픔으로 정신을 차리지 못했다. '오, 맙소사! 이제 사람들이 뭐라고 할까? 비웃겠지. 동정도 할 테고, 수치스러워 앞으로 어떻게 고개를 들고 다닐 수 있을까?' 비통함과 더불어 격렬한 감정이 거세게 몰려왔다. 순간 링컨이 자신을 안아주었으면 하는 생각이 들었다. 하지만 곧 자신에게 심한 상처와 모욕을 준 링컨을 죽이고 싶었다.

링컨은 도대체 어디에 있는 걸까? 혹시 불미스러운 일을 당한 것은 아닐까? 사고가 일어난 것은 아닐까? 도망쳐버린 것일까? 자살한 것은 아닐까? 아무도 모르는 일이었다.

한밤중에 사람들이 횃불을 들고 편을 나누어 그를 찾아 나섰다. 몇몇 사람은 그가 자주 다니는 곳을 찾아보았고, 몇몇 사람들은 시골로 빠지는 길을 찾아보았다.

메리 토드와의
사랑 없는 결혼

✤ 8 ✤

메리 토드와 다시 만난 링컨은 그녀와 결혼했다. 그녀와의
결혼은 '링컨이 명예를 택하기로 하고, 자학과 자기희생의 고통과 더불어
행복한 가정을 영원히 잃어버리기로 결심'한 결과였다.

수색은 밤새 계속되었다. 사람들은 동이 튼 직후에 링컨을 찾아냈는데, 링컨은 횡설수설하며 그의 사무실에 앉아 있었다. 친구들은 그가 정신을 잃었을까 봐 걱정했고, 메리 토드의 일가친척들은 링컨이 벌써부터 제정신이 아니라고 단언했다. 그러니 결혼식에 올 수가 없었다는 것이다.

다급하게 온 의사 헨리는 스피드와 버틀러에게 링컨이 자살할지도 모르니 그에게서 한시도 눈을 떼서는 안 된다고 신신당부했다. 칼도 치웠고 앤이 죽고 난 뒤에 그랬던 것처럼 그에게서 눈을 떼지 않았다.

의사는 링컨에게 정신을 집중할 수 있는 어떤 것이 필요하다며, 주 의회 회기 중에는 꼭 참석할 것을 권했다. 휘그

당의 원내총무인 링컨은 계속 참석해야 했으나, 기록에 따르면 3주에 4번 정도 참석했으며, 그것도 한두 시간 정도였다. 1월 19일에 존 J. 하딘은 그가 병이 났음을 하원에 알렸다. 결혼식 사건이 있은 지 3주 후에 링컨은 동료 변호사에게 가장 슬픈 편지를 보냈다.

> 나는 지금 정말이지 비참하기 이루 말할 수 없다네. 지금 내가 느낀 것을 세상 사람 모두가 느끼게 된다면, 정말이지 이 세상에는 행복한 사람이 단 한 명도 없을걸세. 상태가 좋아질 수 있을지 지금은 알 수 없네. 다만 나빠지지 않았으면 하고 바라고 있네. 사실 이대로 계속 지낸다는 것은 불가능할걸세. 죽거나 그렇지 않으면 좋아지겠지 하고 생각하네.

이 편지에 대해, 의사였던 윌리엄 E. 바턴은 자신의 유명한 링컨 자서전에서 "링컨이 정신적으로 분열되었고…… 정신이 온전한지 스스로도 매우 우려하고 있음을 알려주는 편지다."고 말했다.

링컨은 죽음에 대해 계속 생각하며 죽음을 갈망했고, 자살에 대한 시를 〈생거먼 저널〉에 발표하기도 했다.

스피드는 그가 죽을지도 모른다고 생각하여, 링컨을 자신의 어머니 집으로 데리고 갔다. 거기서 링컨은 성경을 건네받았고, 약 2킬로미터 떨어진 숲 속의 풀밭을 따라 구불구불한 시내가 내려다보이는 조용한 침실에서 지냈다. 아침마다 노예가 링컨의 침대로 커피를 가지고 왔다.

메리의 언니 에드워즈 부인은 메리가 '마음을 독하게 먹고 링컨을 자유롭게 해주기 위해 파혼할 것'이라는 내용의 편지를 링컨에게 보냈다. 하지만 에드워즈 부인은 그에게 "만약 원한다면 링컨이 새로이 다시 시작할 여지는 있다."고 했다.

그러나 링컨은 결코 결혼하고 싶은 마음이 없었다. 심지어 그녀를 다시 보고 싶어하지도 않았다. 결혼식 사건이 있고 1년이 지난 뒤에도 링컨이 자살할지도 모른다고 생각한 친구가 있을 정도였다.

'돌이킬 수 없는 1841년 1월 1일'이 지나고 거의 2년이 다 되어갈 즈음에야 링컨은 메리 토드가 자신을 잊고 다른 남자에게 관심을 가졌으면 하고 바라면서, 그녀를 완전히 잊게 되었다. 하지만 그녀는 다른 사람에게는 눈길 한 번 주지 않았다. 자존심이 무참하게 짓밟혔기 때문에 그녀는 자신은 물론 자신을 비웃고 안타깝게 바라보던 사람들에게 링컨과 결혼할 수 있으며, 할 것이라는 것을 반드시 증명하고 싶었다.

이와 달리 링컨은 절대로 그녀와는 결혼하고 싶지 않았다. 사실 링컨은 토드에게서 벗어나겠다는 생각에서 1년도 지나지 않아 다른 여자에게 청혼을 하기도 했다. 그때 링컨은 32세였는데, 그가 청혼한 여자는 링컨 나이의 절반인 열여섯 살이었다. 그녀는 사라 리카드로, 링컨이 4년간 숙식을 했던 버틀러 부인의 막내 동생이었다.

링컨은 자신의 처지를 안타깝게 말하며 두 사람의 이름이 아브라함과 사라라는 이유만으로도 서로에게 의미가 있는 것이라고 말했다. 하지만 그녀는 청혼을 받아들이지 않았다. 그 이유에 대해서는 나중에 그녀가 친구에게 보낸 편지를 통해 알 수 있다.

> 난 아직 열여섯밖에 되지 않은 어린 나이야. 그런 내가 결혼을 그다지 생각해 보았을 리 없잖아. …… 난 링컨을 좋은 아저씨 정도로만 생각했어. 너도 알다시피 사교계에 들어가려는 나 같은 어린 여자애한테는 특이한 매너와 행동을 보이는 링컨이 매력 있게 여겨지지 않을 거야. 나는 그 아저씨를 큰오빠 정도로만 생각하고 있어.

링컨은 휘그당 지방 신문인 〈스프링필드 저널〉에 자주 사설을 기고했고, 편집인 시므온 프랜시스와 매우 친하게 지내고 있던 터였다. 하지만 안타깝게도 그의 아내는 오지랖이 넓었다. 마흔 살이 넘었지만, 아기가 없었던 그녀는 자칭 스프링필드의 중매쟁이였다.

1842년 10월 초, 그녀는 링컨에게 다음 날 오후에 자기 집에 들러달라는 전갈을 보냈다. 그는 무슨 일인가 싶어 그녀의 집으로 갔다. 그런데 놀랍게도 거실에 들어섰을 때, 메리 토드가 그 자리에 있었다.

두 사람이 무슨 말을 나누었는지, 어떻게 말을 했는지, 무엇을 했는지에 대해서는 전해지는 기록이 전혀 없다. 물론 어설프고, 인정 많은 링컨이 그 자리에서 빠져나올 수 없었으리라고 짐작된다. 만약 그녀가 울음을 터뜨렸다면—물론 그녀는 울었겠지만—그는 결혼식날 그녀를 궁지에 몰아놓고 자기만 도망쳐버렸던 일을 절절하게 사과했을 것이다.

이 일이 있은 뒤 둘은 자주 만났지만 항상 프랜시스의 집에서 몰래 만나 다른 사람들의 눈에 띄지 않도록 했다. 처음에 그녀는 링컨과 다시 만난다는 사실을 언니에게도 말하지 않았다. 마침내 언니가 그 사실을 알고 왜 그렇게 몰래 만나느냐고 묻자, 메리는 "아무튼 그런 일이 있고 나서는 결혼과

자기 계발에 매진한 링컨에게서 노력의 중요함을 배우다 133

관련된 것은 사람들의 모든 이목에서 벗어나는 게 최고라고 생각해. 사실 남녀의 일이란 불확실하고 불안하잖아. 어쨌든 결혼 약속하고 좋지 않은 일이 생긴다 해도, 사람들이 알지 못한다면야 유야무야 지나가버리거든."하고 대답했다.

솔직히 지난 번 일로 조그마한 교훈을 얻은 그녀는 이번에는 링컨이 자신과의 결혼에 대해 확신을 가질 때까지는 둘의 교제를 비밀로 하겠다고 다짐해놓았던 터였다. 이제 토드 양은 어떤 전략을 사용할 것인가? 제임스 매스니는 이와 관련하여 링컨이 "결혼이라는 압력을 받게 되었으며, 게다가 메리 토드 양이 자신에게 도의상으로도 결혼할 수밖에 없다는 말을 했다."는 말을 자주 말했다고 전했다. 헌돈은 누구라도 생각할 수 있는, 다음과 같은 말을 했다.

링컨이 그녀와 결혼하면 명예는 회복되겠지만, 그렇게 함으로써 가정의 평화를 잃을 게 분명했다. 그는 주관적으로 성찰하듯이 철저하게 자신을 살폈다. 그 스스로도 사랑 없이 약혼했음을 모르지 않았다. 이런 끔찍한 생각은 그에게 악몽과 같았다. …… 마침내 그는 명예와 가정의 평화 사이에서 일어나는 심한 갈등에 직면하기도 했다. 그는 명예를 택하기로 하고, 자학과 자기희생의 고통을 떠 안은 채, 행복한 가정생활은 영원히 포기하기로 마음먹었다.

결혼에 앞서 그는 켄터키로 돌아간 스피드에게 편지를 보내 결혼하니 행복한지를 물었다. 링컨은 편지에 "중요한 문제니 가급적 빨리 답해줘."라는 말을 덧붙였다. 스피드는 생각했던 것보다 무척 행복하다는 답장을 보내왔고 이렇게 해서 그 다음 날, 1842년 11월 4일 금요일 오후, 링컨은 가슴 아파하면서도 마지못해 메리 토드에게 청혼했다.

그녀는 결혼식을 그날 밤 당장 치르고 싶어했다. 하지만 그는 머뭇거렸고, 놀랐다. 일이 너무나도 빨리 진행되었기 때문이다. 그녀가 미신을 믿는 사람임을 알고 있던 링컨은 그날이 하필 금요일이라는 사실을 지적했다. 하지만 이전에 한 번 크게 당한 적이 있던 그녀는 조금도 기다리려고 하지 않았다. 그녀는 단 하루의 시간조차도 지체하는 것을 원하지 않았다. 게다가 그날은 그녀의 스물네 번째 생일이었다. 그들은 서둘러 채터턴의 보석 가게로 가서 결혼반지를 구입한 후 반지 안쪽에 '사랑은 영원하리라'는 문구를 새겼다.

그날 오후 늦은 시간에 그는 "이봐, 나는 메리와 결혼해야만 해."라고 하면서 제임스 매스니에게 들러리를 서달라고 부탁했다.

그날 저녁 링컨이 버틀러의 집에서 가장 좋은 옷을 입은 다음 구두를 닦고 있었을 때, 버틀러의 아들이 집안으로 황급히 들어서며 어디 가느냐고 묻자, 그는 이렇게 대답했다. "아무래도 지옥에 가는 것 같아."

이전에 메리 토드는 처음 결혼식 때 장만했던 혼수를 절망한 나머지 남에게 주어버렸다. 그래서 이제는 간단하게 하얀 모슬린 드레스를 입고 결혼식을 해야 했다. 모든 준비가 긴장감 속에 바삐 진행됐다. 메리의 언니는 두 시간 전에 결혼식을 통보 받아 허둥지둥 케이크를 만드는 바람에, 위에 얹는 아이싱이 너무 따뜻해 케이크가 잘 잘라지지 않을 정도였다.

성직 복장을 한 찰스 드레서 목사가 감명 깊은 주례를 섰지만, 링컨은 전혀 즐겁고 행복해 보이지 않았다. 신랑의 들러리의 증언에 따르면, 그는 "마치 도살장에 끌려가는 사람처럼 보였고 그렇게 행동했다."

링컨은 결혼식을 치르고 일주일이 지난 후에 사무엘 마셜에게 사업상으로 보내는 편지 말미에서 결혼에 대한 자신의 생각을 이렇게 밝혔다. "저 자신도 뭐가 뭔지 모르는 결혼을 한 것 외에는 이곳은 새로운 게 하나도 없습니다." 이 편지는 지금도 시카고의 역사학회에서 소장하고 있다.

PART 2

수많은 실패를 경험한 링컨에게서 성공을 배우다

1. 불행한 결혼 생활의 시작
2. 아내 메리 토드와의 경제적 갈등
3. 비참한 가정생활
4. '정치적 자살'의 쓰라린 경험
5. 재기했지만 또다시 맛본 실패
6. 정치적 적수 더글러스에게 패배
7. 공화당 대통령 후보에 뽑힌 링컨
8. 대통령에 당선된 링컨
9. 링컨의 워싱턴 입성과 남북전쟁의 조짐

불행한 결혼 생활의 시작

⁂ I ⁂

메리 토드는 혼을 빼놓을 정도로 남편 링컨을 성가시게 하며
괴롭혔고, 링컨은 집으로 가는 것을 끔찍이 싫어했다.
이처럼 링컨의 결혼 생활은 불행하게 시작되었다.

일리노이 주 뉴세일럼 외곽으로부터 멀리 떨어진 곳에서 내가 이 책을 쓸 때, 절친한 친구이자 그 지역의 변호사로 활동하던 헨리 폰드는 나에게 다음과 같은 말을 여러 번 했다. "지미 마일스 삼촌을 가서 만나봐야 해. 그의 삼촌인 헌돈은 링컨의 동료 변호사였으며, 숙모 한 분은 링컨 부부가 잠시 거주하는 동안 거기서 하숙을 쳤거든."

흥미로운 단서가 될 것 같았다. 그래서 폰드와 나는 7월 어느 일요일 오후에 뉴세일럼 근처 마일스 농장으로 차를 몰았다. 그 농장은 링컨이 음료수 한 잔을 마시면서 이야기를 해주며 스프링필드로 법률 책을 빌리러 갈 때 잠깐 들렀던 곳이다.

우리가 도착했을 때, 지미 삼촌은 흔들의자 세 개를 뜰 앞

에 있는 커다란 은행나무 그늘로 끌고 왔다. 어린 칠면조와 오리들이 소란스럽게 주위를 뛰어다니는 동안, 우리는 그곳에서 여러 시간 이야기를 나누었다. 지미 삼촌은 지금까지 알려지지 않았던 링컨에 대한 분명하고 슬픈 사건을 들여주었다. 그 이야기는 다음과 같다.

마일스 삼촌의 숙모 캐서린은 제이콥 M. 얼리라는 의사와 결혼했다. 링컨이 스프링필드에 온 지 1년 정도 지난, 정확하게 1838년 3월 11일 밤이었다. 한 낯선 남자가 말을 타고 얼리 박사의 집으로 와서는 문을 두드리며 의사를 불러내더니 엽총 두 발을 쏘아 의사를 죽인 다음 다시 말에 올라 부리나케 달아났다고 한다.

그 당시 스프링필드가 작기는 했지만, 그때까지 살인을 저지른 사람은 없어서, 지금도 그 살인 사건은 미스터리로 남아 있다.

얼리 박사는 유산을 아주 조금 남겼다. 그래서 박사의 아내는 생계를 위해 하숙을 쳐야만 했다. 링컨 부부는 결혼하고 나서 바로 이 부인의 집에서 하숙을 했던 것이다.

지미 마일스 삼촌은 나에게 종종 자신의 숙모이자 얼리 씨의 미망인에게서 다음과 같은 이야기를 들었다고 했다.

"어느 날 아침, 링컨 부부가 아침 식사를 하고 있었을 때 링컨은 아내의 화를 돋우는 일을 했다. 어떤 것인지는 지금도 아무도 기억하지 못한다. 하지만 링컨의 아내는 화가 나서 뜨거운 커피를 남편의 얼굴에 끼얹었다. 그녀는 하숙하고 있던 다른 사람들 앞에서 그런 행동을 했던 것이다. 치욕적이었지만 링컨이 아무 말도 하지 않고 그 자리에 조용히 앉아 있자, 얼리 부인이 젖은 수건을 갖고 와서 그의 얼굴과 옷을 닦아주었다."

이 장면은 사반세기에 걸친 둘의 결혼 생활이 어떠했는지를 보여주는 전형적인 예인 셈이다.

스프링필드에는 열한 명의 변호사가 있었지만 그들 모두가 그곳에서 생계를 꾸려나갈 수는 없었다. 할 수 없이 그들은 말을 타고 데이비드 데이비스 판사가 순회하며 재판하는 구역 여기저기를 따라다녔다. 다른 변호사들은 토요일이면 어떻게든 스프링필드로 돌아와 주말을 가족과 함께 보냈지만 링컨은 그렇게 하지 않았다. 그는 집으로 가는 것을 끔찍이 싫어했다. 그래서 봄에 석 달, 그리고 가을에 석 달을 순회 법정에 머물며 스프링필드 근처에는 아예 가지도 않았다.

링컨은 몇 년이고 이런 생활을 계속했다. 시골의 숙박 시설이 형편없는 경우도 많았지만, 그는 아내가 쉴 새 없이 잔소리를 늘어놓고 성질을 부려대는 집보다는 그곳을 더 좋아했다. 이웃 주민들은 "그녀는 링컨의 혼을 빼놓을 정도로 그를 성가시게 하고 괴롭혔다."고 말했다.

베버리지 상원 의원은 이에 대해 다음과 같이 말했다. "링컨 부인의 날카롭고 큰 목소리는 건너편 길에서도 들릴 정도였고, 그녀가 쉴 새 없이 분통을 터뜨리면 이웃에 사는 사람들 모두에게 들릴 정도였다. 그녀는 말하기보다는 걸핏하면 화부터 내어 자신의 뜻을 전달했다. 그러다보니 당연히 그녀의 난폭함을 탓하는 소리가 자자했다."

헌돈도 "그녀는 여러 가지로 링컨을 힘들게 했다."고 했다. 사실 헌돈은 그녀가 왜 그렇게 좌절의 쓰라림과 격노하는 본성을 그대로 폭발시켰는지, 그 이유를 잘 알고 있었다.

다름 아닌, 복수하려는 마음 때문이었다. 헌돈은 이에 대해 "링컨은 여성인 그녀의 자존심을 짓밟아버렸다. 그녀는 사람들 앞에서 자신의 품위가 떨어지는 것을 느꼈고 복수심 때문에 사랑하는 마음은 온데간데없이 사라졌다."고 했다.

그녀는 남편에게 끊임없이 불평을 늘어놓았고 비난을 일삼았다. 링컨에 대한 어떤 것도 마음에 들어 하지 않았다. 이를테면 어깨가 구부정하다든지, 걸음걸이가 어색하다든지, 인디언처럼 발을 위아래로 쭉쭉 올린다든지, 걸음걸이에 패기가 없다든지, 자세가 우아하지 않다든지, 뭐든지 문제 삼았다. 그뿐만 아니라 그의 걸음걸이를 흉내 내고, 그의 발끝을 가리키며 맨틀 부인에게서 배운 대로 걸음걸이에 잔소리를 늘어놓았다.

심지어 그녀는 머리 옆쪽에서 수평으로 돌출해 있는 그의 커다란 귀도 마음에 들지 않았으며, 또한 코가 똑바르지 않아서 싫었고, 아랫입술이 튀어나와 폐병 환자처럼 보여서 싫었으며, 손과 발은 큰 데 머리는 작다고 하면서 끊임없이 잔소리를 해댔다.

자신의 외모에 대해 놀랄 정도로 무관심한 링컨의 성격이 그녀의 민감한 성질을 거슬리게 했으며, 그녀를 불쾌하게 만들었던 것이다. 이에 대해 헌돈은 "링컨 부인이 아무런 까닭 없이 화를 낸 것은 아니다."고 말했다. 사실 링컨은 한쪽 바지는 부츠에 아무렇게나 밀어 넣고, 다른 쪽 바지는 부츠 밖에 매달리게 한 채 거리를 다닌 적도 있으며, 구두를 닦거나 구두약을 칠해본 적이 없고, 옷깃을 바꿔 단 적도, 코트를 털어본 적도 거의 없었다.

수년간 링컨의 옆집에 살았던 제임스 골리는 "링컨 씨는 헐렁한 슬리퍼에 멜빵을 한 낡은 바지 차림으로 저희 집에 오곤 했습니다."라고 했다.

심지어 링컨은 따뜻한 날씨에도 등에는 땀으로 세계지도 모양의 얼룩이 그려져 있는, '지저분한 먼지 방지용 외투' 차림으로 멀리 여행을 가기도 했다.

한번은 링컨이 시골 호텔에서 투숙하고 있는 것을 본 어느 젊은 변호사가 링컨이 잠자리를 준비하며 '집에서 만든 무릎과 발목 사이가 거의 닿을 정도로 긴 노란 플란넬 잠옷'을 입고 있었는데, "그는 이 세상에서 가장 끔찍한 옷차림을 하고 있었다."고 했다.

링컨은 평생 한 번도 면도칼을 가지고 다닌 적이 없었고, 링컨 부인이 원하는 만큼 자주 이발소에도 가지 않았다.

말갈기처럼 온통 삐죽삐죽 나온 거칠고 덥수룩한 머리인데도 그는 전혀 손질을 하지 않았다. 그 때문에 메리 토드는 말할 수 없이 짜증을 냈고, 할 수 없이 머리를 빗겨줘도, 곧바로 헝클어지기 일쑤였다. 링컨이 모자 속에 통장, 편지, 법률 관계 문서를 넣고 다녔기 때문이다.

어느 날 그는 시카고에서 사진을 찍고 있었는데, 사진사가 그에게 조금 "매만지세요." 하고 말하자, 링컨은 "매만진 내 사진을 보면 스프링필드 사람들이 알아보지 못합니다."라고 대답했다고 한다.

그는 식사 예절도 마음대로였으며 격식을 따지지 않았다.

그는 오른손으로 나이프를 잡지도 않았고, 접시 오른쪽에 나이프를 올려놓지도 않았다. 포크로 생선이나 빵을 먹을 줄도 몰랐다. 접시를 기울여 돼지고기를 긁어 먹거나 슬슬 끌어내리면서 먹었다. 그는 버터를 바를 때면 나이프를 사용하기를 고집했는데 그럴 때면 링컨의 아내는 화를 버럭 냈다. 또 한 번은 접시에 담긴 상추 위에 발라 먹은 닭 뼈를 올려놓자, 그녀는 얼굴이 하얗게 질려버렸다.

그녀는 또한 여자가 방 안으로 들어오는데도 그가 일어나지 않는다고 불평했고, 달려가 여자의 숄을 받아주지 않는다고 야단쳤으며, 나갈 때는 문까지 배웅하지 않는다고 잔소리를 늘어놓았다.

특히 링컨은 누워서 책 읽는 것을 무척 좋아했다. 퇴근해서 집에 오면 그는 외투와 신발을 벗고 옷깃을 떼어놓은 뒤 멜빵을 한쪽만 푼 다음, 현관 입구에 있는 의자를 뒤집어 등에 베개를 푹신하게 경사지게 해놓고 머리와 어깨를 기대고 바닥에 다리를 뻗었다.

그런 자세로 그는 몇 시간이고 주로 신문을 읽었다. 가끔 그는 『앨라배마 주의 호경기(Flush Times in Alabama)』〔볼드윈(Joseph Glover Baldwin)의 『The Flush Times of Alabama and Mississippi』를 일컬음. 링컨이 좋아했던 책 가운데 하나로 추정됨-옮긴이]라는 제목의 책에서 지진처럼 아주 재미있다고 여기는 이야기를 읽었다. 시는 자주, 매우 자주 읽었다. 게다가 어떤 것이든 큰 소리로 읽었다. 큰 소리로 읽기는 인디애나의 '수다쟁이' 학교에서 길들어진 습관이었다. 그는 소리 내어 읽음으로써 시각은 물론 청각에도 각인시켜 오랫동안 기억할 수 있다고 생각했기 때문이다.

때때로 그는 바닥에 누워 눈을 감고 셰익스피어의 작품이나 바이런의 작품, 그리고 다음과 같은 포의 작품을 읊조리곤 했다.

> 달만 뜨면 내 꿈속에 찾아오는
> 아름다운 애너벨 리
> 별만 뜨면 언제나 눈에 선한
> 아름다운 애너벨 리

2년간 링컨과 살았던 한 친척—여성임—은 어느 날 오후 링컨이 거실에 누워 책을 읽고 있었는데, 마침 그때 손님이 왔다고 했다. 하인이 문을 열어주길 기다리지도 않고서, 링컨은 셔츠 바람으로 일어나 손님을 거실로 안내하면서, "종종걸음으로 부인들을 모시렵니다."라고 말했다고 한다.

이후에 벌어진 일을 그 친척은 다음과 같이 전한다.

옆방에 있다가 거실로 나오던 링컨의 아내는 여성들이 들어오는 모습을 보았고, 이어서 남편의 우스꽝스러운 말을 우연히 엿듣게 되었습니다. 다짜고짜 그녀가 화를 내자, 오히려 링컨은 더욱 재미있다고 여기고는, 기꺼이 집을 나가버렸습니다. 그는 그날 밤늦게야 돌아왔는데, 그것도 뒷문으로 조용히 몰래 들어왔습니다.

링컨 여사는 무척 시기심이 강해서, 조슈아 스피드를 싫어했다. 스피드가 링컨의 둘도 없는 친구이긴 했지만, 결혼식 때 링컨이 도망가는 데 그가 영향력을 행사한 게 아닌가 생각했기 때문이었다. 결혼하기 전, 링컨은 스피드에게 '패니에게 사랑을 전하며(Love to Fanny)'라는 말로 편지를 마치곤 했다. 하지만 결혼 후, 링컨의 아내는 그 인사말을 관심의 수위를 낮추어 '스피드 부인에게 안부를 전해주길'로 바꾸라고 요구했다.

링컨은 결코 은혜를 잊는 법이 없었다. 바로 그것이 그의 가장 뛰어난 장점이었다. 그래서 조그마한 감사의 표시로 첫 아이의 이름은 조슈아 스피드 링컨으로 짓겠다고 약속했다. 하지만 메리 토드가 그 이야기를 듣고 벼락처럼 화를 냈다. 그녀는 자신의 아이이기 때문에 이름도 자신이 짓겠다고 했다. 이렇게 해서 조슈아 스피드라는 이름은 없어지고, 그녀의 아버지 이름을 따서 로버트 토드가 되었다. 그리고 이어지는 이야기를 들어보자.

그 아이의 이름을 로버트 토드를 따서 지었다는 사실을 굳이 덧붙일 필요는 없다. 그 아이만이 링컨의 네 아이 가운데 무사히 장성했다. 에디는 1850년 스프링필드에서 네 살이 되던 해에 죽었고, 윌리는 백악관에서 12세에 죽었다. 테드는 1871년 시카고에서 18세의 나이로 죽었다. 로버트 토드 링컨만이 1926년 7월 26일 버몬트 주 맨체스터에서 83세로 세상을 떠났다.

링컨 부인은 뜰에 꽃도 관목도 없고, 따라서 계절마다 바뀌는 자연의 색깔이 없다고 불평을 늘어놓았다. 그래서 링컨은 장미를 몇 그루 심었는데, 그는 화초를 가꾸는 일에는 전혀 관심이 없어서, 얼마 지나지 않아 장미가 죽고 말았다. 그 후에도 메리는 정원을 만들자고 끈질기게 말했고, 링컨은 할 수 없이 한 해는 꾸몄으나 정원에는 잡초만이 무성할 뿐이었다.

육체적인 활동을 그리 좋아하는 편은 아니었지만, 링컨은 '올드 벅'이란 말에게는 먹이를 주고 빗질을 해주었을 뿐만 아니라, 소를 기르고 우유를 짜고 목재도 손수 톱으로 잘랐다. 더군다나 대통령에 당선되어 스프링필드를 떠나기 전까지도 이 같은 일을 계속했다.

하지만 링컨의 육촌 형제인 존 행크스는 "에이브는 몽상하는 것 외에는 잘하는 게 없었다."고 했으며, 이 말에 메리 링컨도 동의했다.

링컨은 멍하니 있는 경우가 있었고, 종종 정신을 놓고 이상한 마력에 빠져들기도 하여 세상일을 완전히 망각한 듯 보이기도 했다. 어느 일요일에 집 앞의 울퉁불퉁한 보도로 아이를 태운 유모차를 끌고 가다가 아이가 밖으로 굴러떨어져 큰 소리로 우는데도 링컨은 땅에만 시선을 던진 채 계속해서 걸어갔다. 그러자 아내가 문 밖으로 고개를 내밀고 소리를 지르고서야 무슨 일이 일어났는지를 알았다.

링컨은 때때로 사무실에서 밤을 지새우고 난 다음 날 집에 와서는 아내를 쳐다보긴 했지만 실제로 보는 것이 아니었고, 말을 걸지도 않았다. 음식에도 전혀 관심이 없었다. 식사를 준비한 뒤, 아내가 식사를 하라고 몇 번이나 소리쳤지만 그는 아내가 소리치는 것을 전혀 듣지 못한 듯했다. 그리고 식탁에 앉아서도 멍하니 허공만 쳐다보고 있다가, 아내가 식사를 하라고 말해야 식사를 했다.

식사 후에 그는 아무 말 없이 30분 정도 뚫어져라 난로를 쳐다봤는데, 그럴 때면 아이들이 기어가서 머리를 잡아 뜯고 말을 걸어도 그는 아이들이 곁에 있다는 사실조차 모르는 것 같았다. 그리곤 갑자기 정신을 차리고 농담을 던지거나 가장 좋아하는 시 한 구절을 읊조렸다.

오, 죽음을 맞이할 수밖에 없는 인간의 영혼이 어찌 이리 자랑스러운가?
눈 깜짝할 새 지나가는 유성처럼,
재빨리 흘러가는 구름처럼,
번쩍이는 번개처럼,
부서지는 파도처럼,
그는 삶을 마치고 무덤에서 편히 쉬고 있구나.

링컨 부인은 아이들의 버릇을 고쳐주지 않는다고 링컨에게 잔소리를 했다. 그러나 그는 아이들을 지나치게 좋아한 나머지 "아이들의 잘못은 눈감아주고, 착한 일을 하면 칭찬을 아끼지 않았다."고 링컨의 아내는 말했다. 또한 링컨은 이렇게 말했다. "아이들이 부모의 학대를 받지 않고 자유롭고 행복하게 뛰어노는 것만큼 기쁜 것은 없다. 사랑이야말로 부모와 자식을 묶어주는 연결고리다."

링컨이 아이들에게 허용하는 자유로움이 때로는 지나칠 때가 있었다. 한번은 대법원 판사와 체스를 두고 있을 때였다. 처음에 로버트가 와서 식사를 하라고 했다. 링컨은 "그래 알았다."라고 하고는 체스에 빠져 식사하라는 말을 잊어버리고 계속 체스만 두었다.

다시 로버트가 와서 엄마가 빨리 오라고 한다고 하자 링컨은 다시 간다고 말하고는 이내 까먹고 체스에 열중했다.

세 번째로 다시 로버트가 와서 재촉을 했지만, 이번에도 대답만 하고는 다시 체스를 두었다. 그러자 갑자기 로버트가 뒤로 물러서서는 체스 판을 발로 차버리자, 말들이 사방으로 흩어지고 말았다.

그러자 링컨은 멋적은 웃음을 지으며 말했다. "저, 판사님, 아무래도 다음에 끝내야 할 것 같은데요."

링컨은 자식들을 고치려는 생각을 전혀 하지 않았다.

오후에 아이들은 담장 뒤에 숨어서 나뭇가지를 담장 여기저기에 찔러놓기도 했다. 불빛도 없는 거리에서 다니는 사람들이 찔러놓은 나뭇가지에 찔리기도 하고 그들의 모자가 땅에 떨어지기도 했다. 한번은 어둠 속에서, 아이들이 링컨의 모자를 실수로 떨어뜨렸지만, 링컨은 나무라지 않았다. 아이들에게 누군가를 화나게 할지 모르니, 단지 조심해야 한다고 말할 뿐이었다.

그리고 링컨은 어느 교회에도 나가지 않았을 뿐 아니라 절친한 친구들과도 종교적인 토론을 되도록 피했다. 그런데 언젠가 그는 헌돈에게 어떤 교회 집회에서 인디애나에 사는 글렌이라는 한 노인이 "내가 선한 일을 하면 선을 느끼고, 나쁜 일을 하면 잘못을 느끼는데, 그게 바로 저의 종교입니다."라고 한 말을 들었는데, 자신도 그와 비슷한 종교관을 가지고 있다고 했다.

아이들이 커가자, 링컨은 일요일 아침이면 그들을 데리고 산책을 나가곤 했는데, 한번은 아이들 몰래 아내와 함께 장로교회에 간 적이 있었다. 그런데 30분쯤 지나서, 아버지가 집에 없는 것을 안 테드가 여기저기 찾아다니다가 목사가 설교를 하는 중에 교회로 뛰어 들어왔다. 아이의 머리는 엉클어져 있었고, 신발은 풀어져 있었으며, 양말은 늘어져 있었고, 얼굴과 손에는 흙이 묻어 있었다. 우아하게 옷을 차려입은 링컨 부인은 놀랍고 당황하여 어쩔 줄 몰라 했다. 하지만 링컨은 태연하게 긴 팔을 뻗어 테드를 사랑스럽게 끌어당겨 품에 안았다.

가끔 일요일 아침에 링컨은 중심가에 있는 자신의 사무실에 아이들을 데려가곤 했다. 아이들은 거기서는 아무렇게나 행동해도 괜찮았다.

헌돈은 이와 관련하여 "아이들은 사무실에 들어오기가 무섭게 책꽂이에 있는 책을 끄집어내고, 서랍을 온통 뒤지며, 박스에 구멍을 내고, 내 황금 펜을 못 쓰게 만들었다. 타구(침 뱉는 그릇)에 연필을 던지고, 잉크병을 종이에 엎고, 편지를 여기저기에 흐트러뜨린 채 그 위에서 춤을 추었다."라고 했다.

그런데도 링컨은 "아이들을 나무라지 않았고, 근엄하게 눈살을 찌푸리지도 않았다. 정말이지 그렇게 관대할 수가 없었다."라고 말했다.

링컨 부인은 좀처럼 사무실에 가지 않았는데, 한 번 들렀다 하면 기겁을 했다. 물건이 여기저기 쌓여 있는 등 질서도 체계도 하나도 없었기 때문이다. 링컨은 서류들을 한데 묶어놓고서는 거기에다 "찾는 게 없으면 여기를 보세요."라는 표시를 붙여놓았다.

스피드가 말한 것처럼 링컨의 습관은 '규칙적으로 불규

칙적'이었다.

 벽 한쪽은 한 로스쿨 학생이 잉크병을 다른 사람의 머리 위로 던지다가 놓쳐서 생긴 커다란 검은 자국이 얼룩져 있는 것이 어렴풋이 보였다.

 사실 링컨은 사무실을 청소한다거나 마루를 닦는 일이 거의 없었다. 책장 위에 놓여 있던 씨앗에서는 먼지 속에 싹이 터 자라고 있었다.

아내 메리 토드와의 경제적 갈등

❧ 2 ❧

아내 메리 토드는 무엇보다 링컨이 변호사 수임료를 적게 받는 것을 가장 불만스러워 했다. 하지만 링컨은 소송을 의뢰하는 사람들이 대부분 자기처럼 가난한 사람들이라 도저히 많은 수임료를 받을 수 없었다.

여러 면에서, 스프링필드를 통틀어 링컨 부인보다 더 절약하는 가정주부는 없었다. 하지만 그녀는 주로 남에게 과시하는 데에는 사치를 부렸다. 링컨이 형편이 안 되는데도 그녀는 마차를 한 대 사서, 이웃집 소년에게 오후 반나절 마차를 모는데 25센트를 주어 사교 모임까지 타고 갔다. 그곳은 조그만 마을이라, 걸어가거나 마차를 빌리면 됐다. 하지만 그녀는 그렇게 하지 않았으며, 빌린다는 것은 품위에 어울리지 않는다고 생각했다. 비록 가난했지만, 그녀는 자신이 살 수 있는 능력보다 더 비싼 옷을 사려고 돈을 마련했다.

1844년 링컨네 가족은 1,500달러를 주고 찰스 드레서 목사의 집을 구입했다. 찰스 목사는 2년 전 링컨 부부의 주례를 섰던 분이었다. 그 집은 거실과 부엌, 응접실이 각각 하나씩 있었고 침실이 여러 개 있었으며, 뒤뜰에는 장작더미와 별채, 헛간이 있었는데 링컨은 그곳에서 소와 올드 벅을 키웠다.

처음에 메리 링컨에게 그 집은 방금 떠나온 음산하고 가구도 없는 하숙집과 비교하면 지상에 있는 천국으로 생각되었던 것 같다. 게다가 그녀는 새로이 얻은 기쁨이자 자랑인 그 집의 주인이 되지 않았는가. 하지만 이런 완전한 기쁨도 곧 시들어가기 시작했고, 자신의 언니는 이층집에서 사는데, 이 집은 고작 높이가 1층 반밖에 안 된다며 또다시 그녀는 집에 대해 흠을 잡았다. 그녀는 링컨에게 높이가 1층 반밖에 안 되는 집에서 사는 사람은 지금까지 보지 못했다고 말했다.

평소 그녀가 링컨에게 어떤 것을 요구하면, 링컨은 그것이 필요한지 물어보지도 않고 "당신이 그것을 원하지 않소. 그러니 가서 사시오."라고 말하곤 했다. 하지만 링컨은 다음과 같은 경우는 몹시 싫어했다. 단출한 그의 가족에게 집은 그 정도면 충분한데, 더 큰 집을 원할 경우였다. 게다가 가난했던 그는 결혼할 때 고작 500달러밖에 가지고 있지 않았으며, 그 이후에도 돈이 많이 늘어나지 않았다. 그는 집을 넓힐 여력이 없다는 것을 알고 있었고, 그녀도 그 사실을 알고 있었다. 하지만 그녀는 계속 조르며 불평했다. 급기야 링컨은 그녀를 잠재우기 위해 건축업자에게 견적을 내게 했는데, 가격을 높게 잡도록 했다. 건축업자는 그렇게 했으며, 링컨은 그녀에게 총 액수를 보여주었다. 그녀가 한숨을 몰아쉬자, 링컨은 집 문제는 해결이 된 것으로 생각했다.

너무도 기대에 부푼 링컨은 또다시 순회 법정을 떠났지만, 그녀는 자신이 직접 목수를 불러 견적을 받아보고서는, 낮게 나오자 당장 공사를 지시했다.

링컨이 스프링필드로 돌아와 8번로를 걸어갔을 때, 자신의 집을 거의 알아보지 못할 정도였다. 한 친구를 만나자, 링컨은 진지한 척하며 이렇게 물었다고 한다. "저기 잠깐만요, 링컨 씨가 어디에 사는지 알려주시겠습니까?"

변호사 수입으로 링컨에게 들어오는 돈은 많지 않았다. 그는 가끔 공과금을 맞추기 위해 "빡빡 긁어모은다."고 말하곤 했다. 그런 마당에, 집으로 돌아와보니 부담만 더할 뿐 전혀 불필요한 집 수리 비용만이 자신을 기다리고 있었다. 서글픈 느낌이 든 링컨은 자기 심경을 그대로 털어놓았다.

링컨의 아내가 링컨을 공격할 때 쓰는 방법은 오직 한 가지였다. 즉, 그녀는 링컨이 돈에 대한 감각도 없고, 돈을 관리할 줄도 모르며, 일한 대가를 충분히 받지 못한다고 화를 내며 말하곤 했다.

특히 그녀가 가장 불만스러워 한 것 가운데 하나는, 사실 이 점에 대해서는 많은 사람들이 비슷한 생각을 가지고 있었는데, 링컨이 수임료를 적게 받아 다른 변호사들이 항상 애를 태우며, 모든 변호사들을 재정적으로 힘들게 하고 있다는 것이었다.

1853년 말, 그러니까 링컨의 나이가 44세이자 대통령이 되기 8년 전에 그는 맥린 순회 법정에서 달랑 30달러의 수임료만 받고 네 건의 소송을 처리했다.

그는 소송을 의뢰하는 사람들이 대부분 자기처럼 가난한 사람들이라 도저히 많은 수임료를 받을 수 없다고 했다. 수임료 25달러를 보내준 의뢰인에게 링컨은 수임료가 너무 많다며 그중 10달러를 도로 보낸 적도 있었다.

한번은 링컨이 실성한 여자의 재산을 가로채려는 사기꾼의 음모를 막아준 적이 있었다. 링컨은 단 15분 만에 그 사건을 처리했고, 한 시간 뒤에 동료 변호사 워드 래몬이 수임료 250달러를 나누려고 그에게 왔다. 그런데 링컨은 그를 심하게 꾸짖었다. 그러자 래몬은 수임료는 미리 약속한 액수이며 여자의 오빠가 흔쾌히 모두 내준 것이라고 항변했다.

그러자 링컨은 "아마 그럴지도 모르지."라고 하면서 "하지만 나는 마음이 가볍지 않네. 그 돈은 말이야, 실성한 가련한 여자에게서 나온 돈일세. 이런 식으로 그 여자의 돈을 받느니 차라리 굶고 말겠네. 최소한 이 돈의 반은 돌려주게. 그렇지 않으면 나는 한 푼도 갖지 않겠네."라고 반박했다.

또 이런 일도 있었다. 연금 기관이 혁명군의 한 미망인에게 돈을 지급 받을 권리를 얻으려면 연금 액수의 반에 해당하는 200달러를 내라고 했다. 그 여자는 허리가 굽었을 정도로 나이가 많았고 가난했다. 링컨은 연금 기관을 상대로 소송을 제기하여 승소했으나, 수임료는 한 푼도 받지 않았다. 게다가 그녀의 숙박료와 집으로 가는 차표까지 자신의 돈으로 마련해주었다.

또 어느 날은 곤경에 빠진 암스트롱의 미망인이 링컨을 찾아왔다. 술에 취해 싸우던 아들 더프 녀석이 사람을 살해한 혐의를 받자, 도와달라고 했다. 링컨은 뉴세일럼 시절부터 암스트롱 가족을 알고 지냈으며, 그녀의 아들이 아기였을 때 요람을 흔들며 잠을 재워준 적도 있었다. 암스트롱 집안 식구들은 대단히 거칠었지만 링컨은 그들을 좋아했다. 더프의 아버지 잭 암스트롱은 역사에서 사라졌지만, '클레리 숲 남아들'의 두목이었으며, 링컨이 레슬링 시합에서 쓰러뜨린 바로 그 유명한 선수였다.

이제 왕년의 잭은 사라졌지만, 링컨은 기꺼이 배심원들 앞에서 감동적이며 호소력 있는 변호를 해 아들의 교수형을 막을 수 있었다.

이에 암스트롱의 미망인은 자신의 총 재산인 40에이커의 땅을 링컨에게 주겠다고 했다. 그러나 링컨은 "한나 아주머니, 수년 전 제가 가난하고 집도 없을 때 저를 먹여주시고 옷도 꿰매주시고 하셨는데, 어떻게 제가 수임료를 받겠습니까."라고 말했다.

그는 종종 법정 밖에서 문제를 해결하려고 했고, 의뢰인들에게 조언해준 것에 대해서는 일체의 요금을 받지 않았다. 한번은 "저는 장애를 가진 가여운 그 사람이 참으로 안됐다고 생각합니다."라며 그 사람에게 불리한 판결을 받아들이려 하지 않았다.

그러나 이런 친절과 동정심이 아무리 아름답다고 하더라도, 수입과 직결될 수는 없었다. 그래서 메리 링컨은 링컨에게 매일 잔소리를 퍼붓고 괴롭혔다. 다른 변호사들이 상당한 수입을 올리고 그것을 재투자해 부를 축적해가는 데 반해 링컨은 마냥 제자리에 있었다.

그 한 예가 데이비드 데이비스 판사와 로건 판사, 그리고 스티븐 A. 더글러스였다. 더글러스는 시카고에서 부동산 투기로 부를 축적해 후에는 자선가가 되어 시카고 대학에 건물을 세울 10에이커의 비싼 땅을 기부하기도 했다. 게다가 그는 당시 정치적으로 가장 유명한 지도자가 아닌가.

메리 링컨은 얼마나 자주 그를 생각했으며, 그와 결혼하기를 얼마나 간절히 원했던가! 더글러스의 아내로 워싱턴에서 상류사회의 으뜸이 되어 프랑스제 옷을 입고, 유럽으로 여행을 가며, 여왕들과 만찬을 갖고, 언젠가는 백악관에 들어가 살기를 얼마나 바랐던가! 그녀는 아마도 이런 헛된 꿈을 상상했을 것이다.

링컨의 아내로서 그녀의 미래는 어떠했는가? 링컨은 계속 이전처럼 살 것이었다. 1년에 6개월은 자신을 집에 홀로 남겨둔 채 순회 법정을 다녔고, 그녀에게 사랑도 관심도 전혀 기울이지 않았으며…… 사실 그녀가 오래전 맨틀 학교에서 꿈꾸었던 낭만적인 생각과 실제의 삶은 너무도 정말이지 너무나도 달랐다.

비참한 가정생활

❧ 3 ❧

여러 면에서 알뜰했던 링컨의 부인은 시간이 지날수록 거칠어져만 갔고,
계속해서 일련의 두통거리와 증오를 남겼다. 때때로 그녀는
실성한 사람처럼 행동했다. 이에 그토록 오랫동안 누구에게도 적의를
품지 않고 관대했던 링컨조차 자제심을 잃기도 했다.

앞서 말했듯이, 여러 면에서 메리 링컨은 알뜰했고 사실 그 점을 자랑하기도 했다. 그녀는 물품을 신중하게 구매했으며 식단도 상당히 알뜰하게 짰다. 고양이가 먹을 음식조차 남기지 않을 정도였다. 링컨네는 개도 키우지 않았다.

그녀는 향수를 몇 병이고 구입했지만, 밀봉 부분을 따서 시험 삼아 냄새를 맡아본 뒤 냄새가 안 좋다느니, 겉에 표시한 내용과 다르다느니 하는 이유를 대며 반품했고, 이런 일이 잦자 향수 가게 주인은 그녀에게 더 이상 향수를 팔지 않으려고 했다. 지금도 가게 주인이 '링컨 부인 향수 반품'이라고 연필로 쓴 장부가 스프링필드에 남아 있다.

그녀는 상인들과 자주 말썽을 일으켰다. 한번은 얼음 장

수 마이어스 씨가 얼음의 무게를 속여 팔았다고 생각한 그녀가 그에게 왜 속여 파느냐고 하면서 큰 소리로 야단을 쳤다. 그 소리는 반 블록 떨어진 곳에 사는 사람들도 밖으로 나와 구경할 정도로 컸다.

그런 일을 두 번이나 겪은 그 얼음 장수는 그녀가 뜨거운 지옥에서 더워 죽을 지경이 되어도 다시는 얼음을 팔지 않겠다고 맹세했다.

실제로 주문이 들어와도 그는 배달을 하지 않았다. 그것은 난감한 일이었다. 근처에 얼음을 파는 집이라곤 그곳밖에 없었기 때문에 얼음이 꼭 필요한 일이 있으면 그곳 아니면 구할 수가 없었던 것이다. 결국 그녀는 평생 딱 한 번 몸을 낮추었지만, 자신이 직접 가지는 않았다. 이웃 사람에게 25센트를 주며 얼음 장수를 달래서 얼음을 다시 배달시키도록 했다.

또 한 번은 이런 일이 있었다. 링컨의 친구 하나가 〈스프링필드 리퍼블리컨〉이라는 조그마한 신문을 창간하고 독자를 확보하러 마을을 다니자, 링컨은 그 신문을 구독하기로 했다. 그런데 첫 호가 배달되자 메리 토드는 몹시 화를 냈다. 자신은 동전 한 닢도 아껴가며 알뜰하게 살려고 하는데 링컨이 쓸데없는 데 돈을 썼다는 것이다. 그녀는 일장 연설을 하며 잔소리를 늘어놓았다. 링컨은 일단 그녀를 진정시키기 위해 자신은 신문을 배달하라고 주문한 적이 없다고 말했다. 형식상으로는 맞는 말이었다. 왜냐하면 그는 신문을 신청하면서 구독료를 지불하겠다고 했을 뿐, 신문 배달을 원한다고 구체적으로 말하지는 않았기 때문이다. 정말 변호사다운 말재주였다.

그런데 그날 저녁, 링컨도 모르는 사이 메리 토드는 신문에 대한 자신의 생각과 더 이상 배달하지 말아달라고 하는 격렬한 편지를 편집인에게 보냈다.

그녀의 편지가 너무 모욕적이라고 생각한 편집인은 신문의 칼럼을 통해 공개적으로 자신의 입장을 밝혔고, 링컨에게는 해명을 요구하는 편지를 보냈다. 링컨은 이제 신문을 통해 모든 사람들이 그런 사실을 알게 되었다는 것이 너무나 괴로워 탈이 날 정도였다. 도저히 고개를 들 수 없었던 링컨은 모두 자신의 실수라고 인정하고, 최선을 다해 설명하고자 애썼다.

한번은 링컨이 자신의 의붓어머니를 모셔와 크리스마스를 집에서 함께 보내기를 원했다. 하지만 링컨의 아내는 반대했다. 그녀는 나이든 사람들을 싫어했으며, 링컨의 아버지와 링컨의 외가 식구들을 얕보았고, 그들을 부끄럽게 생각했다. 링컨은 자신이 그들을 집으로 모셔온다고 해도 아내가 허락하지 않을 것이 염려되어 그러지 못했다. 23년 동안 링컨을 길러준 어머니는 스프링필드에서 112킬로미터 떨어진 곳에 살았는데, 링컨이 어머니를 찾아가기는 했지만, 그의 어머니는 링컨의 집에 들어가 본 적이 없었다.

결혼 후 링컨의 집을 방문한 유일한 일가친척으로는 해리엇 행크스라는 먼 사촌이 있었다. 현명한 그녀는 붙임성이 있었다. 링컨은 그녀를 좋아했으며, 그녀가 스프링필드에서 학교를 다니는 동안 자신의 집에서 지내도록 했다. 하지만 링컨의 아내는 그녀를 하녀로 대했을 뿐만 아니라 실제로 점점 힘든 집안일을 시켰다. 링컨은 이런 좋지 않은 처사를 몹시 싫어했다.

링컨의 아내는 하녀들과도 계속 사이가 좋지 않았다. 그녀의 불같은 화가 한두 번 정도 폭발하면 하녀들은 줄줄이 짐을 싸서 떠나버렸다. 더군다나 그녀를 경멸했기에, 친구들에게 절대 그 집에서 일하지 말라고 하기도 했다. 결국 링컨의 집은 하녀들의 '블랙리스트'에 오르고 말았다.

그녀는 자신이 고용했던 '난폭한 아일랜드인들'에 대해서 씩씩거리고 분통을 터뜨리며 관련 내용을 편지에도 써서 보냈다. 하지만 아일랜드 사람들은 그녀를 위해 일하려다 보면 하나같이 '난폭'해지고 말았다. 링컨의 아내는 공개적으로 만약 자신이 남편보다 오래 산다면, 여생을 남부에서 살 거라고 허풍을 떨었다. 그녀와 함께 자랐던 렉싱턴 사람들은 하인들의 건방진 언동을 참지 못했다. 만약 흑인이 건방지게 굴면, 곧바로 광장에 있는 태형대로 끌고 갔다. 토드의 이웃 중에는 흑인이 죽을 때까지 채찍질을 한 사람도 있었다.

당시 스프링필드에는 노새가 끄는 낡은 마차로 일명 '퀵 서비스' 일을 한다고 떠들어대는 '롱 제이크'라는 유명한 사내가 살고 있었다. 그 사내의 조카가 링컨의 집에서 하녀로 일했는데, 고용된 지 며칠 만에 링컨 부인과 싸움을 하게 되었다. 그녀는 앞치마를 집어던지고 짐을 챙겨서는 문을 박차고 뛰쳐나가 버렸다.

그날 오후, 롱 제이크는 노새를 끌고 잭슨 8번가로 와서 조카의 가방을 가져가겠다고 했다. 그런데 링컨 부인은 대뜸 화를 내면서 그 사람뿐 아니라 그의 조카에게도 욕설을 퍼붓고, 만약 집으로 들어오면 가만두지 않겠다고 했다. 화가 머리끝까지 난 롱 제이크는 즉시 링컨의 사무실로 달려가 부인이 사과할 것을 요구했다.

링컨은 그 이야기를 잠자코 듣고 나더니 좋지 않은 안색으로 말했다.

"정말 유감입니다. 하지만 정말 솔직히 말씀드리는데, 제가 지난 15년 동안 매일같이 겪었던 일이니, 조금만 참아주시면 안 되겠습니까?"

이 말을 들은 롱 제이크는 링컨이 불쌍하다는 생각이 들어 오히려 링컨을 힘들게 해서 미안하다며 사과했다고 한다.

한때 이런 링컨 부인이 한 하녀를 2년 넘게 데리고 있자, 이웃들은 놀라면서 또 한편 의아하게 여겼다. 사실은 다음과 같은 사연이 있었다. 링컨이 이 하녀와 아무도 모르게 거래를 했던 것이다. 그녀가 처음 링컨의 집에 왔을 때, 링컨은 그녀를 따로 불러 참아야 할 점들에 대해 아주 솔직하게 말했다. 미안하긴 하지만 어쩔 수 없는 일이니, 참고 견뎌야만 한다고 알려주었던 것이다. 대신 링컨은 그녀에게 주급 외 별도로 수당을 주겠다고 약속했다.

링컨 부인은 늘 그랬던 것처럼 심하게 잔소리를 퍼부어댔다. 하지만 마리아는 링컨에게서 몰래 돈을 받기로 약속받았기에 꾹 참았다. 링컨 부인이 욕설을 퍼부을 때면, 링컨은 기회를 틈타 부엌에 살그머니 들어가 혼자 있는 마리아의 어깨를 두드리며 "아주 잘했어요. 겁먹지 말고 있어줘요."라고 간청했다.

후에 그녀는 결혼을 했는데, 남편은 남부의 리 장군 휘하에 있었다. 리 장군이 항복을 하자, 그녀는 급하게 백악관으로 찾아가 남편을 즉각 석방해달라고 간청했다. 왜냐하면 그녀는 자식들과 어렵게 살고 있었기 때문이었다. 링컨은 그녀를 만나 반가워하며 예전의 이야기로 꽃을 피웠다. 그는 마리아가 저녁 식사를 하고 가기를 원했지만, 메리 토드는 들으려고도 하지 않았다. 그는 마리아에게 과일 한 바구니와 옷 살 돈을 주고, 다음 날 다시 오라며 백악관에 들어올 수 있는 통행증을 주었다. 하지만 그녀는 다시 링컨을 만날 수 없었다. 바로 그날 밤 링컨이 암살됐기 때문이다.

　시간이 지날수록 링컨 부인은 거칠어져만 갔고, 계속해서 일련의 두통거리와 증오를 남겼다. 때때로 그녀는 실성한 사람처럼 행동했다.

　메리 토드네 집안은 어딘지 약간 이상한 데가 있었다. 메리의 부모는 서로 사촌지간이었는데, 메리의 괴팍한 성격은 어쩌면 그런 근친결혼 때문에 더욱 두드러진 것인지도 몰랐다. 몇몇 사람들은—특히 그녀의 주치의도—그녀가 초기 정신병을 앓고 있는 것 같다고 생각했다.

　링컨은 사실 예수와 같은 인내심을 지니고 있었으며, 그녀를 거의 나무라지 않았지만, 그의 친구들은 그리 녹록치 않았다. 헌돈은 그녀를 '살쾡이'라거나 '여자 늑대'라고 비난했다.

그리고 링컨의 열렬한 지지자인 터너 킹은 그녀를 '무법자'이며 '악마'라고 하면서, 그녀가 링컨을 몇 시간이고 집에서 내쫓은 것을 본 적이 있다고 말했다. 또 백악관의 대통령 비서였던 존 헤이는 그녀에게 짤막하면서도 입에 담을 수 없는 험한 욕을 했다.

스프링필드에서 살았을 때 감리교 목사가 링컨의 집 근처에 살았는데, 그 목사와 링컨은 친구 사이였다. 그의 아내는 링컨이 "가정생활이 매우 불행했으며, 링컨의 아내가 빗자루를 들고 링컨을 집 밖으로 내쫓는 것을 자주 목격했다."고 증언한 바 있다.

16년간 링컨의 옆집에서 살았던 제임스 가월리는 "링컨 아내의 마음속에 악마가 들어 있다."고 말했다. 또 그는 그녀가 환각 증세가 있었고, 마치 미친 사람처럼 행동했으며, 울고불고 해서 나중에는 이웃들이 모두 들었을 정도였다고 했다. 그렇다 보니 어떤 이는 자신이 사는 구역을 보호해달라고 요청했으며, 또 어떤 이는 난폭한 누군가가 반드시 그녀를 해코지하고야 말 것이라고 험담을 퍼붓기도 했다.

시간이 지날수록, 그녀는 점점 더 자주 감정을 폭발시켰으며, 더 난폭해졌다. 친구들은 링컨을 안타깝게 여겼다. 사실 그에게는 가정생활이라는 것이 없었다. 그는 가장 절친한 친구조차도 저녁 식사에 초대할 수 없었다. 심지어 헌돈이나 데이비스 판사조차도 초대하지 못했다. 그는 매일 무슨 일이 벌어질까 전전긍긍했으며, 그 자신도 되도록 아내를 피해 저녁마다 법학 도서관에서 변호사들과 토론을 벌이거나 딜러 씨의 약국에서 사람들과 이야기를 하며 보냈다.

링컨은 가끔 밤늦게 인적이 없는 거리를 홀로 머리를 가슴에 묻고 아주 우울하게 방황하기도 했으며, "집에 가기가 너무 싫다."고 하기도 했다. 무슨 일인지를 알고 있는 친구는 링컨을 자신의 집으로 데리고 가 재워주기도 했다.

링컨의 비참한 가정생활을 누구보다도 잘 알고 있는 헌돈은 자신이 쓴 링컨의 전기에서 이렇게 밝히고 있다.

링컨에게는 자신의 속내를 드러낼 막역한 친구가 없었다. 내가 아는 한 그는 자신의 비참함과 고통을 어떤 친구에게도 털어놓지 않았다. 그것은 감내하기 어려운 짐이었으나 그는 안타깝게도 아무 말도 하지 않고 이겨냈다. 나는 그가 상당히 곤란한 처지에 처해 있을 때는 오히려 다른 사람에게 알리지 않았다는 것을 알 수 있었다. 그는 일찍 일어나는 편은 아니었기에 보통 9시 전에는 출근하지 않았다. 그래서 나는 항상 그보다 한 시간이나 일찍 사무실에 나오곤 했다. 그런데 때로 그는 7시에 사무실에 나온 적도 있었고, 동이 트기도 전부터 사무실에 있던 적도 있었다. 사무실에 도착해서 그를 보자마자 나는 마치 바다에 바람이 불어닥쳐 파도가 일렁이듯 그의 가정에 문제가 생겼음을 알아차렸다.

그는 기다란 의자에 누워 하늘을 바라보거나 의자에 앉아 발을 뒤 창문턱에 포개어 걸쳐놓고 있기도 했다. 그럴 때는 내가 들어오는데도 눈길 한 번 주지 않고, 내 인사에 시큰둥하게 대꾸할 뿐이었다. 곧바로 나는 바삐 펜과 서류를 찾거나 책을 읽었다. 하지만 그는 눈에 띄게 음울하고 비탄에 빠진 채 입을 굳게 다물고 있었고, 어색한 나머지 나는 법원이나 다른 곳에 일이 있다는 핑계를 대고 서둘러 사무실을 빠져나오곤 했다.

복도를 향해 있는 사무실 문에는 커튼이 달린 유리가 끼워져 있었다. 우리는 외출할 때면 어김없이 그 커튼을 쳤는데, 이런 날은 링컨이 안에 있어도 나는 커튼을 치고 나갔다. 계단 밑에 이르기도 전에 열쇠로 자물쇠를 돌리는 소리가 들렸다. 그때부터 링컨은 홀로 자신의 우울함 속에 갇혀 있었다.

나는 법원 서기 사무실에서 한 시간, 그리고 옆에 있는 가게의 긴 의자에서 한 시간 정도 시간을 보낸 뒤 사무실로 돌아오곤 했다. 그때쯤이면 의뢰인이 찾아와 링컨은 서류를 만들고 있거나, 아침 일찍부터 우울했던 먹구름을 휘파람으로 날려 보내며 인디언 이야기에 정신을 팔고 있곤 했다.

나는 정오 무렵에 점심을 먹으로 집으로 갔다가 한 시간 후쯤 돌아오곤 했는데, 그는 여전히 사무실에 있었다. 집이 지척에 있는데도 그는 가게에서 사온 치즈와 크래커로 점심을 때웠다. 오후 5시나 6시에 일이 끝나 내가 그를 뒤로하고 밖으로 나오면, 링컨은 계단 밑에 있는 상자 위에 앉아 있거나 하릴없는 사람들과 이야기를 하거나 법원 계단에서 시간을 보내곤 했다.

땅거미가 진 뒤에도 사무실에 불이 켜져 있는 것으로 미루어 여전히 그가 퇴근하지 않고 늦게까지 있다는 것을 알 수 있었다. 세상이 모두 잠든 뒤에야 미국의 대통령이 될 키 큰 사내는 나무와 빌딩의 그림자를 따라 터벅터벅 걸어 아담한 집으로 미끄러지듯 들어갔다. 아담한 집이란 표현은 세상 사람들이 그의 집을 두고서 관례상 즐겁게 일컬은 말이었다.

지금 내가 말한 것이 지나치게 멋지게 묘사됐다고 말하는 사람들도 있을 것이다. 만일 그렇다면 그들은 진실을 모른다고 말할 수밖에 없다.

한번은 링컨 부인이 너무나 심하게 링컨을 다그치는 바람에, 그토록 오랫동안 누구에게도 적의를 품지 않았고 관대했던 링컨조차도 자제심을 잃고 아내를 붙들고 부엌문으로 밀치면서 소리쳤다.

"당신은 내 인생을 망가뜨리고 있어. 이 집을 지옥으로 만들고 있단 말이야. 어서 당장 나가란 말이야!"

'정치적 자살'의 **쓰라린** 경험

4

국회의원이 된 링컨은 당시 벌어지고 있던 멕시코와의 전쟁을
'약탈과 살인, 강도짓과 불명예의 전쟁'이라고 비난한 연설로 말미암아,
자신의 선거구에서 '정치적 자살'의 쓰라린 경험을 맛보고,
6년 동안 다시 변호사로 순회 법정을 다닐 수밖에 없었다.

만약 링컨이 앤 러틀리지와 결혼했다면 분명 행복했겠지만 대통령은 되지 못했으리라.

링컨은 신중하게 생각하고 신중하게 행동하는 편이었지만, 앤은 그가 정치적으로 성공하도록 이끌 사람은 못 되었다. 이에 반해 어떻게든 백악관에서 살겠다는 굳건한 의지를 가진 메리 토드는 결혼하자마자 휘그당 국회의원 후보 지명전에 출마하라고 링컨을 거세게 몰아붙였다.

후보 지명전은 격렬했다. 믿기지 않을 정도로, 상대 진영은 링컨이 어떤 교회에도 나가지 않는 무신론자라고 비난을 하는가 하면, 오만한 토드가와 결혼했다는 이유로 귀족과 부자의 하수인이 되었다고 매도했다. 하지만 링컨은 상대방

의 주장이 얼토당토않은 것일 뿐더러 정치적으로 자신을 해치려고 한다는 사실을 잘 알고 있었다. 따라서 자신을 비난하는 이들에게 이렇게 응수했다. "내가 스프링필드에 온 이래 나를 찾아온 사람은 친척 한 사람뿐입니다. 그런데 그는 스프링필드를 나가기 전에 유대인의 하프를 훔쳤다는 이유로 기소당했습니다. 만에 하나 그것이 자긍심 높은 귀족 가문의 소유라면야, 제게도 잘못이 있는 셈이겠죠."

선거가 실시되자 링컨은 패배하고 말았다. 이는 정치계로 입문한 이래 최초의 좌절이었다. 그로부터 2년이 지난 뒤 링컨은 다시 출마했고, 그때는 승리했다. 메리 토드는 광분했으며 남편의 승리가 이제부터 시작되었다고 생각했다. 그녀는 화려한 이브닝 가운을 맞췄고, 프랑스어도 더 품위 있게 가다듬었다. 또 남편이 워싱턴에 도착하자마자 '링컨 각하에게'라는 편지를 보내기도 했다. 하지만 링컨은 즉시 그러지 말라고 했다.

메리 토드는 워싱턴에서 살고 싶어했고, 자신을 기다릴 것이라고 확신하던 사회적 명성을 간절히 원했다. 하지만 남편을 만나러 동부로 갔을 때, 그녀는 모든 일이 자신이 생각했던 것과는 다르다는 사실을 깨달았다. 링컨은 너무나 가난했기 때문에 국회의원 첫 회비를 받으면 갚는다는 조건으로 스티븐 A. 더글러스에게서 돈을 빌려야 했다. 이런 까닭에 링컨 부부는 더프그린가에 있는 스프릭스 부인의 하숙집에 묵을 수밖에 없었다. 하숙집이 있는 거리는 비포장도로로 보도에는 재와 자갈이 깔려 있었다. 하숙집은 을씨년스러웠고, 배관 공사도 되어 있지 않았다. 뒤뜰에는 헛간과 거위 우리와 텃밭이 있었다. 이웃집 돼지가 텃밭에 들어와 채소를 먹으면, 때때로 스프릭스 부인의 아들이 막대기를 들고 다니며 쫓아버리곤 했다.

그 당시 워싱턴은 음식물 찌꺼기를 수거하기가 힘이 들었다. 그래서 스프릭스 부인은 뒷골목에 쓰레기를 버리고선, 거리를 마음대로 돌아다니는 소와 돼지와 거위들이 와서 먹어치우기를 바랐다.

메리 토드는 배타적인 워싱턴 사교계가 자신을 쉽사리 받아주지 않음을 알게 되었다. 그녀는 무시당했고, 을씨년스런 침실에 혼자 남아 버릇없는 아이들과 두통에 시달리며, 스프릭스 부인의 아들이 돼지를 배추밭에서 쫓아내기 위해 지르는 고함 소리를 들어야 했다.

그러나 이런 실망은 앞으로 다가올 정치적 재난에 비하면 아무것도 아니었다. 링컨이 국회의원이 되었을 때, 미국은 멕시코와 20개월째 전쟁 중이었다. 그것은 국회에서 노예의 힘을 이용해 의도적으로 일으킨 수치스런 침략 전쟁이었다. 즉, 노예제도를 발전시켜 그 제도를 지지하는 상원 의원을 선출할 수 있는 좀 더 많은 땅을 얻기 위한 전쟁이었다.

미국은 멕시코와의 전쟁에서 두 가지를 성취했다. 멕시코에 속해 있던 텍사스가 그 전쟁으로 말미암아 멕시코에서 분리되었고, 미국은 멕시코 정부에 텍사스에 대한 모든 권리를 포기하도록 강요했다. 나아가 의도적으로 뉴멕시코, 애리조나, 네바다, 캘리포니아까지 멕시코가 소유하고 이루어놓았던 영토의 반을 강제로 빼앗았다.

그랜트는 그 전쟁이 역사상 가장 부당한 전쟁 가운데 하나였고, 전쟁을 치렀던 자신을 결코 용서할 수 없다고 말했다. 상당히 많은 군인들이 반란을 일으켜 적에게 투항했는데, 멕시코의 유명한 산타안나 부대는 완전히 탈영병으로 구성되었다.

링컨은 국회에 나가 이미 다른 휘그당 의원들처럼 '약탈과 살인, 강도짓과 불명예의 전쟁'을 시작했다고 대통령을 비난하면서, 하늘에 계신 하느님이 "약자와 무고한 자를 보호하길 망각하시고, 강력한 살인자 무리와 지옥의 악마들로 하여금 여성과 어린이들까지 죽이고, 폐허를 만들고, 정의의 땅을 약탈하도록 허락하셨다."고 연설했다.

사실 워싱턴 정가에서는 링컨의 연설에 별반 관심을 기울이지 않았다. 링컨은 무명에 가까웠기 때문이다. 하지만 스프링필드로 돌아오자, 태풍이 일었다. 일리노이에서는 자신들이 생각하는 자유라는 신성한 명분을 앞세워 6천 명을 전쟁터로 보냈는데, 자신들이 뽑은 국회의원이 국회에서 그 군인들을 지옥에서 온 악마에 살인자라고 비난했기 때문이었다. 격분하고 흥분한 사람들은 공공 집회를 열어 링컨을 "천하고 비열하며, 파렴치하고 반역을 저지른 게릴라이며, 제2의 베네딕트 아널드(미국의 독립을 위해 싸운 애국파 장교였으나 1779년 영국 쪽으로 변절하는 바람에 그의 이름은 미국에서 '반역자'를 뜻하는 별명이 되었음-옮긴이) 같다."고 비난했다.

어떤 집회에서는 결의문을 채택하여 "상당히 불명예스러운 이 망신거리가 결코 알려지지 않는다면…… 용감하고 훌륭하게 숨을 거둔 사람들에게 가해진 그 불명예스런 비난과 파렴치한 행위는 진실한 일리노이 사람 모두를 자극하고 분개하게 만들 뿐이다."라고 선언했다.

링컨에 대한 증오는 상상을 초월했으며 그 뒤로 10년이나 계속되었다. 그로부터 13년 후에 링컨이 대통령 후보로 출마했을 때도 이런 비난이 다시 쏟아졌다. 링컨은 이에 대해 동료 변호사에게 "나는 정치적으로 자살했다."라고 말했다고 한다.

그는 스프링필드로 돌아와 분노한 선거구민과 마주쳐야 한다는 사실에 두려움을 느꼈다. 그래서 워싱턴에서의 정치적 입지를 확실히 하기 위해 정부의 국유지 관리국 국장 자리를 얻으려고 무진 애를 썼지만 수포로 돌아갔다.

할 수 없이 다시 오리건 준주의 주지사가 되고자 했다. 준주가 연방에 통합되면 초대 상원 의원이 되겠다는 생각이었다. 하지만 그것 역시 수포로 돌아갔다.

이제 그는 스프링필드의 지저분한 사무실로 돌아와 '올드 벅'을 덜컥거리는 마차에 매고 일리노이 주에서 가장 참담한 사람 가운데 한 명이 되어, 다시 순회 법정을 다니기 시작했다.

링컨은 이제 정치는 일체 잊기로 하고, 변호사 일에만 전념하기로 했다. 그는 자신의 일이 체계가 없고, 정신적인 수양도 부족하다는 것을 절실하게 깨달았다. 그래서 좀 더 이성적이고 논리적인 사고를 하기 위해 훈련을 하고자 마음먹고 기하학 책을 구입해 순회 법정에 가지고 다녔다. 헌돈은 이와 관련하여 전기에서 이렇게 전하고 있다.

조그만 시골 여인숙에서 우리는 항상 침대에서 잠을 잤다.

대부분의 경우, 침대가 링컨에게 지나치게 작았기 때문에, 정강이가 침대 밖으로 삐져나오거나 링컨의 발이 발판에 걸쳐졌다. 링컨은 침대 머리 선반에 초를 놓고 몇 시간이고 공부에 전념했는데, 새벽 2시까지 그런 자세로 공부했다. 링컨이 공부하는 동안 나를 비롯하여 링컨과 우연히 같은 방을 쓰게 된 동료들은 안심하고 깊은 잠을 잘 수 있었다. 이런 식으로 공부하여 그는 순회 법정을 다니면서 유클리드 6권의 책에 나오는 모든 정리를 증명할 수 있게 되었다.

기하학을 숙달한 후에 그는 대수를 공부했고, 그 다음에는 천문학, 그리고 그 다음에는 언어의 기원과 발달을 공부했다. 하지만 이 모든 것은 셰익스피어만큼 흥미를 주지는 못했다. 뉴세일럼에서 잭 켈소에게 영향을 받은 문학에 대한 흥미는 여전했다. 이때부터 죽을 때까지 에이브러햄 링컨의 가장 두드러진 특징은 도저히 말로는 그 깊이를 전할 수 없는 깊은 슬픔과 심각한 우울증이었다.

제시 웨이크가 헌돈을 도와 링컨의 불후의 자서전을 준비했을 때, 그는 링컨의 슬픔에 대한 이야기는 분명 과장되었다고 생각했다. 그래서 그는 그 부분에 대해 스튜어트, 휘트니, 매스니, 스웨트, 그리고 데이비스 판사와 같이 링컨과 수년간 친하게 지내왔던 사람들과 충분히 토론을 했다.

그런 다음 웨이크는 "링컨의 우울증을 아는 사람이 거의 없다."는 것을 확신했고, 헌돈도 이 말에 동의했으며, 또한 내가 이미 인용했던 다음과 같은 말을 했다.

"만약 링컨이 20년 동안 행복한 삶을 살았다면, 나는 그를 알지 못했을 것이다. 늘 슬픈 표정만 짓고 있는 것이 그의 가장 두드러진 특징이었다. 그는 걸을 때에도 울적함이 온몸에서 뚝뚝 떨어졌다."

순회 법정을 다닐 때 그는 두세 명의 변호사들과 같은 방에서 잠을 잔 적이 많았는데, 그들은 링컨이 지르는 큰 소리에 깜짝 놀라 깨곤 했다. 링컨은 침대 모서리에 앉아 무슨 말인가를 중얼거리고 있었다. 자리에서 일어나면 그는 곧 불을 지피고, 몇 시간이고 앉아서 타오르는 불길을 응시하면서 자주 "오, 죽음을 맞이할 수밖에 없는 인간의 영혼이 어찌 이리 자랑스러운가?"라고 읊조리곤 했다.

가끔 거리를 걸을 때면 그는 깊은 절망 속에 빠져 있어서, 도중에 마주치는 사람에게도 눈길 한 번 안 주고 혼자 중얼거렸다. 가끔씩은 전혀 모르는 사람들과 악수를 나누기도 했다.

링컨의 추억을 소중히 여겼던 조나단 버치는 다음과 같이 말했다.

블루밍턴에 있는 법원에 도착했을 때, 링컨은 그의 방청인들과 실내나 사무실 혹은 거리에서 주위가 떠나갈 듯이 웃으면서 한 시간 정도 보냈다. 그리고 그 다음 한 시간은 깊은 사색에 잠겨 있어서 어느 누구도 감히 그를 방해하지 못했다. …… 그는 벽에 머리를 비스듬히 기대고 앉아, 발은 밑의 가로대에 두고, 다리를 바싹 오므려 턱을 무릎에 올려놓았다. 모자는 앞쪽에 뒤집어져 있었고, 손은 무릎에 깍지를 꼈으며, 눈은 우울하고 실의에 찬 그림처럼 애처로웠다. 그래서 그가 한 번에 몇 시간씩 그렇게 앉아 있는 모습을 보고 있노라면, 아주 가까운 친구라도 곁에 다가갈 엄두가 나지 않았다.

베버리지 상원 의원은 링컨의 생애를 다른 사람보다 더 철저하게 연구한 결과, "1849년부터 죽을 때까지 링컨의 생애에서 두드러진 특징은 보통의 사람들이 재거나 예측할 수 없을 정도의 깊은 슬픔이었다."는 결론에 도달했는지도 모른다.

하지만 링컨의 지칠 줄 모르는 유머와 놀라운 말재간은 슬픔만큼이나 두드러졌으며 떼려야 뗄 수 없는 그의 개성

가운데 일부분이었다. 데이비스 판사는 때때로 그의 떠들썩한 유머를 듣기 위해 걸음을 멈추기도 했다.

헌돈은 "200명 혹은 300명의 사람들이 그의 주위로 모였다."고 말하며, 그들은 몇 시간이고 계속 배를 움켜잡고 웃었다고 했다.

어떤 사람은 링컨의 재미있는 이야기가 '요점'에 이르면, 사람들은 우우 하고 소리를 지르며 의자에서 굴렀다고 했다.

링컨을 잘 알던 사람들은 '그 깊이를 알 수 없는 슬픔'이 두 가지 이유, 즉 극복할 수 없는 정치적 실망과 비극적인 결혼 생활로 인한 것이라는 데 의견을 같이했다.

이런 이유로, 정치적으로 잊혀 지냈던 6년이라는 쓰라린 세월이 영원히 지속되기라도 할 듯 눈에 띄게 느리게 지나가다가, 갑자기 링컨의 인생의 방향을 송두리째 바꿔버린 사건이 일어났고, 이로 인해 링컨은 백악관을 행해 힘차게 출발할 수 있었다.

이 사건의 배후에는 메리 토드의 옛 애인인 스티븐 A. 더글러스가 있었다.

재기했지만 또다시 맛본 실패

✤ 5 ✤

'정치적 자살'에서 회복하기 시작했지만 일리노이 주 상원 의원 선거에서
떨어짐으로써 링컨은 또다시 자신의 변호사 사무실로
돌아갈 수밖에 없었다. 하지만 그의 마음은 이미 변호사 일에서
떠나 있었고, 이후 그는 정치와 노예제에만 관심을 기울였다.

1854년, 미주리 협정이 폐기됨에 따라 링컨에게는 엄청난 일이 일어났다. 먼저 미주리 협정에 대해 간략히 살펴보면 다음과 같다. 1819년, 노예제를 합법적으로 인정하는 미주리 주가 연방에 들어오고자 했다. 그러나 북부가 이에 반대했고, 사태는 심각해졌다. 마침내 그 당시 수완이 뛰어난 공인들이 미주리 협정을 준비했는데, 이 협정으로 남부와 북부는 각각 소기의 성과를 달성할 수 있었다. 즉, 남부는 미주리 주에서 노예제를 인정한다는 조건으로 연방에 가입하게 되었고, 북부는 미주리 주의 남부 경계선만 넘으면 어디서건 노예제를 금지한다는 원칙을 확고히 세울 수 있었던

것이다.

사람들은 이제 노예제에 관한 논쟁이 끝나게 될 것으로 여겼고, 실제로 잠시나마 그렇게 되었다. 그러나 1854년, 스티븐 A. 더글러스는 당시의 협정을 폐지하고, 최초 독립한 13개 주와 같은 면적의 미시시피 강 서쪽에 있는 새로운 지역에서, 지역에 따라 노예제를 인정할 수 있도록 하자는 주장을 했다. 그는 이 협정을 폐기시키기 위해 국회에서 오랫동안 격렬한 싸움을 벌였다. 이 투쟁은 몇 달에 걸쳐 계속되었고, 급기야 하원에서 격렬한 논쟁이 벌어져 의원들이 책상 위에 올라가 칼을 휘두르고 총을 뽑아드는 사태까지 벌어졌다. 더글러스가 열렬하게 안건을 제안한 이후, 결국 한밤중부터 거의 새벽까지 이어진 의회는 1854년 3월 4일 그의 발의안을 통과시켰다. 그것은 엄청난 사건이었다. 신문 배달 소년들이 호외를 외치며 잠자는 워싱턴의 도심지를 뛰어다녔고, 해군 기지에서는 피로 뒤덮일 새로운 시대의 서막을 알리는 예포가 울렸다.

더글러스는 왜 그랬을까? 그 대답을 정확히 아는 사람은 아무도 없는 것 같다. 저명한 역사가들 사이에서도 여전히 논쟁거리다. 그러나 숱한 논란 중에서 확실한 것은 더글러스가 1856년 다가오는 대통령 선거에서 당선되기를 간절히 원했다는 사실이다. 그는 미주리 협정이 폐기되면 남부에서 자신이 유리하다는 것을 알고 있었다.

그렇다면 북부의 반응에 대해서는 어떻게 생각하고 있었을까? 더글러스는 "단언하건대, 북부에는 지옥 같은 폭풍이 거세게 몰아닥칠 것이다."라고 예고했다.

그의 예상은 적중했고, 그 말대로 폭풍이 거세게 몰아닥쳤다. 정말로 폭풍이 일어 양당이 격해지면서, 결국 남북전쟁이라는 소용돌이가 휘몰아치게 되었다.

수많은 도시와 마을을 비롯한 촌락 지역에서도 항의와 성난 집회가 자연스럽게 일어났다. 국민들은 스티븐 아놀드 더글러스를 '반역자 아놀드'라고 비난했고, 그를 '현대판 유다'로 비유하며 은 30전을 보내자고 하면서, 교수형을 시키자는 말까지 나왔다.

교회들도 대단히 격분하여 순식간에 싸움이 일어났으며, 뉴잉글랜드에서는 3,050명의 목사들이 '전능하신 하느님의 이름과 그의 임하심'이라는 항의의 편지를 써 의회에 보내기도 했다. 몹시 분개한 사설들은 성난 민중의 불길에 부채질을 했다. 심지어 시카고의 민주당 신문조차도 더글러스에게 돌아서서 무시무시한 복수심을 드러냈다.

8월에 국회는 휴회했고, 더글러스는 고향으로 향했다. 자신의 형상이 목 매달려 불태워지는 광경을 보고 놀란 더글러스는 그 불빛에 의지해 보스턴에서 일리노이까지 줄곧 걸어갈 수 있을 정도로 환했다고 나중에 털어놓았다.

더글러스는 대담하게도 자신의 고향인 시카고로 가서 연설을 하겠다고 밝혔다. 그에 대한 국민들의 증오는 극에 달했다. 신문은 그를 공격했으며, 분노한 목사들은 그의 반역적인 언사에 대해 "깨끗한 일리노이의 공기를 두 번 다시 오염시켜서는 안 된다."고 했다. 사람들은 철물점으로 뛰어 들어갔고, 해가 지면서 도시 전체에는 판매용 권총이 남아 있지 않았다. 더글러스를 공격하는 사람들은 그가 자신의 파렴치한 행동을 계속 변호해서는 안 된다고 말했다.

더글러스가 도시로 들어서자, 항구에 있던 배에는 조의를 표하는 조기라 걸렸고, 교회는 자유가 사망했음을 애도하는 12번의 종을 울렸다.

더글러스가 연설했던 시카고의 그날 밤은 사상 최고로 더웠다. 사람들이 한가로이 의자에 앉아 있는 동안에도 이마에는 땀이 볼을 타고 줄줄 흘러내렸다. 시원하게 잘 수 있는 호숫가 모래사장 쪽으로 힘겹게 걸어가는 도중에 여자들이 졸도하기도 했고, 지친 말들이 넘어지기도 했다. 거리는 이미 땅거미가 진 상태였다.

하지만 더운 날씨에도 흥분한 수천 명의 군중들이 총을 휴대한 채, 더글러스의 연설을 들으려고 속속들이 모여들었다. 시카고에는 군중집회가 열릴 수 있는 실내 장소가 없었기에, 사람들은 넓은 광장을 가득 메웠으며, 수백 명은 발코니에 서 있거나 인근 건물의 지붕 위에 걸터앉아 있었다.

더글러스가 첫마디를 떼자마자 우우 하는 야유 소리가 들렸다. 그는 계속 말하려고 했지만, 청중은 소리치며 야유를 보내고 모욕적인 노래를 부르며 외설적인 욕을 하기도 했다.

흥분한 사람들이 싸움을 걸려고 하자, 더글러스는 그들에게 조용히 해줄 것을 간청했다. 그는 군중들을 통제하려고 계속 노력했지만 실패하고 말았다. 그가 〈시카고 트리뷴〉을 비난하자, 청중들은 〈시카고 트리뷴〉을 격려하기도 했다. 더글러스가 자신에게 연설할 기회를 주지 않는다면 여기서 밤새 서 있겠다고 말하자, 8천여 명의 군중들이 "우리는 아침까지 집에 가지 않을 것이다. 우리는 아침까지 집에 가지 않을 것이다."라는 노래를 불렀다.

마침 토요일 밤이었다. 더글러스는 4시간 동안 경박하고도 모욕적인 발언을 일삼은 후, 시계를 꺼내들고 아우성 치고 있는 군중들을 향해 "이제 주일 아침입니다. 저는 교회로 가겠습니다. 여러분들은 지옥에나 가십시오."라고 외쳤다.

몹시 지친 그는 모든 언행을 그만 멈추고 연단을 떠났다. 그 작은 거인은 난생 처음으로 굴욕감과 패배감을 맛보았다.

다음 날 아침 신문들은 일제히 그 사건을 다루었는데, 스프링필드에서는 거만하고 살찐데다 머리는 흑갈색이고 나이도 중년에 접어든 한 여성이 부르르 떨면서도 묘한 만족감을 느끼며 그 기사를 읽고 있었다. 누구냐면, 15년 전 더글러스의 아내가 되고자 했던 메리 토드였다. 오랜 시간 동안 남편 링컨이 굴욕적인 패배를 당해 마음속 깊이 화가 치밀어 올랐던 그녀는, 더글러스가 가장 인기 있고 강력한 지도자로 승승장구하는 모습을 이제껏 지켜보고 있어야만 했었다.

하지만 감사하게도 오만한 더글러스는 자신이 살고 있는 주에서 자신의 당인 민주당을 분열시켰다. 그것도 선거가 임박한 시점에 말이다. 이것은 링컨에게도 절호의 기회였다. 메리 토드는 남편 링컨이 1848년에 잃었던 대중의 지지를 다시 얻고 정치적으로 재기하여, 상원 의원에 당선될 수 있는 절호의 기회를 잡을 수 있을 것이라 직감했다. 사실 더글러스는 국회의원 임기가 4년이나 더 남아 있었지만, 그의 동료는 두 달 후에 재선에 출마할 준비를 하고 있었다.

그렇다면 그의 동료는 누구인가? 그는 허영심이 많고 싸우기를 좋아하는 아일랜드인으로 이름은 실즈였다. 링컨의 아내는 그에게 풀어야 할 원한을 가지고 있었다. 이 이야기는 1842년으로 거슬러 올라가는데, 대부분 그녀가 썼던 모욕적인 편지 때문이었으며, 실즈는 링컨에게 도전장을 내밀었다. 이 두 사람은 미시시피 강의 모래언덕에서 기병대의 검을 차고 입회인을 대동한, 목숨을 건 결투에 만반의 준비를 했다. 하지만 결투를 시작하려던 순간, 친구들이 중재하고 나서서 그 혈투는 중지되었다. 그 이후로 실즈는 정치적으로 승승장구했으며, 링컨은 내리막길을 달렸다.

하지만 이제, 링컨은 그 무렵 밑바닥에서 다시 회복하기 시작했다. 미주리 협정 폐지의 여파가 자신을 '일으켜 세우고' 있다고 했으며, 그는 더 이상 조용히 있을 수 없었다. 링컨은 혼신을 다해 싸워나가기로 했다.

이때부터 링컨은 국립도서관에 수 주일 동안 틀어박혀 역사적 관계를 찾고 사실들을 익혔을 뿐 아니라, 엄청난 논란 속에서 그 법안이 통과되는 기간 동안 국회 이곳저곳에서 쏟아졌던 온갖 논쟁들을 모두 거듭 분류하고 조사해가며 연설을 준비했다.

한편 10월 3일, 스프링필드에서는 품평회가 열렸다. 수천 명의 농부들이 시내로 쏟아졌다. 사내들은 최고의 돼지와 말, 소, 그리고 옥수수를 가지고 나왔으며, 여자들은 젤리와 잼, 파이 등을 가지고 나왔다. 하지만 이들 전시된 제품들은 거의 흥미를 끌지 못했다. 수 주일 전부터 더글러스는 품평회 개막식에서 연설하겠다고 알렸으며, 이에 따라 미국 전역에서 정치 지도자들이 그의 연설을 들으려고 스프링필드로 몰려왔다.

그날 오후 더글러스는 3시간 넘게 자신의 이력을 반복해서 설명하며, 자신을 방어하기도 하고, 남들을 공격하기도 했다. 그는 "노예제를 한 지역으로 입법화하거나 배제시키는 것을 반대해야 하고, 노예제도는 각 주의 결정에 따라야 한다."고 강력하게 주장했다.

또한 그는 "확실히 캔자스나 네브래스카 주민들이 스스로를 다스릴 수 있는 능력이 있다면, 불쌍한 흑인 두세 명 정도도 확실히 다스릴 수 있다."고 소리쳐 말했다.

링컨은 맨 앞자리에 앉아 더글러스의 말을 한마디도 놓치지 않고 들었으며, 그의 논점 하나도 빠트리지 않고 숙고했다. 그리고 더글러스의 연설이 끝나자 "내일 그의 가죽을 벗겨내 담장 위에 내걸겠다."고 기세등등하게 말했다.

다음 날 아침, 링컨이 품평회에서 더글러스에게 응수할

것이라는 내용이 적힌 전단이 시내 곳곳에 뿌려졌다. 사람들의 관심은 대단했고, 집회가 열릴 홀은 연설 2시간 전부터 이미 꽉 차버렸다. 이윽고 더글러스가 연단으로 나와 평상시처럼 깔끔하고 완벽한 차림으로 앉아 있었다.

메리 링컨은 이미 청중들 틈 속에 자리하고 있었다. 그날 아침 집을 나서기 전에 그녀는 링컨의 코트를 힘껏 털었으며, 새 옷깃을 꺼내 다리고, 제일 좋은 넥타이를 정성껏 준비했다. 그녀는 외부로 드러나는 남편의 이미지가 훌륭하게 보이기를 원했다. 그런데 그날은 더웠기 때문에 링컨은 운집한 청중으로 인해 실내가 몹시 답답함을 느꼈다. 그러자 링컨은 코트와 조끼, 옷깃을 벗어놓고, 넥타이도 매지 않은 채 연단으로 성큼성큼 올라갔다. 그의 갈색의 기다란 목이 셔츠 밖으로 드러나 비쩍 마른 몸에 엉성하게 매달려 있는 것처럼 보였다. 머리는 헝클어져 있었고, 구두는 낡고 지저분했다. 게다가 몸에 맞지 않은 짧은 바지는 멜빵 하나로 지탱하고 있었다.

그런 남편의 모습을 본 순간, 메리 링컨의 얼굴은 화가 나고 당황해서 홍당무처럼 빨개졌다. 그녀는 아마 실망스러움과 절망감에 눈물 흘렸으리라.

지금에서야 사람들은 아내가 몹시도 부끄러워하는, 이 세

련되지 않은 사람이 그 무더운 가을날 오후에 세계 역사에 불멸의 위인으로 자리 잡을 첫걸음을 내딛고 있었다는 것을 알지만, 그 당시에는 어느 누구도 상상조차 하지 못했던 일이다.

그날 오후 그는 일생일대의 연설을 했다. 그 이전에 했던 연설을 모두 모아 한 권의 책에 정리를 해서 그날 오후에 한 연설과 비교해보면, 어느 누가 같은 사람의 연설이라고 믿을 수 있겠는가! 링컨은 그날 전혀 예기치 못한 위대한 연설을 남겼던 것이다. 그는 강력한 불의를 깊이 있게 비난했고, 억압받은 흑인을 변호했으며, 도덕의 위대함으로 청중들의 마음을 사로잡는 한편 그들을 감동시켰다.

그는 노예의 역사를 자세히 살피면서 노예제를 강력하게 반대하는 5가지 이유를 고매한 아량으로 다음과 같이 말했다.

저는 남부 사람들을 편견을 가지고 바라보지 않습니다. 그들은 우리 북부 사람들이 처해 있을지도 모를 상황과 똑같은 상황에 처해 있을지도 모르기 때문입니다. 노예제가 지금 그들에게 존재하지 않았다면, 그들이 받아들이려고 하지 않을 것입니다. 또 우리 북부에서 지금 노예제가 존재한다면, 우리 북부 사람들은 즉시 이 제도를 철폐해야 합니다.

따라서 남부 사람들에게는 노예제가 처음부터 있었기에 우리 북부 사람들만큼이나 그것에 대해 전혀 책임이 없다는 것을 인정하는 바입니다. 제도란 한 번 뿌리내리면 웬만해선 없애기 어렵기 때문입니다. 저는 그들의 주장을 충분히 이해합니다. 제 자신도 어떻게 해야 할지 모르는데 철폐하지 않는다고 해서 제가 비난할 수는 없습니다. 세상의 모든 권한이 제게 주어진다고 해도 기존의 제도를 어떻게 처리해야 할지 모르기 때문입니다.

3시간 넘게 연설하느라고, 얼굴에서는 비 오듯 땀이 흘렀건만 링컨은 계속해서 더글러스의 주장에 항변했으며, 그의 억지 이론을 파헤치고 완전히 잘못된 주장임을 지적했다.

그의 연설은 깊이가 있었고 청중들에게 강한 인상을 남겼다. 더글러스는 적잖이 놀라 움찔했으며, 괴로운 나머지 몇 번이고 자리에서 일어나 링컨의 말을 제지했다.

이제 선거가 코앞에 닥쳤다. 진보적인 젊은 민주당원들은 더글러스의 공천을 거부하며 그를 공격했고, 그 결과 더글러스의 민주당은 일리노이 주 선거에서 패배하고 말았다.

그 당시에는 주 의회가 상원 의원을 선출했는데, 1855년

2월 8일 일리노이 주 의회가 스프링필드에서 상원 의원을 선출하기 위해 열렸다. 링컨 부인은 그 행사를 위해 새 옷을 장만했으며, 그녀의 형부 니니언 W. 에드워즈는 링컨이 당선될 거라고 철석같이 믿어 리셉션까지 준비했다.

링컨은 개표 초반에는 다른 후보를 앞지르며, 당선권에 6표 이내로 근접했다. 하지만 그 후에는 계속 표를 얻지 못했다. 결국 10번째 투표에서 패배하여 라이먼 W. 트럼불이 당선되고 말았다.

라이먼 트럼불은 링컨 부인의 가장 친한 친구이며 그녀의 결혼식에 들러리를 섰던 줄리아 제인과 결혼했다. 그날 오후 메리와 줄리아는 하원 의사당 발코니에 나란히 앉아 상원 의원 선거 결과를 지켜보았다. 그런데 줄리아 남편의 당선이 발표되자, 메리는 분을 참지 못한 채 그 자리를 박차고 나가버렸다. 끓어오르는 울분과 시샘 때문에 그 이후로 그녀는 줄리아 트럼불에게 한 번도 말을 걸지 않았다.

슬픔과 우울함에 빠진 링컨은 벽에는 여기저기 잉크 얼룩이 묻어 있고, 책장에는 씨앗들이 먼지 속에 싹이 터 자라고 있는 지저분한 사무실로 돌아왔다.

일주일 후, 그는 올드 벅을 이끌고 사람들이 살지 않은 초원을 건너 다시 순회 재판 지역 이곳저곳을 돌아다녔다. 하지만 그의 마음은 이미 변호사 일에서 떠나 있었다. 링컨은 이제 정치와 노예제에만 관심을 기울였다. 그는 헤아릴 수 없이 많은 사람들이 노예의 신분으로 있다는 생각 때문에 자신이 비참하게 느껴진다고 말했다. 이전보다 더욱 우울해지는 횟수가 많아졌고, 그 시간은 더 길어졌으며, 날이 갈수록 더욱 심해져갔다.

어느 날 밤 시골의 허름한 여인숙에서 링컨과 침실을 함께 썼던 동료 변호사가 있었다. 그는 새벽녘에 눈을 떠보니 잠옷 차림으로 깊은 생각에 잠긴 링컨이 낙담하여 속으로 중얼거리며 멍하니 침대 끝에 앉아 있었다고 했다. 그리고 마침내 링컨이 내뱉은 첫마디는 다음과 같았다고 했다.

"반쪽은 노예주로 다른 반쪽은 자유주로 남는 상황을 이 나라는 견뎌낼 수 없다는 점을 말해주고 싶어."

이 일이 있고 얼마 지나지 않아 스프링필드에 사는 흑인 여자가 링컨을 찾아와 안타까운 사연을 토로했다. 그 여자의 아들은 세인트루이스로 가서 미시시피 강을 항해하는 증기선에서 일자리를 얻었는데, 뉴올리언스에 도착함과 동시에 감옥으로 끌려갔다. 그는 노예가 아니었으나, 그것을 증명할 서류가 없었기 때문에 배가 출항할 때까지 감옥에 갇혀 있을 수밖에 없었고, 이제 그는 감옥 비용을 지불하기 위해 노예로 팔려가야만 하는 처지에 있다고 했다.

링컨은 이 일을 논의하기 위해 일리노이 주지사를 찾아갔다. 그러나 주지사는 자신은 그런 일에 관여할 권리나 권한이 없다고 했다. 또 루이지애나 주지사 역시 자신은 아무것도 해줄 수 없다는 편지를 보내 왔다. 링컨은 일리노이 주지사를 다시 잠깐 찾아가 조치를 취해줄 것을 강력하게 요구했으나, 거절당하고 말았다.

이에 링컨은 격분하여 자리를 박차고 일어나 "주지사님께서는 가엾은 소년을 석방시켜줄 법적 권한이 없을지도 모릅니다. 하지만 저는 이 나라 이 땅에 노예제를 지지하는 사람들이 발을 딛지 못하도록 하기 위해 노력할 것입니다."라고 큰 소리로 역설했다.

그 다음 해 링컨은 46세가 되었다. 그는 친구 휘트니에게 '안경이 필요하다'고 털어놓았다. 그러고선 보석 가게에 들러 37.5센트를 주고 처음으로 안경을 마련했다.

정 치 적 적 수
더글러스에게 패배

※ 6 ※

일리노이 주 상원 의원 선거에서 링컨은 정치적 적수인
스티븐 A. 더글러스와 맞붙었지만 또다시 패배하고 말았다. 하지만
이런 정치적 경험은 2년 뒤 그가 대통령에 당선되는 밑바탕이 되었다.

1858년 여름, 에이브러햄 링컨은 생애 첫 대결을 하게 된다. 이름도 알 수 없는 시골에서 태어난 그가 미국 역사상 가장 유명한 정치 대결을 벌이게 되는 것이다.

사실 링컨은 온갖 어려움을 겪으며 마흔아홉의 나이에 이르렀다. 그는 사업에 실패했고 결혼 생활도 삭막하고 황량했으며 행복하지 못했다.

물론 1년에 3천 달러의 수입을 올리는 변호사라는 직업에서는 어느 정도 성공했다고 볼 수 있지만, 소중한 꿈인 정치인으로서는 좌절과 실패를 맛보았을 뿐이었다.

링컨은 스스로 "내 야망은 실패, 그것도 완전한 실패였다."고 고백했다. 그런데 이때를 기점으로 상황은 걷잡을 수

없이 급변했다. 그리고 7년 뒤에 그는 죽게 된다. 하지만 그는 후세에 전해질 위대한 명성과 영예를 얻었다.

링컨의 정치적 적수는 바로 스티븐 A. 더글러스였다. 더글러스는 이제 미국의 우상이 되었고 실제로 그는 세계적인 유명 인사가 되어 있었다.

그는 미주리 협정의 폐기로 인한 4년간의 정치적 위기를 극적이고 눈부신 정치적 대결을 불사함으로써 극복했고, 결국 예전의 입지를 되찾았음은 물론 오히려 더욱 견고하게 만들었다.

캔자스 주는 연방에 문을 두드려 노예주로 인정해달라고 요청했다. 하지만 과연 허가가 떨어질 수 있었겠는가? 더글러스의 대답은 '아니오'였다. 왜냐하면 그 주의 헌법을 만든 의회가 참된 의회가 아닌데다, 의원들 또한 속임수와 강압으로 선출되었기 때문이었다. 캔자스에 정착해 사는—투표권이 있는—사람들의 절반이 선거인 명부에 등록조차 되어 있지 않았다. 그런데 어떻게 투표를 할 수 있었겠는가? 하지만 미주리 주 서쪽에 살고 있던 노예제를 지지하는 5천 명의 민주당원들은 캔자스에서 투표권이 법적으로 전혀 없는데도, 선거 당일 병기고로 가 무장을 하고 난 뒤 깃발과 군악대를 앞세워 캔자스로 진군하여, 노예제를 찬성하는 투표를 하고 말았다. 정의에 입각해서 보면, 모든 사건들이 이처럼 어처구니가 없고 유치하기가 말로 다할 수 없는 것이었다.

그렇다면 노예제를 반대하는 자유주의 사람들은 어떠했는가? 그들은 전투를 준비하고서는 총을 정돈시키고 손질하여 사격술을 익히기 위해 나무 위의 표적지와 헛간의 구멍 난 곳을 향해 총을 쏘기 시작했다. 그러고 나서 그들은 곧바로 진군하여 훈련하고, 참호를 파고, 급히 방벽을 만들고, 숙박하는 곳을 요새화시켰다. 만약 그들이 선거로 공명정대함을 얻지 못한다면, 그들은 총으로 얻으려고 들 것이었다.

북부 지역 곳곳의 모든 시내와 마을에는 언변이 능한 사람들이 시민들에게 열변을 토하면서, 캔자스의 전투를 위해 무기를 사려고 모자를 돌려 돈을 모금했다. 브루클린에서 교회의 설교단을 때려 부순 헨리 워드 비처는 캔자스를 구원하기 위해서는 총이 성경보다 훨씬 도움이 된다고 말했다. 그때부터 샤프의 총이 '비처의 성경'으로 잘 알려졌다. 이것들은 동부에서 박스와 통으로 선적됐는데, '성경'이나 '도자기', '개정 법률'이라는 라벨이 붙었다.

5개의 노예제를 반대하는 자유주의 주민들이 살해되기도 했다. 그 당시, 포도를 재배하고 부업으로 포도주를 만드는 어느 늙은 양치기가 있었다. 광신자인 이 노인은 캔자스의 평야에서 소리 높여 이렇게 외쳤다고 한다. "나는 전능하신 하느님의 명에 따라 노예제를 지지하는 사람들을 처벌하지 않을 수 없다."

그의 이름은 존 브라운으로서 오서와터미에서 살고 있었다. 5월 어느 날 밤 그는 성경을 보고서는 다윗의 시편을 가족들 앞에서 읽으며 무릎을 꿇고 기도했다. 그런 다음 찬송가를 몇 편 부른 후, 아들 네 명과 사위와 함께 말을 타고 초원 지대를 지나 노예제를 지지하는 사람의 오두막으로 갔다. 그리고 노예제를 지지하는 그 사람과 잠자고 있던 두 명의 소년을 끌고 나와 그들의 팔을 자르고 머리를 도끼로 잘라버렸다. 아침이 되기 전에 비가 오자, 빗물에 죽은 사람들의 두개골이 씻겨 내려갔다.

그 이후로 노예주와 자유주 사이에서는 사람을 찔러 죽이거나 총으로 쏴 죽이는 일이 생겼으며, '피비린내 나는 캔자스'라는 용어가 역사의 한 페이지를 장식하게 되었다.

이제 스티븐 A. 더글러스는 불의와 반역이 판치는 가운데 사이비 의회가 만든 헌법은 압지(잉크나 먹물 따위로 쓴 것이 번지거나 묻어나지 않도록 위에서 눌러 물기를 빨아들이는 종이-옮긴이)로 말려 애써 만든 값어치를 하지 못함을 알게 되었다.

그래서 더글러스는 캔자스 주민들에게 정당하게 투표할

것과 캔사스가 노예주와 자유주 중에 어느 쪽인지 여부를 묻는 평화적인 투표를 할 것을 요청했다.

그의 요구는 상당히 옳고 타당했지만, 제임스 뷰캐넌 대통령과 노예제를 지지하는 워싱턴 정가의 오만한 정치가들은 그 요구를 너그럽게 그냥 보지는 않았다.

마침내 뷰캐넌과 더글러스 사이에 언쟁이 오가게 됐다. 대통령은 더글러스를 정치적으로 파멸시키겠다고 으름장을 놓았고, 더글러스는 "내가 당신을 대통령으로 만들어냈지만, 맹세코 나는 당신을 무너뜨리고야 말겠습니다."라고 응수했다.

더글러스는 이와 같이 말함으로써 위협을 가했을 뿐만 아니라 또한 새로운 역사를 만들기도 했다. 이렇게 해서 삽시간에 노예제에 대한 정치적인 힘과 오만이 정점에 다다르게 되었다. 그때부터 그 힘은 빠르고 극적으로 가파르게 기울어갔다.

연이어 일어난 싸움은 파국을 알리는 시작이었다. 왜냐하면 1860년 그 싸움으로 더글러스는 자신의 민주당을 완전히 분열시켰고, 민주당이 패배로 가는 길을 마련했으며, 이로 인해 링컨의 대통령 당선은 가능한 정도를 넘어서 불가피한 상황이 되고 말았다.

더글러스는 자신의 정치적 미래를 자신의 소신, 그리고 대부분의 북부 사람들이 믿는 것에 걸었다. 그것은 위대한 원칙을 지키기 위한 사심없는 투쟁이었다. 그래서 일리노이 주는 더글러스를 무척 좋아했으며, 이제 그는 미국에서 가장 존경 받는 우상이 되어 자신의 고향으로 돌아왔다.

지난날 야유를 보내기도 했고 배에 조의를 걸기도 했으며, 교회에서는 조종을 치기도 했던 그 시카고에 1854년 더글러스가 들어서자, 도시는 이제 악단과 특별열차를 보내기도 하고, 영접 위원이 더글러스를 집까지 경호하기도 했다. 또 디어본 공원에서는 150발의 축포로 시끌벅적하게 그를 환대했고, 수백 명의 남자들이 그와 악수를 나누려고 했으며, 수천 명의 여성들은 그의 발에 꽃을 던지기도 했다. 또한 그를 기리기 위해 자신의 첫 아이의 이름을 그의 이름을 따서 짓는 사람도 있었다. 광적인 추종자가 그를 위해서라면 단두대에라도 가서 죽을 수 있다고 했다는 말이 아마도 과장된 이야기가 아니었던 것이다. 그가 죽은 지 40년이 지난 뒤에도 사람들은 여전히 '더글러스의 민주당'이라며 자랑으로 여겼다.

더글러스가 개선하여 시카고로 온 지 2~3개월이 지나, 일리노이는 주 상원 의원 선거를 치를 예정이었다. 민주당에서는 자연스럽게 더글러스가 지명되었다. 그렇다면 공화당에서는 더글러스와 맞설 후보로 누가 지명되었을까? 이름 없는 링컨이었다.

선거 기간 동안, 링컨과 더글러스는 일련의 격렬한 논쟁을 벌였으며, 이 논쟁으로 인해 링컨은 유명해지게 되었다. 두 사람은 하나의 현안을 놓고 논쟁을 벌였고, 그 논쟁이 감정적인 싸움으로 치달으면서 유권자들의 열기도 더해갔다. 미국 역사상 그토록 많은 사람들이 두 사람의 연설을 듣기 위해 몰린 적은 없었다. 그들을 수용할 만한 건물이 없어 오후에 가로수가 있는 거리나 초원에서 집회를 열기도 했다. 기자들은 그들을 쫓아다녔고, 신문들은 연일 선풍적인 인기를 모으고 있는 두 사람의 대결을 보도했으며, 이제 두 사람은 청중을 대변하는 입장이 되었다.

2년 뒤 링컨은 백악관에 입성하게 되는데, 이런 정치적 대결로 말미암아 국민 모두가 링컨을 알게 되었고, 결국 그것이 링컨이 대통령에 당선되는 밑바탕이 되었던 것이다.

링컨은 더글러스와의 정치적 대결이 있기 몇 달 전부터 좋은 생각이 나거나 마음에 드는 구절이 있으면 나뒹구는 종이쪽지―편지 봉투 뒷면이든, 신문지 가장자리든, 종이 봉지든 상관없이―에 그것을 적어 커다란 실크 모자 안에 넣어 어디든지 가지고 다녔다. 그러고는 그것을 종이에 그대로 옮겨 적었는데, 그것을 옮겨 적을 때는 큰 소리로 문장을 읽으며 계속 고쳐나갔다.

어느 날 밤 첫 연설 초안을 최종적으로 완성한 링컨은 절친한 친구들을 국립도서관으로 불렀다. 거기서 문을 걸어 잠그고 그 친구들에게 자신의 연설문을 읽어주면서 링컨은, 단락이 끝날 때마다 멈추는 잘못된 점에 대해서 지적해달라고 부탁했다. 이 초고에는 후에 유명해진 다음과 같은 예언적인 문구가 들어 있었다.

"스스로 분리된 집은 존립할 수 없습니다."

"반쪽은 노예주로 다른 반쪽은 자유주로 남는 상황을 이 정부는 견뎌낼 수 없다고 저는 믿습니다."

"연방이 해체되지 않기를 간절히 바랄 뿐입니다. 집이 무너지고 나눠지지 않기를 간절히 바랄 뿐입니다."

"이제 양자택일을 해야 할 때가 되었습니다."

링컨이 연설문을 읽어 내려가자, 친구들은 아연실색하고 말았다. 연설문이 너무 과격할 뿐만 아니라, '바보 같은 주장'이었기 때문에 오히려 표를 깎아 먹을 것이라고 다들 입을 모았다.

그러나 링컨은 천천히 일어서더니 자신이 주제로 내놓은

열띤 생각들을 말하고, "스스로 분리된 집은 존립할 수 없다."는 말은 모든 인간이 경험한 진리라는 말로 마무리했다.

이 말은 6천 년 동안 진리로 받아들여져 왔습니다. 저는 곤경에 처한 이 시대 사람들을 일깨워줄 보편적이고 간결한 언어를 원합니다. 이제 이 진리를 주장해야 할 때가 왔으며, 저는 저의 주장을 바꾸거나 수정할 생각이 없습니다. 필요하다면, 저는 기꺼이 이 진리와 함께 죽을 것입니다. 만약 이 말로 인해 죽어야만 할 운명이라면, 저는 진리와 함께 죽을 것입니다. 목숨을 바쳐 옳은 것을 주장하겠습니다.

8월 21일, 시카고에서 120킬로미터 떨어진 오타와의 작은 농가 마을에서 링컨과 더글러스의 첫 대결이 펼쳐졌다. 군중들은 전날 밤부터 그 마을로 몰려들기 시작해 여관을 비롯한 민박집까지 가득 메웠고, 말을 대여하는 마구간까지 들어찼으며, 심지어 침략군에 포위되어 있는 마을처럼 멀리 2킬로미터쯤 떨어진 골짜기와 강가의 절벽 위, 낮은 지대 곳곳에서 캠프파이어를 하는 사람들도 있었다.

아침이 되자 사람들은 다시 밀물처럼 밀려 들어왔다. 일리노이의 초원 위로 떠오른 태양은 마차와 보행자, 말 위에 앉아 있는 사람들로 가득 메워진 시골 길을 비추었다. 날은 뜨거웠고 건조하기까지 했다. 자욱한 흙먼지 바람이 일어 옥수수 밭과 초원에 내려앉았다.

정오에는 시카고에서 출발했던 17량짜리 특별열차가 도착했는데, 이 기차에는 좌석이 없어 사람들이 통로를 가득 채우고 있었고 심지어 열렬한 승객들이 지붕에까지 올라타 있었다.

60킬로미터 정도의 거리에 있는 모든 마을에서 사람들이 악단을 이끌고 왔다. 악단이 드럼을 치고 나팔을 불었으며, 행진하는 의용군들의 발소리도 들렸다. 돌팔이 의사들은 공짜 뱀 공연을 하며 진통제를 팔았고, 요술사들과 곡예사들은 홀 앞에서 공연을 펼쳤으며, 거지들과 창녀들은 자리를 잡고 앉았다. 폭죽이 터지고 총포도 울리자 말들이 놀라 뒷걸음치며 달아났다.

몇몇 마을에서는 여섯 말의 백마가 끄는 마차에 더글러스를 태워 여기저기 다녔으며, 우렁찬 환성을 지르는 갈채 소리가 계속 터졌다.

반면 이와는 달리 링컨의 지지자들은 과시하고 기품을 떠는 더글러스가 보란 듯이 하얀 노새가 끄는 낡은 수레에 링컨을 태우고 다녔다. 그리고 32명의 소녀를 태운 수레가 따라갔다. 소녀들은 옷에 각 주의 이름과 그 위에 "제국의 별은 서쪽으로 저물어간다. 소녀들은 자신들의 어머니가 클레이를 따랐듯이 링컨을 따른다."는 대형 문구를 붙이고 있었다.

연설을 시작하기 30분 전부터 링컨과 더글러스, 행사 위원들, 그리고 기자들은 운집해 있는 군중들 틈을 밀치고 들어가 연단에 오를 준비를 하고 있었다.

타오르는 태양을 나무로 세운 천막이 막아주고 있었다. 수많은 사람들이 천막으로 올라가자, 그 무게로 인해 무너져서 널빤지가 더글러스의 위원단들 쪽으로 굴러 떨어졌다.

링컨과 더글러스는 거의 모든 면에서 확실히 달랐다. 더글러스는 160센티미터의 단신인 데 비해, 링컨은 190센티미터의 장신이었다. 링컨은 가냘픈 테너 목소리를 지녔는데, 더글러스는 풍부한 바리톤 목소리를 지녔다. 더글러스는 우아하고 사근사근했지만 링컨은 볼품없고 어설펐다. 더글러스는 대중의 우상이 될 만한 매력을 지니고 있었던 반면, 창백하고 주름진 얼굴의 링컨은 우울함이 배어 있어서 신체적 매력이라고는 눈곱만큼도 없었다.

또 더글러스는 남부의 부농다운 차림의 주름 장식이 있는 셔츠에 감청색 코트와 하얀 바지, 그리고 차양이 넓은 하얀 모자를 쓰고 있었지만, 링컨의 낡은 검은 코트는 너무 짧았고, 헐렁한 바지 또한 아주 짧았으며, 우뚝한 실크 모자는 빛이 바래고 지저분해, 촌스럽고 우스꽝스러운 모습이었다.

하지만 더글러스는 유머 감각이 전혀 없는 데 반해, 링컨은 당대 최고의 이야기꾼이었다.

더글러스는 어디서나 같은 말을 되풀이했지만, 링컨은 논제가 나오면 끊임없이 숙고한 끝에 그전에 나누었던 이야기를 새로운 말로 쉽게 연설을 했다.

더글러스는 허영심이 강하고 허세와 허풍 떨기를 좋아했다. 그는 깃발로 수놓은 특별열차를 타고 다니며, 그 열차 뒤편의 유개화차에 놋쇠 빛의 대포를 준비해놓고 역에 도착할 때마다 축포로 권세 있는 자신이 왔다고 사람들에게 선전포고를 했다.

이에 반해 이른바 '시끌벅적한 풍악 소리'를 내거나 '불꽃놀이' 같은 것을 몹시 싫어한 링컨은 보통열차나 화물열차를 이용했으며, 낡은 손가방과 손잡이가 떨어져나가 갑자기 펴지지 않도록 중간에 끈으로 묶은 녹색 면직 우산을 들고 다녔다.

더글러스는 기회주의자였다. 링컨이 말한 것처럼, 그는 '확고한 정치적 신념'이 없었다. 이기는 것, 오직 그것만이 목표였다. 하지만 대의를 위해 싸우기로 한 링컨에게는, 궁극에 가서 정의와 자비가 승리하기만 한다면, 지금 당장 이기는 것이 그에게는 조금도 중요하지 않았다. 링컨은 사람들 앞에서 다음과 같이 말했다.

저에게서 나온 원대한 꿈은, 하느님만이 제가 이 격전이 있기 훨씬 전부터 얼마나 진실하게 기도했는지 알고 계십니다. 저 역시 정치적 명예에 관심이 없지 않습니다. 하지만 미주리 타협안이 다시 복구될 수 있다면, 따라서 노예제 문제가 이전의 '관용'의 기반 위에서 필요한 곳에서만 시행될 수 있다면, 비록 노예제 확산을 줄기차게 반대하는 저이지만 원칙적으로는 더글러스가 해임되어서는 안 된다고 생각하며, 우리 둘 다 사는 동안, 제가 상원 의원에 당선되는 것도 바라지 않습니다.

사실 누가 상원 의원에 선출되느냐는 크게 중요하지 않습니다. 지금 우리가 여러분에게 내놓은 이 중요한 문제는 사사로운 개인의 이익이나 정치적 이해관계를 완전히 뛰어넘는 것으로, 더글러스와 저의 부족하고 약하며 우물우물하는 이 혀가 무덤에서 침묵할 때도 이 문제는 살아 숨 쉬며 불타오를 것입니다.

논쟁이 계속되는 동안에 더글러스는 다수의 주민이 투표에 찬성표를 던진다면, 언제든지 어느 주 어느 장소를 막론하고 당연히 노예제가 유지될 권리가 있다고 주장했다. 그러면서 그는 노예제가 폐지되든 유지되든 신경 쓰지 않겠다고 했다.

그는 '주는 자기 주만 신경 쓰면 될 뿐 다른 주에 대해서는 신경 쓰지 말라'는 유명한 슬로건을 내걸었다.

링컨은 이 같은 더글러스의 주장에 대해 분명한 반대 입장을 취하며 다음과 같이 말했다.

이 논쟁의 초점은 노예제에 대한 더글러스의 생각이 맞고, 제 생각이 틀렸는가 하는 데 있습니다. 그의 주장은 어떤 사회든 그 사회가 노예를 원한다면 그들에게 노예제가 유지될 권리가 있다는 것입니다. 그 주장이 맞는다면 어떤 사회든 노예제를 도입해야 할 것입니다. 하지만 그 주장이 잘못된 것이라면 그는 우리가 잘못을 행할 권리를 가지고 있다고 말해서는 안 됩니다.

그는 어떤 주가 노예주가 되든 자유주가 되든 그것은 이웃이 농장에 담배를 심든 혹은 뿔난 소를 사든 상관하지 않겠다고 합니다. 그러나 많은 사람들은 그와 다른 생각을 가지고 있습니다. 즉, 아주 많은 사람들은 노예제를 도덕적으로 대단히 잘못된 것이라고 생각하고 있습니다.

더글러스는 미국 전역을 돌아다니면서, 링컨이 흑인들도 사회적으로 평등하게 살아야 한다고 주장하고 다닌다며 여러 번 비판했다. 이에 대해 링컨은 이렇게 반격을 가했다.

더글러스의 말은 일고의 가치도 없는 주장입니다. 다만 제가 흑인들을 위해 사람들에게 부탁하는 내용은, 만약 흑인을 좋아하지 않는다면 그냥 내버려두라는 것입니다. 만일 신이 흑인들에게 작은 권리를 주었다면, 그들이 그것을 누리도록 합시다. 그들은 여러 면에서 저희와 다릅니다. 하지만 그들 역시 '삶과 자유, 그리고 행복을 추구할' 권리를 가지고 있으며, 그들 손으로 번 음식을 입에 넣을 권리가 있을 뿐 아니라, 그들은 더글러스를 비롯한 생명이 있는 모든 사람들과 동등한 존재입니다.

논쟁이 계속됨에 따라 더글러스는 링컨이 백인들을 '흑인과 포옹하고 결혼시키려' 하고 있다고 비난하기도 했다. 이에 대해서도 링컨은 강하게 반박했다.

저는 흑인 여성을 노예로 삼은 적도, 아내로 맞이한 적도 없다는 것을 말씀드립니다. 저는 지금까지 15년간의 결혼 생활을 하면서 흑인 여성을 노예나 아내로 맞이한 적이 없습니다. 백인 남성은 백인 여성과 결혼하면 되는 것이고, 흑인 남성은 흑인 여성과 결혼하면 되는 것입니다. 아무튼 흑인들이 그렇게 결혼하도록 하면 되는 것입니다.

더글러스는 이 문제에 대해 얼버무리며 덮으려 했다. 링컨은 그의 주장이 '굶어 죽은 비둘기 고기를 아주 조금 끓여 만든 스프'처럼 실질적인 내용이 없다고 쏘아붙였다. 또한 더글러스가 '마로니에 나무(horse-chestnut)가 밤색의(chestnut) 말(horse)이 될 수 있는지를 증명하려는 사람처럼 말을 그럴듯하고 멋지게 배열해' 쓰고 있다고 꼬집었다.

그러면서 링컨은 "논쟁할 가치가 없는 말에 일일이 대꾸한다는 것은 정말이지 바보 같은 짓이다."라고 했다.

더글러스는 그것은 사실이 아니라고 말하면서, 자신은 그렇지 않으며 따라서 링컨의 말도 거짓이라고 주장했다. 그러자 링컨은 다음과 같이 응수했다.

만약 어떤 사람이 2 더하기 2가 4가 아니라고 줄기차게 주장한다면, 저는 그 사람을 멈추게 할 수 있는 방법을 알지 못합니다. 저는 지적인 말장난이나 늘어놓는 논쟁을 벌일 수는 없으며, 실제로 그의 입을 닫게 할 수도 없습니다. 저는 더글러스를 거짓말쟁이라고 말하고 싶지 않습니다. 하지만 그와 맞설 상황이 온다면, 그를 어떻게 불러야 할지 저는 모르겠습니다.

날이 갈수록 두 사람의 난타전은 치열해졌다. 링컨은 고삐를 늦추지 않고 더글러스를 공격했지만, 또 다른 싸움이 고개를 들었다. 더글러스를 거짓말쟁이라고 말하는 리먼 트럼불은 더글러스를 '최고로 지독하고 파렴치한 사람'이라고 했다. 유명한 흑인 연설가인 프레더릭 더글러스는 일리노이로 가서 공격에 가세했다. 뷰캐넌을 지지하는 민주당원들은 더글러스를 비난하여 사태는 점점 치열해졌다. 열렬한 독일계 미국인 개혁가 카를 슈르츠(독일에서 태어나 미국에서 활동한 정치가 겸 언론인-옮긴이)는 외국인 투표에 앞서 더글러스를 기소했다. 공화 신문은 센세이셔널한 표제로 더글러스를 날조자로 낙인찍었다.

당을 분당시켜놓고, 모든 면에서 괴로웠던 더글러스는 대적을 상대로 싸우고 있었다. 절망에 빠진 더글러스는 친구 워서 F. 린더에게 "악마들이 나를 쫓고 있어. 린더, 제발

와서 나를 도와 그들과 싸워주게나." 하고 전보를 치기도 했다.

전신 기사가 복사된 전보를 공화당원들에게 팔아넘겨 신문들의 헤드라인을 장식하기도 했다. 더글러스의 적들은 기뻐서 비명을 내질렀고, 그 전보를 받은 사람은 더글러스가 살아 있는 내내 '오, 제발 린더'라고 불리게 되었다.

선거 당일 밤, 링컨은 전신국에서 자신이 패배했다는 개표 결과를 보고 나서 집으로 향했다. 날이 어두워지면서 추적추적 비가 내렸고 음울했다. 그리고 집으로 가는 보도는 닳아서 미끄러웠다. 링컨은 갑자기 중심을 잃고 미끄러졌으나 이내 균형을 잡았다. 그러고는 '넘어진 것이 아니라 미끄러졌을 뿐이야.'라고 혼잣말을 했다.

그 일이 있고 얼마 지나지 않아 링컨은 일리노이 주 신문에 실린 자신에 관한 기사를 읽었다.

에이브 링컨 씨는 일리노이 주에서 출마했던 정치인 가운데 분명 가장 불운한 사람이라 할 수 있다. 정치와 관련된 일에는 어떤 것이든지 실패할 운명을 가지고 있는 사람처럼 보인다. 그는 보통 사람 같으면 완전히 몰락해버리고 말았을 정치적 실패를 번번이 겪고 있다.

더글러스와의 논쟁을 벌이는 과정에서 자신의 연설을 듣기 위해 몰려든 사람들을 떠올리며 링컨은 강연을 통해 어느 정도 돈을 벌 수 있지 않을까 하는 생각을 했다. 이에 링컨은 블루밍턴에 건물을 빌려 표 파는 아가씨까지 문 앞에 세워두고 '발견과 발명'이라는 제목의 강연을 준비했다. 하지만 강연을 들으러 온 사람은 단 한 사람도 없었다. 단 한 명도!

그래서 링컨은 다시 벽에는 여기저기 잉크 얼룩이 묻어 있고 책장에는 씨앗들이 먼지 속에 싹이 터 자라고 있는 지저분한 사무실로 돌아왔다.

그때쯤에는 돌아올 수밖에 없는 처지였다. 왜냐하면 그는 6개월 동안 변호 일을 하지 않아서 소득이 없었던 것이다. 이젠 돈도 완전히 바닥나버려, 수중에는 정육점과 식료품점에서 먹을 것을 살 돈도 충분치 않았다.

생계를 이을 방법을 찾지 못한 그는 또 덜컹거리는 마차에 올드 벅을 매달고 다시 순회 재판을 돌아다니는 신세가 되었다.

11월이었는데도 갑자기 한파가 몰아쳤다. 기러기들이 멀리 잿빛 하늘을 배경으로 시끄럽게 울면서 남쪽으로 날아가고 있었다. 토끼들이 갑작스럽게 뛰어다니고, 멀리 숲 속 어던가에는 늑대가 울부짖고 있었다. 하지만 마차 위에서 비탄에 잠겨 있던 링컨에게는 자신의 주위에서 일어나고 있는 것이 보이지 않고 들리지 않았다. 시간이 흐를수록 그는 턱을 가슴에 묻고 생각에 잠긴 채 절망감에 빠져 들어갔다.

공화당 대통령 후보에 뽑힌 링컨

⚜ 7 ⚜

당시 누구나 공화당 대통령 후보로 생각했던 윌리엄 H. 수어드를 물리치고 링컨이 대통령 후보로 지명되었다. 19년의 참담한 실패 끝에, 링컨은 자신도 정신 차리기 어려울 정도로 극적인 성공을 거두었다.

새로 전열을 가다듬은 공화당은 1860년 봄, 시카고에서 대통령 후보 지명을 위한 전당대회를 개최했다. 당시 에이브러햄 링컨이 대통령 후보로 지명되리라고 생각한 사람은 거의 없었다. 사실 전당대회가 있기 얼마 전에도 링컨은 한 신문 편집인에게 "솔직히 말해서 저는 대통령에는 맞지 않습니다."라는 내용의 편지를 보냈다.

1860년 당시에는 누구나 후보의 영광이 뉴욕 출신에 미남형 외모를 한 윌리엄 H. 수어드에게 돌아갈 것이라고 생각했다. 이에 대해 의심할 여지는 없었을 것이다. 왜냐하면 기차를 타고 시카고로 가던 대의원들이 비공식 투표를 했는데, 다른 후보의 표를 모두 합친 수의 2배에 가까운 표를 수어드가 얻었기 때문이다. 그 기차를 탄 사람들 중에서 에이브러햄 링컨에게 표를 던진 사람은 단 한 명도 없었다. 아마 일부 대의원들은 링컨이 후보로 나왔다는 사실조차도 몰랐을 것이다.

전당대회는 수어드의 59번째 생일날에 열렸다. 얼마나 안성맞춤인가! 그는 자신의 생일 선물로 후보 지명을 받을 것이라고 철석같이 믿고 있었다. 자신만만한 나머지 그는 동료 상원 의원들에게 고별인사를 하고, 절친한 친구들을 뉴욕 오번에 있는 자신의 집으로 초대해 축하 파티를 거대하게 열었다. 기쁜 소식을 마을에 알리기 위해 자신의 정원에 빌려다놓기까지 한 대포에 장전을 해놓고 축포를 쏘기만 하면 되었다.

목요일 밤에 전당대회가 열려 투표를 했다면 축포가 발사되고, 미국의 역사는 달라졌을 것이다. 하지만 투표는 인쇄업자가 투표용지를 가져와야 할 수 있었다. 그런데 아마도 그 인쇄업자가 전당대회 장소로 오는 도중 맥주를 한 잔 걸쳤으리라. 어찌됐건 그는 지체했고, 결국 전당대회 밤을 그저 앉아서 기다리는 수밖에 없었다.

실내는 모기들로 득실거렸고, 덥고 숨이 막힐 지경이었다. 게다가 대의원들은 배고픔과 갈증에 시달렸다. 그때 한 사람이 휴회하고 다음 날 아침 10시에 다시 모이는 게 어떻 겠느냐고 제안했다. 투표를 연기하자는 제안은 언제나 적법 하다. 그 제안은 다른 모든 제안에 우선했고 항상 거의 좋은 반응이어서, 이 제안은 열정적으로 환호를 받았다.

그로부터 17시간이 지나 전당대회가 다시 소집되었다. 결코 길다고 할 수 없는 시간이었지만 수어드 후보가 지명 에서 떨어지고 링컨이 대통령 후보로 지명되기에는 충분한 시간이었다.

수어드의 몰락은 사실 호러스 그릴리 때문이었다. 그는 머리가 멜론처럼 둥글고, 머리카락은 색소결핍증에 걸린 사람처럼 희고 가늘었으며, 그로테스크한 얼굴에다 비뚤어 진 나비넥타이를 왼쪽 귀밑에 대충 매단 옷차림을 하고 있 었다.

물론 그릴리조차 링컨을 후보로 지지하지는 않았다. 하지 만 그는 윌리엄 H. 수어드와 수어드의 매니저인 설로 위드 에게 앙갚음을 하기로 마음 깊이 작정하고 있었다.

사연인즉 다음과 같았다. 그릴리는 14년간 수어드를 뉴욕 주지사와 연방 의원까지 만드는 데 이들 옆에서 헌신을 다해 도왔다. 그는 위드를 힘껏 보좌하며 수어드가 이 나라 의 정치 지도자가 되도록 했다.

그렇다면 그릴리가 이 모든 노력과 투쟁에서 얻은 것은 무엇일까? 얻은 것이라곤 무시당하는 일 말고는 거의 없었다. 그는 주의 인쇄 담당관이 되기를 원했다. 그런데 위드가 자기 대신 그 자리를 차지하고 말았다. 뉴욕의 우체국장으로 지명되기를 갈망했지만, 위드는 그를 추천하는 말조차 꺼내지 않았다. 주지사가 되기를 소망했지만, 부지사도 되지 못했으며, 위드는 '안 된다'고 말했을 뿐 아니라 상처와 괴로움을 주는 말까지 했던 것이다.

마침내 더 이상 참지 못한 그릴리는 수어드에게 가시 돋친 장문의 편지를 보냈다. 내용은 이 책 7쪽을 채울 정도의 분량으로, 문장마다 신랄함이 절절이 배어 있었다.

그렇게 열띤 편지는 1854년 11월 토요일 밤에 쓰였다. …… 그리고 지금은 1860년이며, 그릴리는 장장 6년에 걸쳐 복수의 칼을 갈고 있었던 것이다. 마침내 대통령 후보 지명 전당대회가 열렸고, 그 기회를 최대한 잘 이용했다. 전날 밤 그는 전혀 잠을 자지 않았다. 시카고에서 공화당 후보 전당대회가 휴회에 들어간 그 운명적인 목요일 밤, 그는 해가 지고 동이 틀 때까지 대의원들을 바삐 쫓아다니며 설득과 논쟁을 했고, 때로는 간청을 하기도 했다. 그가 소유하고 있는 〈뉴욕 트리뷴〉은 북부 지역에 많은 독자를 가지고 있었고, 어떤 신문보다도 여론에 지대한 영향력을 미쳤다. 유명 인사인 그가 나타나면 대의원들은 목소리를 죽이고 예를 갖춰 그의 말을 경청했다.

그는 온갖 논리적 근거를 대며 수어드를 비난했다. 예를 들면, 수어드가 프리메이슨 교단을 거듭 비난했다는 사실을 지적했다. 수어드가 1830년에 프리메이슨 반대를 내걸고서 상원 의원에 선출됨으로써 지속적으로 광범위한 분노를 불러일으켰다는 것이다.

그 후 뉴욕 주지사가 된 수어드는 공립초등학교 기금 마련과 외국인들과 가톨릭을 위한 분리 학교 설립 반대를 지지하여, 또다시 엄청나게 지긋지긋한 맹공격을 받았다.

그릴리는 예전에 강력한 부지당(不知黨, Know-Nothing Party)을 조직한 사람들이 수어드를 격렬하게 반대했으며, 그를 좋아하는 사냥개만 찬성표를 던졌다고 설명했다.

또한 그게 전부가 아니었다. 그릴리는 그 교활한 선동가가 너무나 과격해서 그의 '잔인한 계획'과 더불어 경계주들이 두려워하는 헌법보다도 더 상위의 법에 대해 떠벌림으로써, 그 주들이 그에게 등을 돌렸다는 사실을 지적했다.

나아가 그릴리는 이렇게 약속했다. "여러분께 이 주들의 주지사 후보들을 데려와서 제 말이 옳다는 것을 확인시켜

드리겠습니다." 그릴리가 정말로 그렇게 하자, 공화당원들의 격한 감정은 한층 강해졌다.

펜실베이니아와 인디애나의 주지사 후보들이 나와서 손을 불끈 쥐고 눈빛을 이글거리며, 수어드를 대통령 후보로 정하면 자신들의 주에서 참패를 피할 수 없다고 말했다. 공화당원들은 대선 승리를 위해서는 그 두 주에서 이겨야 한다고 여겼다.

이렇게 해서 갑자기 수어드를 향해 흐르던 거센 물결이 빠져나가기 시작했다. 이때다 싶어 링컨의 지지자들은 링컨에게 힘을 몰아주자며 수어드를 반대하는 대의원들을 여기저기 바삐 찾아다니며 설득했다. 그들은 민주당에서는 당연히 더글러스가 공천될 것이며, 더글러스에게 대적할 준비가 된 사람은 링컨밖에 없다고 주장했다. 사실 링컨은 더글러스와 싸워본 적이 있었고, 켄터키 출신이므로 사람을 잘 믿으려하지 않는 경계주들로부터 표를 얻을 가능성도 있었다. 또한 나무를 패고 잔디를 깎는 등 자신의 길을 개척해왔기 때문에 서민들을 충분히 이해할 수 있는 노스웨스트 지역에서 원하는 사람이기도 했다.

그런데 이런 주장이 큰 공감을 얻지 못하자, 링컨 측은 이번에는 방향을 바꿔 접근하기 시작했다. 그들은 갈렙 B. 스미스를 각료로 선출하겠다고 약속해 인디애나 주 대의원들을 설득했고, 시므온 카메론을 요직에 기용하겠다고 하여 펜실베이니아 주에서 56표를 얻어냈다.

금요일 아침에 투표가 시작되었다. 흥분한 4만 명의 사람들이 시카고로 몰려왔다. 그중 1만 명 정도가 전당대회 장소로 밀고 들어왔고, 나머지 3만 명은 거리를 꽉 메웠다. 법석대는 군중들이 거리 여기저기에 있었다.

첫 번째 선거구에서는 수어드가 이겼고, 두 번째 선거구인 펜실베이니아에서는 링컨이 25표를 얻어 기회가 오기 시작했다. 세 번째 선거구도 거의 링컨에게 표가 몰렸다.

실내에 있는 1만 명에 이르는 사람들은 흥분을 감추지 못한 채 열광했고, 의자 위로 올라가 소리를 지르고 모자를 던지며 환호성을 질렀다. 지붕에서는 대포를 쏘고, 거리에는 3만 명에 이르는 사람들이 소리를 질렀다.

사람들은 서로 부둥켜 안고 기뻐서 껑충껑충 뛰었으며, 눈물을 흘리다가 웃기도 하다가 비명을 내지르기도 했다.

트레몬트 하우스(근대 호텔 산업의 원조라고 불리는 미국의 호텔-옮긴이)에서 백 개의 총이 일제히 총성을 냈고, 동시에 천 개의 종이 울렸다. 그날 하루 동안 기차와 증기선, 그리고 공장에서 경적이 울렸다. 흥분은 24시간 동안 계속되었다.

〈시카고 트리뷴〉은 이때의 광경을 보고 "예리코 성이 함락된 이후 그토록 커다란 함성은 없었다(여호수아 6장 20절의 '제사장들은 나팔을 불매 백성이 나팔 소리를 들을 때에 크게 소리 질러 외치니 성벽이 무너져 내린지라'의 상황을 인용한 것임-옮긴이)."라고 보도했다.

기쁨의 도가니에서 호러스 그릴리는 '킹메이커'였던 설로 위드가 쓰라린 눈물을 흘리고 있는 것을 보았다. 마침내 그릴리는 자신의 강적에게 복수를 한 것이었다.

한편, 스프링필드에서는 어떤 일이 벌어지고 있었을까? 링컨은 그날 아침, 여느 때와 마찬가지로 사무실에 출근하여 업무를 보려 했다. 하지만 초조한 마음에 집중이 되자 않아 서류를 옆으로 밀어놓고, 밖으로 나가 잠시 가게 뒤편에서 공놀이를 한 다음 당구를 한두 게임 했다. 그리고 소식을 알아보고 위해 〈스프링필드 저널〉로 갔다. 전신국이 바로 그 뒤에 있었기 때문이다. 링컨은 커다란 의자에 앉아서 두 번째 선거구 상황을 훑어보고 있었다. 그때 링컨의 모습을 본 교환원이 달려 내려오더니 "링컨 씨, 공천을 축하드립니다. 공천을 축하드립니다."라고 크게 소리를 질렀다.

링컨의 아랫입술이 경미하게 떨렸고 얼굴이 붉어졌다. 그는 잠시 숨을 쉴 수가 없었다. 그때가 그의 인생에서 가장 극적인 순간이었다. 19년의 참담한 실패 끝에, 그는 자기 자신도 정신 차리기 어려울 정도로 극적인 성공을 거두었던 것이다.

사람들은 거리로 뛰쳐나와 링컨의 대통령 후보 지명을 알리는 소리를 질렀다. 스프링필드 시장은 100발의 축포를 쏘라고 명령을 내렸다. 많은 친구들이 링컨에게 달려와 웃음 반, 울음 반 섞인 모습으로 링컨의 손을 잡고 모자를 던지며 몹시 흥분에 겨운 나머지, 소리를 질러댔다.

"잠깐만, 이 소식을 듣고 싶어하는 8번가에 사는 여성이 있어서." 하며 링컨이 말했다. 그러고는 옷자락이 날리도록 내달렸다.

스프링필드의 거리는 그날 밤새 불꽃놀이로 대낮같이 밝았으며 술집 역시 밤새도록 영업을 했다.

오래지 않아 미국 인구의 절반이 다음과 같은 노래를 불렀다.

> 나이 먹은 에이브 링컨은 깡촌에서 왔다네.
> 깡촌에서 왔다네, 깡촌에서 왔다네.
> 나이 먹은 에이브 링컨은 일리노이 주
> 깡촌에서 왔다네.

대통령에 당선된 링컨

～ 8 ～

링컨은 세 명으로 분열된 민주당의 후보들과 맞서 대통령에
당선되었다. 하지만 그것은 그가 받은 전체 2백만 표 중에
남부에서 얻은 표는 고작 2만 4천 표에 그친, 절반의 승리였다.

스티븐 A. 더글러스는 링컨을 백악관으로 보낸 장본인이다. 왜냐하면 더글러스는 민주당을 분열시켜 선거에서 한 명이 아닌 세 명의 후보가 링컨을 상대로 싸우게 했기 때문이다.

민주당이 절망적인 상황으로 분열되자, 링컨은 선거 초반부터 자신이 승리할 것임을 알아차렸다. 하지만 그는 자신의 텃밭에서 승리를 못할 수도 있다는 생각이 들었다. 그러자 대책 위원회는 스프링필드 사람들의 투표 성향을 알아내기 위해 집집마다 찾아다니며 여론조사를 실시했다. 여론조사의 결과를 보고 링컨은 깜짝 놀랐다. 23명의 목사들과 신학생들 중 3명을 제외하고는 모두 자신을 반대하고 있었으며, 이들의 열렬한 추종자들도 마찬가지였다.

그러자 링컨은 다음과 같이 신랄하게 말했다.

"그들은 거짓으로 성경을 믿고 신을 경외한다고 말하는 크리스천들입니다. 그들은 투표를 통해 노예제가 폐지되든 존속되든 자기들은 개의치 않는다는 점을 드러내고 있습니다. 하지만 저는 하느님이 보살피고 있고 사람들이 염려하고 있음을 압니다. 그런데 그들이 노예제에 관심을 갖고 있지 않다면, 그들은 확실히 성경을 읽지 않고 있다는 것입니다."

한편 링컨의 아버지 쪽 친척 모두와 어머니 쪽 친척 중에서 한 명만 빼고는 링컨에게 투표하지 않은 것도 놀라운 일이었다. 그 이유는 그들이 민주당원이었기 때문이다.

링컨은 적은 표를 얻고도 대통령에 당선되었다. 다른 대통령 후보들이 모두 합쳐 대략 3표씩 얻을 때 그는 2표씩 얻는 비율이었다. 또한 그는 부분적인 승리를 거두었다. 왜냐하면 그가 얻은 전체 2백만 표 가운데 남부에서 얻은 표는 고작 2만 4천 표뿐이었으니 말이다. 만약 20표 당 1표의 결과만 바뀌었어도 노스웨스트 지역이 더글러스에게 넘어갔을 것이고, 그러면 선거는 하원이 맡게 되어 남부가 승리하게 되었을 것이다.

남부의 9개 주는 공화당에 표를 던지지 않았다. 추측해보건대, 앨라배마, 아칸소, 플로리다, 조지아, 루이지애나, 미시시피, 노스캐롤라이나, 테네시 그리고 텍사스 주 전체가 에이브러햄 링컨에게 표를 던진 사람이 아무도 없었다는 것이다. 이것은 불길한 징조였다.

링컨의 당선 후 바로 일어난 일을 보면, 허리케인처럼 잠시 북부에서 사납게 맹위를 떨쳤던 사건이 생각난다. 30년 동안 노예제 철폐에 대해 대단히 열성적이었던 광신자들은 전쟁을 준비해왔다. 계속해서 비난 섞인 팸플릿과 책자들이 쏟아져 나왔고, 돈을 받고 활동하는 강사들이 북부에 있는 마을과 촌락들을 다니며, 입어서 해진 노예들의 누덕누덕 기운 지저분한 옷과 쇠스랑을 보여주고, 피투성이가 된 채찍과 대못으로 만든 목걸이와 고문할 때 쓰던 기구들을 보여주었다. 달아난 노예들은 마을을 돌아다니며 그들이 겪었던 잔악무도한 행위를 격앙된 목소리로 들려주었다.

1839년 미국 노예제 반대 협회는 '1천 명의 목격자가 증언한 미국 노예제'라는 제목의 선전물을 내놓았다. 이 책자에서 목격자들은 자신이 본 잔악한 행위들을 구체적인 사례를 들어가며 말했다. 노예들의 손이 끓는 물에 집어넣어지고, 벌겋게 달구어진 쇠로 지져졌으며, 이가 두들겨 깨졌고, 칼에 찔렸으며, 맹견들에 의해 살가죽이 찢겼고, 죽을 때까지 매질을 당했으며, 생명의 위협을 느끼도록 살갗이 태워졌다는 것이다. 어머니들은 비명 속에 영원히 자식들이 노예 우리의 경매대로 팔려나가는 것을 보아야 했다. 흑인 여성들은 자식을 더 많이 낳지 않는다고 매질당했으며, 완력이 있는 힘센 백인 남성들은 25달러를 주고 흑인 여성과 잠자리를 했고, 거기서 태어난 혼혈아, 특히 여자 아이는 더 많은 돈에 팔려나갔다.

노예 해방론자들이 가장 격하게 흥분하면서 걸핏하면 들고 나오는 비난 거리는 백인과 흑인의 성교 문제였다. 남부 사람들은 '주체하지 못하는 욕정'으로 인해 고발되기도 했다.

웬들 필립스는 '남부에서 50만 명의 여성들이 매춘으로 매질당할 경우 제일 많을 곳이 갈보 집'이라고 말했다.

지금은 이런 외설스러운 이야기들이 너무도 불쾌감을 주어 다시 언급하기가 뭣하지만, 그 당시에는 노예제를 철폐하자는 선전물에 그런 것들이 실리기도 했다. 노예제를 지지하는 사람들은 자신이 낳은 혼혈아 딸을 폭행하고, 다른 남자의 여주인에게 팔다가 고발되기도 했다.

스티븐 S. 포스터는 남부의 감리교회가 매질이 무서워서 어쩔 수 없이 부도덕한 삶을 살고 있는 5만 명의 흑인 여성들을 소유하고 있으며, 그 지역의 감리교 목사들이 노예제를 지지하는 유일한 이유는 그들 스스로가 첩을 원하고 있기 때문이라고 공언했다.

1850년, 링컨 자신도 더글러스와의 논쟁에서 미국에는 40만 5751명의 혼혈아들이 있다고 했으며, 거의 모두가 흑인 노예와 백인 주인에 의해서 태어난 사람들이라고 말했다.

헌법은 노예 소유주들의 권리를 보호하고 있었기에, 노예 해방론자들은 그 권리를 '죽음과 체결한 계약이자 지옥과 맺은 계약'이라고 비난했다.

모든 노예해방 문학의 한 정점으로서, 매우 가난한 신학과 교수의 부인이 자신의 식탁에서 『톰 아저씨의 오두막(Uncle Tom's Cabin)』이라는 책을 썼다. 비록 울면서 썼지만, 그녀는 자신의 이야기를 흥분하며 토로했다. 그녀는 하느님이 그 책을 썼다고 말했다. 그 책은 노예들의 비극적인 이야기를 드라마틱하고 현실적으로 담아냈다. 『톰 아저씨의 오두막』은 수많은 노예들의 심금을 울렸고, 엄청난 판매량을 기록해 지금까지의 소설 중 가장 큰 영향력을 미친 책이다.

링컨은 작가 해리엇 비처 스토를 소개 받았을 때, 그녀를 가리켜 '큰 전쟁을 시작한 작은 여인'이라고 말했다.

그렇다면 이처럼 선의로 행했지만 열광적이었던, 북부의 노예 해방론자들에 의해 벌어진 과장된 운동의 결과가 어떠했을까? 남부 사람이 잘못했다고 시인을 했을까? 전혀 그렇지 않았다.

그 결과는 예상되었던 대로였다. 노예 해방론자들에 의해 촉발된 미움은, 미움이 언제나 그렇듯, 또다시 미움을 낳았다. 이로 인해 남부는 무례하고 간섭하기 좋아하는 북부와 결별하기를 원했다. 정치적 갈등과 감정적인 대응의 분위기 속에서 진실은 좀체 드러나지 못했고, 남부와 북부의 경계선 양쪽에서는 비극적인 실수가 점점 커져서 참혹한 전쟁으로 이어지게 되었다.

1860년 '흑인 공화당원'들이 링컨을 선출했을 때, 남부 사람들은 노예제는 운이 다했다는 것을 확신했으며, 곧바로 노예제 폐지와 연방 탈퇴 중에 하나를 선택해야만 했다. 탈퇴하지 못할 까닭이 무엇이란 말인가? 그들에게 그럴 권리가 없단 말인가?

그 질문은 반세기 동안 뜨거운 논쟁거리였으며, 몇 개 주는 한때 연방을 탈퇴하겠다고 했다. 따라서 1812년에 있었던 전쟁 기간 동안 뉴잉글랜드 주는 독립된 국가를 조직하는 것에 대해 아주 진지하게 이야기했으며, 코네티컷 주 의회는 '코네티컷 주는 자유주이며 자주독립 주'임을 선언하는 결의안을 통과시켰다.

링컨 자신도 한때는 탈퇴를 옳은 것으로 생각하고 있었

다. 그는 의회 연설에서 다음과 같이 말했다.

하고자 하는 의욕과 능력을 가지고 있는 사람은 누구든 현 정부의 제안을 소리 높여 외치며 거부할 권리와 더 좋은 것을 만들 권리가 있습니다. 그것은 대단히 소중하고 성스러운 권리로 세상을 자유롭게 해야 하는 우리가 희망하고 믿는 권리입니다.

현 정부의 모든 국민이 권리를 행사하려고 할 때 그 어떤 것도 그것을 제한할 권리가 없습니다. 그런 국민 중 일부는 혁명을 일으킬 수 있고, 일으킬지도 모르며, 그들이 살 만큼의 영토를 만들 수도 있고, 만들지도 모릅니다.

1848년 링컨은 이와 같이 말했지만, 1860년에는 상황이 달라졌다. 하지만 남부 사람들은 그렇게 믿고, 링컨이 대통령에 당선된 지 6주 후에 사우스캐롤라이나는 탈퇴를 선언하는 성명서를 발표했다. 찰스턴은 이 새로운 독립선언문을 축하하며 군악대가 연주하는 가운데 폭죽을 쏘며 기뻐서 거리를 뛰어다녔다. 여섯 개의 다른 주들도 재빨리 뒤를 이어 탈퇴했다. 링컨이 스프링필드를 떠나 워싱턴으로 가기 이틀 전에 제퍼슨 데이비스가 남부 연합 정부의 새 대통령으로 선출되었는데, 이른바 '위대한 진실…… 노예제는 흑인들의 자연적이며 정상적인 신분'이라는 말을 만들어냈다.

곳곳이 불신으로 차 있는 뷰캐넌의 개방적인 내각은 이런 모든 것을 전혀 막지 못했다. 그래서 링컨은 어쩔 수 없이 스프링필드에서 3개월 동안 앉아서 몰락 직전에 연방이 해체되고 공화국이 비틀거리는 것을 지켜보아야 했다. 또 남부연합이 총과 요새를 사들여 군인들을 훈련시키는 것을 보았으며, 그는 자신이 국민을 피비린내 나는 내전으로 이끌어야 함을 알게 되었다.

링컨은 너무도 괴로워서 잠을 이룰 수 없었으며, 근심과 걱정으로 몸무게가 16킬로그램이나 빠졌다. 또 미신에 사로잡힌 링컨은 꿈과 불길한 조짐을 통해 앞으로 일어날 일들에 어두운 그림자가 드리울 것으로 믿었다. 1860년 대통령에 당선된 그 다음 날 오후 집에 온 링컨은 의자에 몸을 던졌다. 맞은편에 있던 장롱의 거울이 흔들렸다. 그는 거울을 들여다보고 몸은 하나인데 두 개의 얼굴을 한 몹시도 야윈 모습으로 비춰진 자기 자신을 보았다. 링컨이 깜짝 놀라 일어서자, 환영이 사라졌다. 링컨은 다시 의자에 몸을 던졌다. 그러자 아까보다 더 또렷하게 보이는 핼쑥한 사람이 서 있었다. 그 물체는 링컨을 귀찮게 따라다니며 괴롭혔다. 링컨이 아내에게 자초지종을 이야기하자, 그녀는 링컨이 대통령에 두 번 당선될 것이라는 징조가 확실하다고 말했다. 하지만 아내는 그 핼쑥한 얼굴이 두 번째 임기를 끝마칠 때까지 살지 못하고 남편이 죽음을 맞이하게 될 징조임을 몰랐던 것이다.

링컨은 자신이 워싱턴에서 죽게 될 것임을 아주 강력하게 믿게 되었다. 그는 교수대와 칼을 그려 보낸 수많은 편지를 받았으며, 거의 모든 우편물로 링컨은 죽음의 위협을 느꼈다.

당선된 직후, 링컨은 친구에게 "집을 어떻게 해야 할지 모르겠어. 집을 팔고 싶지 않아서 말이야. 하지만 세를 준다면 내가 다시 돌아올 때쯤에 굉장히 낡아버리겠지."라고 털어 놓았다.

그런데 마침내 링컨은 그 집을 맡아 깨끗하게 사용할 사람을 구했고, 1년에 90달러를 받기로 하고 세를 놓았다. 그러고 나서 〈스프링필드 저널〉에 다음과 같은 광고를 냈다.

8번가와 잭슨가 코너에 있는 주택에서 응접세트, 침실 가구, 양탄자, 소파, 의자, 옷장, 침실용 장롱, 침대, 난로, 도자기, 크림색 도자기, 유리 식기 등을 조건 없이 판매합니다. 상세한 내용은 위 주소로 즉시 문의 바랍니다.

 이웃 사람들이 찾아와 가구와 물건들을 훑어보았다. 의자 몇 개와 조리용 난로를 구입한 사람이 있는가 하면, 침대 가격을 물어보는 사람도 있었다. 아마도 링컨은 "필요하면 무엇이든지 가져가시고, 돈은 알아서 주세요."라고 했으리라. 실제로 사람들은 아주 적은 돈으로 그 물건들을 사갔다.

 미국 서부 철도의 소장 L. L. 틸턴 씨는 대부분의 가구를 사서, 나중에 시카고로 가지고 왔다. 왜냐하면 그곳이 1871년 대화재로 붕괴됐기 때문이다.

 몇 점의 가구는 스프링필드에 남아 있었는데 몇 년 후, 서적 판매상이 대부분을 구입해 워싱턴으로 가져가 링컨이 운명한 하숙집에 갖다놓았다. 그 집은 포드 극장 맞은편에 있는데, 지금은 미국 정부 소유의 성지와 박물관이 되었다.

 링컨의 이웃 사람들이 각각 1달러 50센트를 주고 산 중고 의자는 지금은 금이나 백금의 값어치보다 훨씬 더 나간다. 링컨이 가까이했던 물건들은 그 가치와 영광을 한 몸에 받고 있다. 부스가 저격했을 때 링컨이 앉아 있었던 검은 호두나무로 만든 흔들의자는 1929년에 2천 5백 달러에 팔렸다. 또한 링컨이 포토맥 부대의 사령관으로 후커 소장을 임명했을 때 보낸 편지는 최근에 경매로 1만 달러에 팔렸으며, 그가 전쟁에 보낸 4천 개의 소장품과 85개의 전보는 현재 브라운 대학이 소유하고 있으며, 그 가치는 엄청나다. 또 그가 편안하게 나눈 이야기들로 서명이 없는 글이 최근 1만 8천 달러에 팔렸으며, 링컨의 육필인 게티즈버그에서 한 연설문 한 부가 수천만 달러에 팔렸다.

1861년 스프링필드 주민들은 링컨의 역량을 정확히 몰랐을 뿐 아니라, 어떤 운명이 기다리고 있는지도 잘 몰랐다.

장차 위대한 대통령이 될 링컨이었지만, 그 마을에서 지낼 동안에는 오랫동안 아침마다 시장바구니를 들고 식료품점에 가서 장을 보고 정육점에서 물건을 사고, 늦은 오후에는 마을 끝자락에 있는 목장으로 가서 자기 암소를 집으로 데리고 와서 우유를 짜고, 말을 손질하며, 마구간을 청소한 뒤, 장작을 패서 땔감을 부엌으로 가지고 오는 사람일 뿐이었으니 말이다.

워싱턴으로 떠나기 3주 전, 링컨은 혼자서 취임 연설문을 준비하기 위해 상점 2층에 있는 방으로 들어가 방문을 걸어 잠갔다. 책을 거의 가지고 있지 않았기 때문에 그는 장서를 많이 가지고 있는 헌돈에게 『미합중국 헌법』, 앤드루 잭슨의 〈무효에 대한 포고문〉(1832년 12월 10일 앤드루 잭슨 대통령은 '사우스캐롤라이나 주민들에 대한 포고문'을 발표하여 연방 정부의 우월성을 주장하고, '무력에 의한 연방 탈퇴는 반역 행위'라고 경고했음-옮긴이), 헨리 클레이의 〈1850년의 대연설〉(캘리포니아를 자유주로 연방에 가입시키는 대신 유타 준주와 뉴멕시코 준주의 노예제 허가 여부는 주민 투표로 결정하고, 텍사스와 뉴멕시코의 국경 분쟁을 해결하며, 도망한 노예의 송환에 더 엄격한 규정을 두고, 수도 컬럼비아 특별구에서의 노예 매매를 금지시킨다는 내용을 담고 있음-옮긴이), 다니엘 웹스터의 〈헤인에게 보내는 답변〉(자유와 연방은 지금도 앞으로도 영원히 하나이며 떨어질 수 없다는 내용을 담고 있음-옮긴이)을 빌렸다. 그리고 더럽고 먼지 나는 많은 물건들에 둘러싸인 링컨은 남부 주들을 향하여 아름답고 호소력 짙은 문장으로 끝을 맺는 유명한 연설문을 작성했다.

끝을 맺기가 정말 아쉽습니다. 우리는 적이 아니라 친구입니다. 우리는 적이 되어서는 안 됩니다. 비록 이렇게 팽팽하게 맞서고는 있지만 그렇다고 해도 애정의 유대 관계를 저버려서는 안 됩니다. 모든 전쟁터와 애국지사의 무덤에서부터 살아 있는 모든 사람의 마음과 가정, 그리고 넓은 대지에 이르기까지 기억의 신비로운 현(絃)이 다시 튕겨질 때 미합중국은 다시 소리 모아 합창할 것입니다. 반드시 그렇게 될 것입니다. 인간

본성의 '선의'라는 천사에 의해서 말입니다.

일리노이 주를 떠나기에 앞서 그는 112킬로미터 떨어진 찰스턴에 있는 의붓어머니에게 작별 인사를 드리러 갔다. 링컨은 항상 부르던 대로 '엄마'라고 불렀다. 그녀는 링컨을 붙들고 흐느끼면서 말했다.

"에이브야, 이 엄마는 네가 대통령에 출마하지 않았으면 했어. 그리고 당선되는 것도 원치 않았어. 좋지 않은 일이 벌어져 하늘나라에서 만날 때까지 다시는 너를 보지 못할 것 같다는 예감이 드는구나."

워싱턴으로 가기에 앞서 링컨은 이제는 까마득한 옛 추억을 다시 한 번 회상하며 뉴세일럼과 앤을 자주 떠올렸다. 그리고 스프링필드에서 자신을 찾아온 뉴세일럼 사람들과 오랫동안 추억에 젖어 앤에 대해 이야기를 나누며 "정말이지 그녀를 몹시 사랑했습니다. 지금도 자주 그녀를 생각합니다."라고 말했다.

링컨은 스프링필드를 영원히 떠나기 전에 마지막으로 지저분한 사무실에 들러 몇 가지 일을 처리했다. 헌돈은 그때 일을 이렇게 전하고 있다.

할 일을 모두 처리한 다음에 그는 맞은편으로 가서 오랫동안 사용해서 이제는 쓰러지지 않게 하기 위해 벽 쪽에 기대놓은 낡은 소파에 몸을 던졌다. 잠시 그는 천장을 바라보고 있었다. 나도 링컨도 아무 말도 하지 않았다. 이윽고 그가 입을 열었다.

"빌리, 우리가 얼마나 함께 있었지?"

"16년이 넘었죠." 내가 말했다.

"우린 그 긴 세월 동안 한 번도 싸운 적이 없었지."라고 링컨이 말하자, 나는 "그래요. 정말 한 번도 싸우지 않았죠."라며 힘주어 말했다.

링컨은 변호사 일을 시작했을 때 있었던 몇 가지 사건을 말하고, 순회 재판소에서 겪었던 재밌었던 일들을 이야기하며 즐거워했다. …… 그러고 나서 그는 가지고 갈 몇 권의 책과 서류들을 모으더니 자리에서 일어났다. 그런데 사무실을 나가기에 앞서 그는 계단 아래에 있던 흔들거리는 먼지 낀 간판을 그대로 두라는 희한한 부탁을 했다. 그러면서 특유의 낮은 목소리로 천천히 말했다.

"의뢰인들에게 대통령에 당선되었다고 해도 링컨과 헌돈의 공동 사무실에는 아무런 변화가 없다는 사실을 알려주고 싶어. 언젠가 다시 돌아오면 아무 일도 없었던 것처럼 다시 일을 시작하자고."

링컨은 낡은 집을 마지막으로 보는 듯 순간 서성거리다 문을 열고 나가 좁은 복도로 향했고, 나도 그를 따라 아래층으로 내려갔다. 그는 내려가면서 "벌써부터 대통령 업무를 맡아야 된다는 생각에 머리가 지끈지끈 아파. 앞으로의 일을 생각하면 몸서리가 처져."라고 말하며, 대통령 업무에 관련된 불만스러운 것들을 이야기했다.

링컨은 그 당시 1만 달러 정도의 돈을 가지고 있었지만, 현금이 모자랐기 때문에 워싱턴으로 가는 경비를 마련하기 위해 친구들에게 돈을 빌려야 했다.

링컨 가족은 스프링필드에서의 마지막 주를 체너리 하우스 호텔에서 보냈다. 떠나기 전날 밤, 링컨은 손수 트렁크와 짐을 싸서 'A. 링컨, 대통령 관저, 워싱턴 D. C.'라고 적은 쪽지를 붙였다.

다음 날 아침 7시 30분에 낡은 마차가 호텔에 도착했고 링컨 가족을 태우고 워싱턴행 특별 기차가 기다리고 있는 역으로 출발했다.

그날은 비가 내려 음산했다. 하지만 플랫폼에는 링컨을 알고 있는 1천 내지 1천 5백 명의 주민들이 배웅을 나왔다.

그들은 차례대로 링컨의 크고 앙상한 손을 잡고 악수를 나누었다. 마침내 승차 시간을 알리는 종소리가 울렸고, 그는 전용 칸으로 들어갔다가 잠시 후에 다시 뒤쪽 플랫폼으로 나왔다.

그는 연설을 할 생각은 전혀 없었다. 그는 기자들에게 역에 나올 필요가 없다고 말했다. 그랬기 때문에 아무 말도 하지 않으려고 했다. 하지만 오랜 이웃들의 얼굴을 마지막으로 대하자 무슨 말이든 해야 한다는 생각이 들었다. 비가 추적추적 내리는 가운데 그가 한 연설은 게티즈버그에서 한 연설이나 두 번째 취임식에서 행한 탁월하고 고상한 연설만큼 뛰어나지는 않았지만, 구약성서의 '시편'만큼이나 아름다웠고, 링컨의 다른 연설들보다 개인적인 감정과 비애감이 담겨 있어서 인상 깊었다. 링컨이 눈물을 흘리며 했던 연설은 이때를 포함해 그의 일생에 단 두 번밖에 없었다.

주민 여러분!
어느 누구도 제 입장이 아니기에 이렇게 떠나는 슬픔을 헤아릴 수 없을 것입니다. 이곳과 여러분들의 친절, 그 밖의 모든 것에 감사드립니다. 저는 젊어서부터 지금 이 나이가 되도록 25년을 여기에서 살았습니다. 제 아이들도 모두 이곳에서 태어났고, 한 아이는 여기에 묻혔습니다. 언제 돌아올지, 또다시 돌아올 수 있을지 기약할 수는 없지만, 제 앞에 놓인 중대한 일을 하기 위해 저는 이제 워싱턴으로 떠납니다. 항상 저를 돌보아주시는 하느님의 도움이 없었다면 저는 성공할 수 없었습니다. 저는 하느님의 도움에 힘입어 성공할 수 있었습니다. 하느님이 저와 함께하시며 또 여러분들과 함께하시기에, 그리고 좋은 일에 항상 계시기를 믿기에 모든 일이 잘되리라는 희망을 가집니다. 여러분이 기도하실 때 저를 보살펴달라고 기도하시듯 저 또한 주님이 여러분들을 돌보아주시기를 진실로 바라며 애정을 담아 작별 인사를 마칩니다.

링컨의 **워싱턴** 입성과
남 북 전 쟁의 조 짐

※ 9 ※

수십 통의 협박 편지와 취임 연설 도중 총격의 우려에도 불구하고
링컨은 무사히 워싱턴에 입성했다. 하지만 미국의 불황은 재무성
분국에 침입하려는 굶주린 사람들을 막기 위해 군대를
파견해야 할 정도로 심각했고, 섬터 요새에 대한 남부 연합의
폭격은 남북전쟁의 신호탄이 되었다.

연방 비밀 검찰국과 사립 탐정들은 링컨이 취임하기 위해 워싱턴으로 가는 길에 볼티모어에서 링컨 암살 계획이 있다는 정보를 감지했다.

이런 정보를 듣게 된 링컨의 지인들은 링컨에게 발표된 예정을 취소하고 밤을 이용해 아무도 모르게 워싱턴으로 들어가라고 간청했다.

그러나 그것은 세찬 비웃음과 냉소를 일으키는 비겁한 처사라는 생각이 들어 단호하게 거절했지만, 몇 시간에 걸쳐 계속된 간청에 링컨은 결국 받아들여 몰래 들어가기로 했다.

하지만 링컨 여사는 일정이 변경됐다는 말을 듣고 자신도 링컨과 함께 갈 것이라고 우겼다. 또한 그녀는 나중에 다른 열차로 와야만 한다고 신신당부하는 이야길 듣게 되자 발끈하여 큰 소리로 항의를 하는 통에 전체 계획을 수포로 만들 뻔했다.

링컨은 2월 22일 펜실베이니아 주의 해리스버그에서 연설을 하고 그곳에서 하룻밤을 묵은 뒤, 그 다음 날 아침에 볼티모어와 워싱턴으로 떠나기로 예정되어 있었다.

그러나 그는 예정대로 해리스버그에서 연설은 했지만, 그곳에서 하룻밤을 묵지는 않았다. 대신 저녁 6시에, 전에 한 번도 입어보지 않은 누더기 외투와 털모자로 변장을 하고 조용히 호텔 뒷문으로 빠져나와 불을 끈 열차에 올랐다. 잠시 후 필라델피아로 향하는 열차가 출발했고, 암살을 기도한 자들의 연락을 끊기 위해 해리스버그의 모든 전신망은 즉시 차단되었다.

필라델피아에서 링컨 일행은 기차를 갈아타기 위해 한 시간을 기다릴 수밖에 없었다. 사람들의 시선을 피하기 위해 링컨은 감각이 뛰어난 앨런 핑커톤 형사와 함께 밖에서는 안을 들여다볼 수 없도록 차창을 어둡게 한 마차를 타고 시내를 돌아다녔다.

10시 55분, 그의 키가 사람들 눈에 띄지 않도록 몸을 굽혀 핑커톤 팔에 기댄 채 옆문을 통해 역으로 들어갔다. 링컨은 고개를 앞으로 숙인 채 낡은 여행용 숄에 얼굴을 파묻었다. 그렇게 변장한 그는 대기실을 지나 침대칸 끝으로 갔다. 핑커톤을 도운 한 여인은 커튼을 쳐서 '몸이 좋지 않는 형제'를 위해 예약한 칸을 나머지 칸과 차단시켰다.

　링컨은 결코 백악관에 들어갈 수 없을 것이라는 수십 통의 협박 편지를 받았으며, 육군 참모총장 윈필드 스콧 장군을 비롯한 많은 사람들은 링컨이 취임 연설 도중 총격을 당하지 않을까 염려했다. 워싱턴의 수많은 정계 인사들은 취임식 행사에 참석하기를 꺼려했다.

　나이 든 스콧 장군은 링컨이 취임 연설을 하는 국회의사당 동쪽 현관에 60명의 군인을 배치시켰으며, 의사당 뒤편과 청중들 앞에도 군인들을 배치시켰다. 취임식이 끝난 뒤 링컨은 건물마다 녹색 셔츠를 입은 특등 사수들과 대검으로 무장한 보병들이 일렬로 꽉 배치된 상태에서 차편으로 펜실베이니아 거리를 지나갔다.

　마침내 링컨이 무사히 백악관에 도착하자 많은 사람들이 놀라움을 감추지 못했으며, 심지어 실망하는 사람들도 있었다.

링컨이 대통령에 당선되기 몇 년 전부터 미국은 불황에 시달리고 있었다. 그 당시 상황은 재무성 분국에 침입하려는 굶주린 사람들을 막기 위해 정부가 뉴욕에 군대를 파견해야 할 정도로 심각했다.

수천 명의 몹시 굶주리고 자포자기한 사람들은 링컨이 연설을 할 때도 일자리를 찾으러 다녔다. 처음으로 공화당이 정권을 잡았기 때문에 민주당 공무원들은 주급 10달러를 받는 말단 공무원까지 모두 해고될 것으로 알고 있었다.

링컨은 백악관에 들어간 지 채 2시간도 안 돼 일자리를 구하려는 많은 사람들로 말미암아 당황하기도 했다. 그들은 홀로 달려들기도 했고 복도를 꽉 메웠으며, 이스트 룸(East Room, 연회, 기자회견, 의전, 만찬 등에 쓰이는 백악관에서 가장 큰 방-옮긴이)을 점유하기도 했고, 심지어는 거실까지 침입하기도 했다.

링컨에게 점심 값을 구걸하러 온 거지들도 있었고, 낡은 바지가 있으면 달라고 하는 사람도 있었다. 또 어떤 과부가 찾아와서는, 한 남자와 가족을 부양한다는 조건으로 결혼을 약속했다며 그 남자의 직업을 청하기도 했다.

또 수백 명의 사람들은 그저 링컨의 사인을 받기 위해 오기도 했다. 하숙을 하고 있는 어느 아일랜드 여성은 백악관에 와서는 링컨에게 한 공무원의 하숙비를 달라고 간청하기도 했다.

공무 중인 사람이 중병에 걸리기라도 하면, 수십 명의 구직자들이 링컨에게 몰려와 '그가 죽을 경우를 대비해서'라며 그 직을 달라고 하기도 했다.

모두가 증명서를 가지고 왔지만, 링컨은 그것의 반의반도 읽지를 못했다. 어느 날 우체국에서 근무하고 싶어하는 두 명의 구직자가 커다란 편지 다발을 링컨의 손에 쥐어주자 링컨은 개봉되지 않은 양측의 소포를 저울 위에 올려, 더 무거운 소포를 보낸 사람을 임명하여 일을 간단하게 처리했다.

수많은 사람들이 수도 없이 링컨을 만나러 와서는 일자리를 달라고 했는데, 거절하면 험악하게 욕을 하기도 했다. 아무런 일도 하지 않고 빈둥거리며 노는 사람들이 많았다. 어떤 여성은 남편에게 직장을 달라고 했는데, 남편은 너무 술을 마셔서 오지 못했다고 했다.

링컨은 욕심 많고 탐욕스러운 사람들 때문에 놀라기도 했다. 그들은 링컨이 점심을 먹으러 가는 길을 막아서기도 했고, 링컨이 탄 마차로 뛰어들어 신임장을 내보이며 일자리를 구걸하는 사람도 있었다. 심지어 링컨이 대통령에 취임

한 지 1년이 지나 전쟁이 10개월 동안 진행되고 있는 중에도 사람들은 링컨을 괴롭혔다. 그러자 링컨은 "사람들이 그만 찾아올 리는 없겠지?" 하며 소리쳤다.

재커리 테일러(Zachary Taylor, 1784~1850년. 멕시코 전쟁의 영웅으로 휘그당 후보로 출마해 당선되었으나 취임한 지 16개월 만에 죽은 미국의 제12대 대통령-옮긴이)는 대통령이 된 지 1년 반도 되지 않아, 구직자들의 맹공격으로 죽었다. 또 그것을 걱정한 '티피커누' 해리슨('Tippecanoe' Harrison, 폐렴에 감염된데다 관직을 요구하는 수많은 사람들의 아우성에 과로까지 겹쳐 취임 1개월 만에 숨진 미국의 제9대 대통령 헤리슨(William Henry Harrison, 1773~1841년). 인디애나 준주의 주지사로 봉직할 때 군대를 조직하여 티피커누 전투에서 인디언에게 대승을 거두었기 때문에 '티피커누' 해리슨이라고 칭하는 것임-옮긴이)은 4주 만에 죽었다. 하지만 링컨은 인내하면서 한편으로는 전쟁을 계속 이끌었지만 그의 강철 같은 몸도 과로로 인해 쇠약해져갔다. 마침내 천연두에 걸린 링컨은 "구직자들이 오면 곧바로 말해주시오. 왜냐하면 이제는 내가 그들에게 줄 게 있으니." 하고 말하기도 했다.

링컨은 중대한 문제에 봉착하면 하루 온종일을 백악관에 있지 않았다. 사우스캐롤라이나 주 섬터 요새를 지키고 있던 수비대가 거의 식량이 바닥나자, 링컨은 그 요새에 식량을 공급할 것인지 아니면 남부 연합에 넘겨줄지 결정해야만 했다. 육군과 해군의 조언자들은 "식량을 보내지 마십시오. 만약 보내게 되면, 그것은 앞으로 전쟁을 하자는 뜻입니다."라고 말했다.

링컨이 이끄는 내각의 각료 7명 중 6명이 이와 같이 말했지만, 링컨은 연방 탈퇴를 사실상 인정하지 않았고 연방 탈퇴를 권장하지도 않았다. 하지만 연방을 해체하지 않으면서 섬터 요새를 철수할 방법이 없었다.

링컨은 취임 연설에서 연방을 "보존하고 보호하며 지키겠다."고 아주 엄숙하게 선서를 했고, 그것을 지키려고 했다.

그래서 링컨은 유에스에스 포우하탄[USS Powhatan, 인디언 추장 포우하탄(1550~1618년)을 기리기 위해 이름 붙여진 미 해군의 함정으로 1850년에 진수되었음-옮긴이]에 베이컨과 콩과 빵을 실어 섬터 요새로 보내라고 명령했다. 하지만 병사나 무기는 보내지 않았다.

남부 연합의 대통령 제퍼슨 데이비스는 이 소식을 접하고 보우리가드 장군에게 필요하다고 생각되면 섬터 요새를 공격해도 좋다는 전보를 보냈다.

요새 사령관 앤더슨 소령은 보우리가드 장군에게 4일만 기다리면, 수비대는 굶주림으로 철수하지 않을 수 없을 것이라는 서신을 보냈다. 왜냐하면 그들은 이미 소금에 절인 돼지고기로만 연명하고 있었기 때문이었다.

그런데 왜 보우리가드 장군은 기다리지 않았을까? 아마도 그에게 충고하는 자들이 '사람들의 얼굴에 피가 뿌려지지 않는다면' 몇몇 탈퇴한 주들이 연방으로 다시 돌아갈지도 모른다고 생각했기 때문에 그랬으리라.

몇몇 북부 사람들에 대한 총격은 남부 연합의 열정을 불러일으키고 남부 연합을 결속시킬 것이었다. 그래서 보우리가드 장군은 비극적인 명령을 내렸다. 4월 12일 오전 4시 반 포탄을 쏘아 요새 근처의 바다로 떨어뜨렸던 것이다. 포격은 34시간 동안 계속 이어졌다.

남부 연합은 이 전투를 이벤트 꺼리로 삼았다. 새 제복을 차려 입은 용감한 젊은 병사들은 선창가와 포대 근처를 산책하는 멋진 사교계 여성들의 박수갈채를 받으며 즐겁게 대포를 쏘아댔으니 말이다.

일요일 오후 북부 연방 군인들은 요새와 더불어 소금에 절인 네 통의 돼지고기를 고스란히 넘겨주고, 성조기가 휘날리고 밴드가 '양키 두들〔Yankee Doodle, 미국의 독립전쟁 중에 유행했으며, 준국가(準國歌)라고 일컬어지는 노래-옮긴이〕'을 연주하는 가운데, 뉴욕행 배에 몸을 실었다.

한 주 동안 찰스턴은 기쁨에 젖어 있었다. 성당에서는 감사 예배를 성대하게 올렸고, 군중들은 거리를 돌아다니면서 바와 선술집에서 마시고 노래하며 떠들어댔다.

사망자 수로 본다면, 섬터 요새에서의 포격은 아무것도 아니었다. 양측은 어느 곳에서도 목숨을 잃지 않았다. 하지만 이후에 생긴 일련의 사건들로 판단해볼 때 그보다 더 중요한 전투는 거의 없었다. 그때까지 이것은 세계에서 가장 피비린내 나는 전투의 시작에 불과했다.

PART 3

남북전쟁을 승리로 이끈 링컨에게서 리더십을 배우다

1. 남북전쟁의 시작
2. 소심하고 나약한 북군 사령관 매클렐런
3. 북군 지휘관에 대한 링컨의 고민과 아들 윌리의 죽음
4. 내각의 불화
5. 노예해방 선언과 그 여파
6. 게티즈버그 전투에서의 승리와 링컨의 연설
7. 온 나라가 기다려왔던 위대한 지휘관, 그랜트
8. 대통령 재선에 성공한 링컨
9. 남군의 항복으로 끝이 난 남북전쟁
10. 23년 동안 링컨이 견딘 가정의 불행
11. 부스의 링컨 저격

남북전쟁의 시작

❖ I ❖

마침내 벌어진 남북전쟁의 첫 전투에서 북군은 남군에게 패배하고 말았다. 이에 전쟁이 오래갈 것으로 생각한 링컨은 국회에 40만 명을 징집해줄 것을 청원했다. 하지만 링컨에게는 이 군대를 지휘할 총사령관으로 누구를 임명해야 할지의 문제가 남아 있었다.

링컨은 7만 5천 명의 병사를 소집했고 온 나라는 애국심으로 불타올랐다. 수없이 많은 건물과 광장에서 대중 집회가 열렸고, 악단들이 연주를 해댔고, 깃발들이 펄럭였으며, 웅변가들은 열변을 토해냈다. 불꽃이 터졌고, 사람들은 농기구와 펜을 내려놓고 깃발 아래 모여들었다.

10주가 지났을 때에는, 19만 명에 이르는 병사가 훈련을 받고 다음과 같은 군가('John Brown's Body'라는 노래로, 한국에서는 '밝아오는 아침 해를 바라보면서 희망에 찬 새 나라로 전진합시다'로 시작하는 '통일 조국의 찬가'로 전해지고 있음-옮긴이)를 부르며 행진했다.

존 브라운의 시체는 무덤에 있지만
그의 혼은 계속해서 행군한다네.

 그런데 누가 이 군대를 지휘하여 승리로 이끌 것인가? 오직 한 사람, 전략의 천재가 있었으니 그는 바로 남부 출신의 로버트 E. 리였다. 링컨은 그가 남부 출신임에도 불구하고 북부 연방군의 지휘를 맡아달라고 요청했다. 만약 리 장군이 링컨의 뜻을 받아들여 북군의 지휘를 맡았다면 전쟁의 양상은 완전히 바뀌었을 것이다. 리 장군은 링컨의 제의를 오랫동안 심사숙고했다. 올바른 결정을 하기 위해 그는 성경을 읽고 무릎을 꿇고 기도를 드렸으며, 밤을 하얗게 지새우며 침실을 서성거렸다.

 사실 그는 링컨의 의견에 상당히 동조하는 편이었다. 링컨만큼이나 노예제를 몹시 싫어했고 오래전에 자신의 흑인 노예를 해방시켜주기도 했다. 또한 그는 링컨만큼 연방을 사랑했으며, 연방은 '영원하며' 남부의 분리는 '혁명'일 뿐 아니라, 그보다 더한 재앙은 있을 수 없다고 믿었다.

 하지만 그는 버지니아 사람—이것이 가장 곤란한 문제—이었다. 그것도 연방보다는 버지니아 주를 우선으로 생각하는 버지니아 사람으로서의 긍지를 가지고 있었다.

200년 동안 그의 선조들은 처음에는 식민지였다가 이후에는 미국의 주가 된 그곳의 운명을 개척하는 데 큰 기여를 했다(1607년 제임스타운에 건설된 버지니아는 영국이 미국에 세운 최초의 식민지였음-옮긴이).

'경기병 해리' 리('Light Horse Harry' Lee, 기병대 지휘에 뛰어난 능력을 발휘해 '경기병 해리'라는 별명으로 불렸음-옮긴이)로 유명한 그의 아버지는 워싱턴과 함께 영국 조지 왕의 군대를 몰아냈으며, 그 후에는 버지니아 주지사가 되었고, 아들 로버트 리에게도 연방보다는 버지니아 주를 더 사랑하라고 가르쳤다.

버지니아가 남부와 운명을 같이 했으므로, 결국 리는 링컨에게 "나는 친척과 아이들, 그리고 고향을 무찌르려고 하는 군대를 지휘할 수 없습니다. 돌아가서 남부 사람들과 고통을 함께 나누겠습니다."라고 말했다. 그 결정 때문에 아마 남북전쟁이 2~3년은 더 길어졌을 것이다.

그렇다면 링컨은 도움과 지휘를 누구에게 구했을까? 그 당시 윈필드 장군이 군사령관이었다. 하지만 그는 너무 늙었다. 한때 그는 1812년 런디스레인에서 벌어진 전투('런디스레인 전투'라고 함. 미영전쟁 기간인 1814년 7월, 나이아가라 폭포 서쪽 1마일 지점에서 벌어졌으며, 미국의 캐나다 침공에 종지부를 찍게 했음-

옮긴이)에서 승리를 거둔 유명한 군인이었다. 그 후 40년의 세월이 흐른 1861년, 이제는 몸과 마음이 지쳐 있었다. 젊었을 때의 진취적인 기상과 용기는 없어진 지 오래되었다.

게다가 윈필드는 척추에 병을 앓고 있었는데, 그는 자신의 병이 "3년이 넘었으며, 너무 고통스러운 나머지 말에 올라탈 수도, 한 번에 두서너 걸음 이상을 뗄 수도 없다. 이제는 부종과 현기증이라는 새로운 병까지 생겼다."고 했다. 링컨으로서는 그가 미국을 승리로 이끌어줄 사람이라고 기대했지만, 실상 그는 간호사와 물침대가 있는 병원에 있어야만 했던 쇠약한 노병에 지나지 않았다.

4월에 링컨은 3개월간 복무할 지원병 7만 5천 명을 소집했다. 그들의 복무 기간은 7월까지였다. 따라서 6월 말경이 되자, '징집 실시! 징집 실시! 징집 실시!'라는 요구가 매우 거세어졌다.

호러스 그릴리는 매일 〈뉴욕 트리뷴〉 칼럼의 머리기사로 '전쟁을 원하는 국민의 함성'을 굵은 글씨로 내보냈다. "리치먼드로 진격하자!"

당시 경제 상황은 최악으로 치닫고 있었다. 은행들은 채권을 늘릴 수가 없었다. 정부도 대출금에 12퍼센트의 이자를 지불해야만 하는 상황이었다. 혼란에 빠진 국민들은 급기야 "이제 더 이상 수수방관하고 있어서는 안 된다. 단 한 번의 공격으로 리 군대를 격퇴시켜 이 성가신 전쟁을 완전히 종식시키자."라고 외치기에 이르렀다. 정말 마음에 와 닿은 말이었고, 모두가 이에 동의했다.

하지만 군 관계자들은 아직 준비가 완전하지 않다는 것을 알고 있었다. 그런 사실을 알면서도 링컨은 국민들의 요구에 무릎을 꿇고 마침내 진군을 명령했다.

7월 어느 더운 날, 맥도웰은 '대군' 3만 명을 이끌고 행군하여 버지니아 주 불런 개울에서 남부 연합군을 공격했다. 그 당시 그렇게 큰 군대를 지휘한 장군은 없었다.

군대는 어떠했는가? 반 정도만 훈련을 받았을 정도로 미숙했다. 고작 10일 전에 도착한 연대들도 여럿 있었고, 군대 규율도 전혀 몰랐다.

셔먼 연대장은 "온 힘을 다했지만 나는 사병들이 물과 블랙베리를 구하기 위해 그들이 가고 싶어하는 곳으로 대열을 벗어나는 것을 막을 수 없었다."고 말했다.

그 당시에는 즈아브병과 튜르코병(원래는 알제리 사람들로 편성되어 아라비아 옷을 입었음-옮긴이)들은 막강한 용사로 여겨졌다. 그래서 대다수 군인들은 그 당시 불런으로 진군했을 때 그들과 같은 복장을 입고 그들처럼 행동하고 싶어서, 머리에는 진홍색 터번을 두르고 빨간색 헐렁한 바지를 입었다. 그들은 죽음을 향해 행진하는 병사들이라기보다는 희극배우들처럼 보였다.

고급 모자를 쓴 수많은 의원들은 전투를 보기 위해 아내와 애완용 강아지를 데리고, 샌드위치와 포도주를 담은 바구니를 들고 나왔다.

마침내 타는 듯이 더운 7월 말 10시에 남북전쟁의 진정한 첫 전투가 벌어졌다. 과연 어떻게 되었을까?

전투 경험이 전혀 없던 병사들은 숲 속 여기저기서 포탄이 떨어지고, 비명 소리와 함께 피를 흘리면서 쓰러지는 병사들을 보자 망연자실했다. 전투에 돌입하기 무섭게 펜실베이니아 연대와 뉴욕 포대는 90일간의 복무 기간이 끝났음을 알리고 제대시켜달라고 요구했다. 더군다나 바로 당장 시행해달라고 했다. 그러면서 맥도웰의 언급대로 그들은 "적군의 대포 소리 뒤의 후방으로 물러났다."

나머지 군대는 오후 4시 30분까지 예상보다 훨씬 더 잘 싸웠다. 그런데 갑자기 남군이 2천 3백 명의 신참병들을 투입하면서 전투는 걷잡을 수 없게 되었다.

"존스턴의 군대가 오고 있다."라는 소문이 입에서 입으로 퍼져나갔다. 그러자 공황 상태가 초래되었다.

2만 5백 명의 북부 연방군은 명령을 거부하고, 미친 듯이 전열에서 이탈해나갔다. 맥도웰을 비롯한 숱한 지휘관들이 어떻게든 달아나는 병사들을 제지해보려고 했지만 소용이 없었다.

정신 없이 도망치는 병사들과 병참부 마차, 앰뷸런스, 고급 모자를 쓴 채 전장을 구경하던 국회의원들을 태운 마차들로 혼잡한 도로에 남군은 신속히 포격을 가했다. 여자들은 비명을 지르며 기절했고, 남자들은 소리를 지르고 욕을 했으며, 동료들을 밟고 도망치기에 바빴다. 더군다나 마차 한 대가 다리 위에 전복되어 있었다. 이로 인해 길이 막혀 버렸다. 말들이 마차와 앰뷸런스 그리고 대포를 내팽개치고 길길이 뛰면서 도망쳤다. 빨간 터번과 노란 바지를 입은 병사들은 놀란 채로 그 말들 위로 뛰어올라 줄행랑을 쳤다. 자욱한 먼지 속에 말 발자국들이 어지럽게 흩어져 있었고, 마구들은 질질 끌려다녔다.

북군은 남군 기병대가 코앞까지 추격해오고 있다고 생각했다. "기병대다, 기병대다!" 하는 소리에 그들은 공포감으로 떨었다. 이처럼 대패를 겪고 나자 북군은 이제 두려움에 사로잡혀 뿔뿔이 흩어지는 무리에 지나지 않았다. 미국 역사상 어떤 전투에서도 찾아볼 수 없는 광경이었다.

얼이 빠진 병사들은 총과 옷, 모자, 벨트, 대검을 내버리고 재빨리 도망쳤다. 마치 정체 모를 분노에 휩싸인 듯이……. 완전히 기진맥진하여 거리에 주저앉아 있는 병사도 있었고, 다가오는 말들과 마차에 깔리는 병사도 있었다.

그날은 마침 주일이었는데, 32킬로미터쯤 떨어진 교회에서 예배를 드리고 있던 링컨의 귀에까지 커다란 대포 소리가 들렸다. 예배가 끝나기가 무섭게 링컨은 국방성으로 달려가 여러 전장에서 온 전보들을 읽었다. 사실 그 내용들은 단편적이고 불충분했다. 그러자 링컨은 총사령관인 스콧 장군과 논의하기 위해 급하게 그의 거처로 갔다. 그런데 그는 낮잠을 자고 있었다.

스콧 장군은 일어나 눈을 비비며 하품을 했다. 하지만 혼자서는 일어나지 못할 정도로 쇠약해져 있었다. "그가 천장에 매단 도르래의 끈을 붙잡고 숨을 헐떡거리며 앞으로 세게 잡아당기자 발판이 흔들거렸다." 그리고서는 일어나 다음과 같이 말했다.

"전 우리 북군이 어느 정도의 전력을 갖고 있는지, 지금 어디에 있는지, 어떤 무기로 무장하고, 어떻게 배치되어 있는지, 그리고 어느 정도 가능한지에 대해 보고를 받은 바도 없고, 아는 것도 전혀 없습니다."

이와 같은 말을 한 사람이 북군의 총사령관이었다! 하지만 이 늙은 장군은 링컨이 가져온 전보를 보더니 걱정하지 않아도 된다고 가볍게 말하고 등이 아프다고 투덜대더니 다시 잠을 청했다.

한밤중에, 패잔병들이 지리멸렬한 채로 비틀거리며 롱브리지를 건너 포토맥 강을 지나 워싱턴으로 쏟아져 들어왔다.

도로변에 테이블이 급하게 놓였고, 어디선가 빵을 가득 실은 마차가 왔으며, 자원봉사를 하는 여인들이 수프와 커피 끓이는 솥 근처에 서서 음식을 나누어주었다.

맥도웰은 지칠 대로 지쳐 나무 그늘 밑에서 전보를 쓰는 도중에 펜을 잡은 채 잠들고 말았다. 병사들도 맥도웰처럼 지친 나머지 도로변에 쓰려져 비가 오는데도 시체처럼 잠이 들었다. 그들 중에는 잠을 자면서도 총을 꼭 잡고 있는 병사도 있었다.

링컨은 동이 틀 때까지 북군의 패주를 직접 눈으로 본 신문기자들과 민간인들의 이야기에 귀를 기울였다.

많은 사람들이 공포에 질려 있었고, 호러스 그릴리는 어떤 식으로든 전쟁이 즉시 끝나기만을 원했다. 그는 남군이 절대로 지지 않을 것이라고 장담했다.

런던의 은행가들은 북군이 패배할 것이라고 확신하고 일요일 오후에 워싱턴에 있는 직원을 부랴부랴 재무성에 보냈다. 미국 정부를 상대로 4만 달러에 해당하는 담보를 바로 해줄 것을 요청하기 위해서였다.

그 직원은 월요일에 다시 와달라는 말을 재무성으로부터 들었다. 미국 정부는 월요일에도 여전히 건재할 것이라고 하면서 말이다. 링컨에게 실패와 패배라는 말은 결코 낯선 것이 아니었다. 지금까지 수없이 실패하고 패배했으나 그렇다고 기가 꺾이지 않았으며, 대의를 위한 이번 전쟁에서도 결국 승리한다는 그의 믿음은 확고했다. 그는 낙담한 병사들과 일일이 악수하며 "하느님이 함께하실 것입니다. 하느님이 함께하실 것입니다."라고 격려했다. 또한 그들과 함께 식사를 하며 사기를 진작시키는 한편 앞으로 좋아질 것이라고 말했다.

전쟁이 오래갈 것으로 생각한 링컨은 국회에 40만 명을 징집해줄 것을 청원했다. 국회는 먼저 10만 명을 징집하고, 50만 명의 장정이 3년 동안 복무하도록 하는 법을 제정했다.

하지만 누가 그 군대를 지휘할 것인가? 걸을 수도 없는 늙은이 스콧은 도르래에 의지하지 않고는 침대에서 혼자 나오지도 못하고, 전쟁 중인데도 낮잠을 청하고 있지 않은가?

절대 아니었다. 스콧 장군은 후보에서 제외되었다.

그런데 대단한 매력과 실망스러움을 동시에 지닌 한 장군이 말을 타고 급히 달려오고 있었다.

하지만 링컨의 어려움은 거기서 끝나지 않고, 그때부터 시작되었다.

소심하고 **나약**한
북군 **사령관** 매클렐런

※ 2 ※

북군의 사령관이 된 매클렐런은 링컨의 거듭된 공격 개시
명령에도 이런저런 핑계를 대며 꿈쩍도 하지 않았다.
특히 승리한 앤티텀 전투에서 그 여세를 몰아 리 장군의 부대를
계속 추격했다면 전쟁을 종결시킬 수도 있었다.

전쟁이 일어난 뒤 처음 몇 주 동안, 잘 생기고 젊은 매클렐런 장군은 대포 20문과 휴대용 인쇄기를 가지고 서부 버지니아로 진군하여 몇몇 남군들을 가볍게 무찔렀다. 하지만 그가 승리한 전투는 대규모 전투가 아닌 소규모 전투, 즉 전초전에 불과했다. 그렇긴 해도 북군이 최초로 승리를 거둔 의미 있는 전투였다. 매클렐런은 그런 사실을 알고, 휴대용 인쇄기로 온갖 극적이고 놀랄 만한 소식들을 전하면서 자신의 전과를 국민들에게 알렸다.

몇 년 뒤, 그런 그의 우스꽝스러운 행동은 웃음거리가 되었지만, 그 당시 전쟁을 처음 겪는 국민들은 혼란스러웠기

에 여하튼 지휘관이 나타나기를 갈망하고 있었다. 이런 사정으로 국민들은 자신의 가치를 자화자찬하는 젊은 장군을 그대로 믿었다. 국회도 감사를 표했으며, 국민들은 그를 '리틀 나폴레옹'이라고 불렀고, 불런에서의 패배 이후에 링컨은 그를 워싱턴으로 불러 포토맥의 군사령관으로 임명했다.

그는 타고난 지휘관이었다. 그 휘하의 장병들은 그가 백마를 타고 질주할 때면 환호성을 질렀다. 게다가 그는 부지런하고 성실했으며, 불런 전투에서 대패한 군대를 훈련시켜 자신감이 넘치고 사기가 충천한 군대로 변모시켰다. 이런 점에서 그를 능가할 지휘관은 없었다. 10월이 되자 그가 이끄는 군대는 서구에서 일찍이 볼 수 없던 강력하고 잘 훈련된 군대로 변모했다. 그의 군대는 단지 전투만을 위해 훈련하지는 않았지만 그들은 전투가 벌어지기를 손꼽아 기다렸다.

모든 사람—매클렐런 장군 단 한 명을 제외한—은 군대가 출동하기를 간절히 원했다. 링컨은 공격을 개시하라고 거듭 촉구했다. 하지만 그는 꿈쩍도 하지 않았다. 그는 열병식만 하고 앞으로의 계획에 대한 이야기만 잔뜩 늘어놓았다. 하지만 말뿐이었다.

그는 이런저런 핑계를 대며 출정을 미루고 지연시켜 출정하지 않았다. 심지어 군대가 휴식을 취해야 하기 때문에 출정할 수 없다고도 했다. 그러자 링컨은 군대를 피곤하게 하는 요인이 무엇인지 그에게 꼬치꼬치 묻기까지 했다.

앤티텀 전투가 끝난 이후에는 정말이지 웃지 못할 일이 벌어졌다. 당시 매클렐런이 이끄는 군대가 남부의 리 장군보다 병사가 훨씬 많았다. 그래서 리 장군은 패하고 말았는데, 리 장군의 부대를 계속 추격하기만 했다면 그의 군대를 점령하여 전쟁을 종결시킬 수도 있었다. 링컨은 매클렐런에게 수 주일에 걸쳐 남군을 계속 공격하라고 편지와 전보, 그리고 전령을 보내 촉구했다. 그런데 매클렐런은 오히려 링컨에게 말들이 지쳤고 목이 아파서 더 이상 추격할 수 없다고 했다.

뉴세일럼에 가보면, 링컨이 점원으로 일했던 오프츠 잡화점이 있는 언덕 아래에 장대만 한 크기의 움푹 들어간 곳을 볼 수 있다. 그곳에서 '클레리 숲의 남아들'이 투계를 했으며, 링컨이 심판을 봤다. 배브 맥냅은 생거먼 카운티에서 어떤 것도 무찌를 수 있는 기운찬 수탉을 가지고 있다고 자랑했다. 하지만 이런 닭도 결국에 투계장으로 가게 되면, 꽁무니를 빼고 싸우려고 하지 않았다. 정나미가 떨어진 배브가 닭을 집어 던져버리자, 근처 장작더미 위에 떨어졌다. 그러자 닭은 의젓하게 깃털을 세우고 반항적으로 소리를 질렀다. 그러면 배브 맥냅은 "제기랄, 너는 모양내는 데는 일가견이 있지만, 싸움엔 왕초보야."라고 말했다. 링컨은 매클렐런을 보니 배브 맥냅의 수탉이 생각난다고 했다.

언젠가 반도 전역(Peninsular Campaign)에서 10만 명의 군대를 이끈 매클렐런은 5천 명밖에 되지 않은 매그루더 장군이 이끄는 남군과 맞선 적이 있었다. 매클렐런은 선제공격이 두려워 지휘관에서 물러나겠다고 하며 링컨에게 군대를 증원해달라고 몇 번이나 간청했다.

이에 대해 링컨은 "만약 마법의 힘을 빌려 내가 10만 명을 증원해줄 수 있다면, 그는 정신 없이 기뻐하고 감사하다고 하면서 내일 당장 리치먼드로 진격한다고 하겠지. 그러나 내일이 되면 적군이 40만 명이 됐으니 우리 쪽도 증원이 되지 않으면 진격할 수 없다는 확실한 정보를 갖고 있다고 하겠지."라고 했다.

당시 육군장관 스탠턴은 "만약 매클렐런에게 1백만 명의 군대가 있었다면, 그는 적군은 2백만 명이라고 하면서 바닥에 주저앉아 3백만 명을 증원해달라고 했을 것이다."라고 했다.

'리틀 나폴레옹' 매클렐런은 한 번의 도약으로 명성을 얻게 되자, 마치 샴페인 뚜껑이 열리듯 금새 거만해졌다. 그의 이기주의는 끝이 없었다. 그는 링컨과 내각을 '사냥개', '철면피', '일찍이 본 적 없는 멍청이'라고 비난했다.

그는 링컨에게 대놓고 무례한 행동을 일삼았다. 링컨이 그를 찾아갔을 때 그는 링컨을 대기실에서 30분 동안이나 기다리게 했고, 밤 11시에 집에 도착했을 때는 하인이 링컨이 몇 시간 동안 기다리고 있다는 말을 했는데도, 링컨이 앉아 있는 방을 무시하고 지나쳐 위층으로 올라가서는 취침 중이라는 메모를 보내기도 했다. 신문이 이 같은 일을 보도해서 워싱턴 정가가 시끌벅적했다.

링컨 여사는 '소름끼치는 수다쟁이'를 당장 해임하라고 눈물을 흘리며 링컨에게 호소하기도 했다. 이에 대해 링컨은 "부인, 나도 그 사람이 잘못하고 있다는 것을 모르지 않소. 그러나 이렇게 어려운 시기에 나의 사사로운 감정만을 생각할 수는 없는 일이오. 매클렐런 장군이 승리만 한다면 나는 기꺼이 그를 곁에 두겠소."라고 했다.

여름이 서서히 가을로 접어드는가 싶더니, 또 가을과 겨울이 지나 봄이 아주 가까이 다가왔다. 여전히 매클렐런은 병사들을 훈련만 시켰고, 사열과 연설만 해댔다.

매클렐런이 출정하지 않자 나라 전체가 시끄러웠으며, 비난이 링컨에게 쏟아졌다. 그러자 링컨은 "장군의 지연이 이 나라를 망치고 있소."라고 말하며 진격하라고 공식적으로 명령을 내렸다.

이제 매클렐런은 진격하든지 아니면 사임하든지 둘 중 하나를 선택해야만 했다. 그래서 그는 하퍼스페리로 달려가 병사들에게 즉각 자신을 따르라고 했다. 거기서부터 그는 배로 체사피크 만과 오하이오 운하를 지나 포토맥을 건넌 다음 버지니아로 들어갈 계획이었다. 하지만 마지막 순간에 배의 폭이 운하의 수문보다 15센티미터쯤 넓어서 운하를 통과할 수 없었기 때문에 포기해야 했다.

매클렐런은 이런 난처한 상황을 링컨에게 알리고 부교도 준비되지 않았다고 말했다. 그러자 참을 대로 참았던 링컨은 마침내 폭발하고 말았다. 인디애나의 피전 크리크 계곡의 풀밭에서 쓰던 말투로 링컨은 "도대체 그걸 왜 준비 안 한 거요?" 하며 다그쳤다. 국민들도 이와 똑같은 어조로 물었다.

마침내 4월, '리틀 나폴레옹'은 실제 나폴레옹이 하던 대로 부하들에게 일장 연설을 하고 나서, 12만 명의 병사들이 '그녀를 두고 떠나네(The Girl I Left Behind Me, 미국 개척 초기부터 전해져오는 것으로 추정되는 대중가요로, 남북전쟁 때는 북군과 남군이 서로 가사를 다르게 해서 불렀음-옮긴이)'라는 노래를 부르는 가운데 출정했다.

전쟁은 1년 동안 계속됐으며, 매클렐런은 이제 모든 것이 깨끗이 정리될 것이며, 조만간 젊은이들이 집으로 돌아가 철 늦은 옥수수와 수수를 심게 될 것이라고 큰소리쳤다.

그 말은 믿기지 않아 보였지만, 링컨과 스탠턴은 너무나 사태를 낙관했기에 여러 주의 주지사들에게 더 이상의 지원병을 받지 말고, 신병소를 폐쇄하고, 징병 기관에 소속되어 있는 공공 소유지를 매각하라는 전보까지 보냈다.

프리드리히 대왕의 군사 격언 중에 "너와 전투하고 있는 상대를 알라."는 말이 있다. 리와 스톤월 잭슨은 자신들이 상대해야 하는 리틀 나폴레옹 같은 나약한 사람에 대해 아주 잘 알고 있었다. 그는 전쟁터에는 나가보지 않아 유혈 사태가 벌어지는 광경을 차마 볼 수 없는 소심하고 나약하고 징징대는 인물에 지나지 않았다.

리 장군은 매클렐런의 군대가 3개월에 걸쳐 리치몬드로 들어오도록 가만히 놓아두었다. 매클렐런 부대는 리치몬드에 아주 가까이 접근했다. 교회에서 치는 시계 소리를 부하들이 들을 수 있을 정도였다.

그때 영감을 얻은 리 장군은 매클렐런 군대에 일련의 맹공을 퍼부었다. 7일이 지나자 매클렐런 장군은 자신의 포함(砲艦)이 있는 안전한 곳까지 밀리게 되었고, 1만 5천 명의 병사가 죽임을 당했다.

이렇게 해서 매클렐런이 '대사건'이라고 불렀던 매우 처참했던 이 전투는 실패로 막을 내렸다.

하지만 평상시처럼, 매클렐런은 '워싱턴에 있는 반역자들'을 비난했다. 늘 비난하던 대로 그들이 사병을 충분할 만큼 보내주지 않았다고 하고, 비겁함과 어리석은 생각으로 자신을 피로 물들게 했다고 했다. 그는 링컨과 내각을 남부연합보다 더 싫어했다. 그들이 벌이는 전투를 역사상 가장 파렴치한 것이라고까지 매도했다.

매클렐런은 대개는 적보다도 병사를 훨씬 더 많이 보유하고 있었지만, 한 번에 모두 투입시키지 않으면서도 병사를 더 보내달라고 계속 요청했다. 그는 추가 병력 1만 명을 요청했고, 그 다음에는 4만 명을, 그리고 나중에는 10만 명까지 요구했던 것이다. 하지만 그만큼의 병력이 존재하지 않았다. 매클렐런도 링컨도 그 사실을 알고 있었다. 그래서 링컨은 그에게 그 요구는 '정말로 터무니없는 것'이라고 했다.

매클렐런이 스탠턴 육군장관과 링컨에게 보낸 전보는 격하면서도 무례했다. 마치 미친 사람이 말하는 것과 같았다.

링컨과 스탠턴이 자신의 군대를 패하게 하는 데 힘을 쏟았다고 비난하는 내용이었다. 너무도 심하게 비난하는 내용이라서 전신 기사는 그 내용을 전송하기를 거부했을 정도였다.

온 나라가 놀랐고, 월스트리트도 겁을 먹었으며, 사람들의 마음도 울적해 있었다. 링컨은 점점 몸이 수척해졌으며, 몹시 괴롭다고 했다.

매클렐런의 장인이자 참모장 P. B. 마시는 지금으로서는 항복하는 수밖에 없다고 했다.

이 말을 들은 링컨은 화가 나 마시를 불러 이렇게 말했다. "장군, 당신이 '항복'이라는 말을 언급했다는 사실을 알고 있소. 하지만 그 단어는 우리 군과 관련지어서는 결코 입 밖에 내서는 안 될 말이오."

북군 **지휘관에** 대한 **링컨**의
고민과 아들 월리의 **죽음**

※ 3 ※

'군사력은 결국 지도자의 마음가짐에 달려 있다'고 생각한 링컨은
북군 지휘관으로 여러 장군을 잇달아 임명하지만, 그들은 링컨의 걱정을
덜어주지 못했다. 더군다나 끔찍이 사랑했던 아들 윌리의
죽음으로 말미암아 링컨은 대통령의 업무를 제대로 수행하지
못할 정도로 깊은 슬픔과 절망에 빠졌다.

링컨은 지난날 뉴세일럼에서 가게를 빌려 식료품을 구입하기는 쉬웠어도, 자신과 그 주정뱅이 동업자의 수준으로는 수지를 맞추기는 어려웠다는 것을 알고 있었다.

링컨은 비통과 유혈 사태의 나날을 보내는 가운데, 기꺼이 목숨을 바치고자 하는 50만 명의 대군과 총, 탄알, 담요를 얻을 수 있는 1억 달러의 돈을 구하기는 쉽다는 것을 알게 되었다. 하지만 전쟁에서 승리하려면 무엇보다도 리더십이 필요한데, 그러한 리더십을 찾기는 거의 불가능했다.

'군사력은 결국 지도자의 마음가짐에 달려 있다!'고 링컨은 소리쳤다. 그는 수없이 무릎을 꿇고 하느님께 자신에게

도 남군의 로버트 리나 조지프 E. 존스턴이나 스톤월 잭슨 같은 장군을 보내달라고 간절히 기도했다.

링컨은 "잭슨은 용감하고, 정직하고 장로교회에 다닌다. 만약 그런 사람이 우리 북군을 통솔한다면, 이런 엄청난 재난에 몸부림치지는 않았을 것이다."고 말했다.

하지만 스톤월 잭슨 같은 사람을 어디서 찾을 것인가? 그와 같은 사람을 찾지 못했다. 에드먼드 클래런스 스테드먼(Edmund Clarence Stedman, 1833~1908년. 미국의 시인, 비평가, 수필가-옮긴이)은 각 연마다 "에이브러햄 링컨, 우리에게 대장부를 보내주십시오."라는 청원으로 끝맺는 유명한 시(시의 제목은 'Give us a Man'임-옮긴이)를 출판했다. 이 구절은 시의 후렴구 이상의 의미를 지녔다. 그것은 끔찍하고 혼란한 이 나라가 외치는 울부짖음이었다. 링컨 대통령은 이 시를 읽으면서 눈물을 흘렸다.

2년 동안 링컨은 울부짖는 이 나라를 일으켜 세울 수 있는 지휘관을 찾으려고 애를 썼다. 그가 만약 아무 쓸모도 없는 살육이나 초래할 장군에게 군 지휘관을 맡기게 된다면 1만 명, 어떨 때는 3만 명, 어떨 때는 4만 명의 과부와 고아들을 울음바다로 만들게 될 것이었다. 그러면 이 불명예스러운 사령관은 교체될 터였다. 그 다음 사령관도 마찬가지로 무능한지라, 애를 써보겠지만 1만 명이 넘는 병사들을 죽음으로 내몰게 될 뿐이었다. 잠옷 차림으로 링컨은 소식이 오기만을 기다리면서 밤새 방을 서성거리며 이렇게 울부짖었으리라. "오, 주여! 이 나라는 어떻게 되는 것입니까?"

그리고 또 다른 사령관이 들어오겠지만, 아무 쓸모도 없는 살육은 계속 이어질 터였다.

이런 상황이다 보니, 군사 비평가들은 이제 다시 엄청난 실수와 어처구니없는 무능력에도 불구하고 매클렐런은 어쩌면 포토맥을 이끈 최고의 사령관이었다고 주장하기에 이르렀다. 군사 비평가들조차 이랬으니 다른 사람들은 어떻게 여겼을지 한 번 상상해보시길!

매클렐런이 패배한 뒤 링컨은 존 포프를 후임으로 임명했다. 포프는 미주리에서 혁혁한 전과를 올렸으며, 미시시피에 있는 섬을 점령하여 수천 명의 적군을 포로로 잡은 전과를 올린 장군이었다.

그는 얼굴이 잘생긴 것과 허풍 떠는 것 이 두 가지 면에서 매클렐런과 닮은 점이 있었으며, 사령부가 모든 권력의 위에 있다는 폭탄 발언을 버릇처럼 해서 '발표만 일삼는 포프'라는 별명을 얻었다.

포프는 사령관에 부임하자마자 병사들에게 "나는 수많은

적을 무찔렀던 서부 전선에서 제군들을 지휘하기 위해 여기에 왔다."라는 무뚝뚝하고 건조한 말로 첫 연설을 했다. 그런 다음 동부 전선에 있는 병사들의 적극적이지 않는 행동을 비난하고, 그들이 지나칠 정도로 겁이 많다는 것을 넌지시 얘기한 다음, 자신의 혁혁한 전과를 자랑하는 것으로 연설을 마쳤다. 일반 사병은 물론 장군들까지도 이 같은 연설을 듣고는 삼복더위에 기승을 부리는 다이아몬드 방울뱀만큼이나 그를 몹시 싫어하게 되었다.

매클렐런은 포프가 자신의 자리를 차지했다는 이유로 포프를 몹시 싫어했고, 자신의 자리를 요구하는 서신을 뉴욕으로 보냈다. 그 괴로운 심정을 매클렐런 외에 누가 알았겠는가? 그는 질투심과 엄청난 시기심, 그리고 분개로 불타올랐다.

포프는 군대를 이끌고 버지니아로 진군했다. 전투가 코앞에 닥쳤다. 그는 가능한 한 많은 군인들을 원했고, 링컨은 매클렐런에게 가급적이면 빨리 포프를 지원하도록 전문을 보냈다. 그렇다면 매클렐런이 링컨의 말에 복종을 했겠는가? 그렇지 않았다. 매클렐런은 지체하고 따지면서 예전에 군대를 동원했을 때처럼 여러 가지 핑계를 담은 전문을 링컨에게 보냈다. 그는 온갖 수단을 써서 포프의 지원을 막았고 심지어 "포프 스스로 저지른 일은 스스로 해결하도록 하라."는 말까지 했다.

매클렐런은 남군이 강력한 포를 쏘며 공격하고 있다는 것을 알면서도 포프가 마음에 안 든다는 이유만으로 3만 대군을 지원하지 않았다.

이런 사정으로 로버트 리는 불런의 옛 격전지에서 포프가 이끄는 북군을 무찔렀다. 무시무시한 살육이었고, 북군 병사들은 공포에 질린 채 도망쳤다.

불런에서 벌어진 첫 전투의 결과가 다시 재현되었고, 다시 한 번 병사들은 피를 흘리며 만신창이가 된 채 워싱턴으로 도망쳤다.

리 장군은 공격의 고삐를 늦추지 않고 추격했다. 링컨조차 자칫 잘못하다가는 수도가 남군에 함락되지 않을까 우려할 지경에 이르렀다. 포함을 강 쪽으로 배치하라는 명령이 내려졌고, 워싱턴에 있는 모든 사람들―시민이든 관료든―은 다 같이 수도를 지키기 위해 군대에 소집됐다.

육군장관 스탠턴은 공포에 떨면서 여섯 개 주지사에게 특별열차 편으로 시민군이나 지원병을 보내달라는 전문을 보냈다.

술집들은 문을 닫았고, 교회에서는 종이 울렸다. 사람들은 무릎을 꿇고 전지전능하신 하느님께 워싱턴 시를 구해달라고 간절히 기도했다.

노인들과 여자들과 아이들은 두려움에 떨며 피난을 갔고, 거리마다 급하게 달리는 말굽 소리와 메릴랜드를 향하여 질주하는 마차 소리로 가득했다. 정부 기관을 뉴욕으로 옮기려고 준비하던 스탠턴은 병기창을 없애고, 무기들을 북쪽으로 선적하라는 명령을 내렸다.

재무장관 체이스는 정부가 보유한 금과 은을 월스트리트에 있는 보관소로 신속하게 옮기라는 명령을 내렸다.

지칠 대로 지치고 낙담한 링컨은 "이제 무엇을 해야 하나…… 무엇을 해야 하나…… 밑 빠진 독에…… 밑 빠진 독에……."라고 한숨을 내쉬며 괴로워했다.

매클렐런이 복수를 위해 포프가 남군에 패퇴하기를 원했다는 말이 돌았다. 심지어 링컨도 그를 백악관으로 불러, 워싱턴이 함락되고 남군이 승리하기를 바라는 매국노 짓을 일삼고 있다고 국민들이 그를 비난한다는 말을 전했다.

스탠턴은 분노와 증오로 얼굴이 일그러진 채 분통을 터뜨렸다. 그의 얼굴을 본 사람들은 매클렐런이 그의 앞에 나타났다면, 스탠턴은 달려가 그를 한 방에 쓰러뜨렸을 것이라고 이구동성으로 말했다.

체이스는 스탠턴보다 한술 더 떴다. 즉, 그런 놈은 한 방에 날릴 게 아니라 총살시켜야 한다고까지 말했다. 독실한 신자인 체이스였지만 비유적으로 말하지도 않고 과장하지도 않았다. 그는 정말로 눈을 가린 채 매클렐런의 심장에 12발의 총을 쏘아야 한다고 했다.

그러나 링컨은 넓은 이해심과 예수와 같은 마음으로 어느 누구도 비난하지 않았다. 사실 포프는 패했지만, 최선을 다하지 않았는가? 링컨 자신도 패배를 밥 먹듯이 했지만 실패로 인해 다른 사람을 비난하지 않았다.

생각 끝에 링컨은 수족(Sioux) 인디언의 봉기를 진압하라는 지시를 내려 포프를 노스웨스트로 보내고, 다시 매클렐런을 임명했다. 그러면 왜 매클렐런을 다시 부른 것일까? 링컨은 이와 관련하여 "우리 군대가 절반만큼이라도 제구실을 할 수 있도록 지휘할 사람은 매클렐런 장군밖에 없다. 자신이 싸울 수 없다면 다른 사람들이라도 싸울 수 있도록 준비시킬 수 있는 사람이 바로 매클렐런이기 때문이다."라고 했다.

링컨은 '형편없는 매클렐런'을 다시 사령관으로 임명한 것 때문에 비난 받을 것이라는 사실을 누구보다도 잘 알고 있었다. 그는 내각 때문에 더욱 괴로워했다. 심지어 스탠턴과 체이스는 반역적인 언행에다 경멸스럽기까지 한 매클렐런에게 다시 군사 지휘권을 주느니 차라리 리 장군에게 워싱턴이 함락되는 것이 낫다고까지 말했다.

링컨은 그들의 맹렬한 반대에 너무도 큰 상처를 받은 나머지 만약 내각이 자신이 사임하기를 원한다면 그렇게 하겠다고까지 말했다.

앤티텀 전투 이후 몇 달이 지난 뒤 매클렐런은 남군을 선제공격하라는 링컨의 명령에 따르지 않다가 그만 패퇴하여 결국 영원히 물러나야 하는 처지가 되었다.

이제 포토맥을 지휘할 다른 지휘관이 필요했다. 하지만 지휘봉을 누구에게 맡긴다는 말인가? 그 자리를 맡을 자가 누구인지 아무도 알지 못했다.

필사적으로 링컨은 번사이드에게 군대의 지휘권을 제의했다. 사실 그는 지휘관을 맡기에는 능력이 모자랐고, 그 자신도 이 같은 사실을 알고 있었다. 그는 지휘를 맡아달라는 링컨의 제의를 두 번이나 거절했지만, 계속되는 권유에 눈물을 흘리며 어쩔 수 없이 지휘권을 맡았다. 그리고 나서 그는 군대를 이끌고 프레데릭스버그에 있는 리의 요새를 성급하게 공격하여, 1만 3천 명의 군대를 잃었을 뿐이었다. 이제 군인들은 승리에 대한 실낱 같은 희망도 가지지 못한 채 헛되이 죽어갔다.

사병들뿐 아니라 장교들까지 대규모로 탈영을 하기 시작했다. 번사이드는 사임됐고, 뒤이어 허풍선이인 '늠름한 조' 후커가 지휘권을 맡게 되었다. 후커는 "신은 리에게는 자비를 베푸는데, 내게는 왜 그렇지 못하단 말인가?"라고 큰 소리로 말했다.

그는 남군의 2배에 달하는, 스스로 '지구상에서 최고'라고 생각하는 군사를 이끌고 리 장군과 싸웠다. 그러나 리 장군은 챈설러빌에 있는 강을 건너 후커의 뒤를 공격했고, 이 기습 공격으로 1만 7천 명의 북군이 목숨을 잃었다.

이 전투는 상당히 참혹했다. 대통령 비서실의 기록에 따르면 링컨은 1863년 5월에 벌어진 이 전투로 말미암아 "잃어버렸어! 잃어버렸어! 모든 것을 잃어버렸어!"라고 울부짖으며 하얗게 밤을 지새웠고, 커다란 링컨의 발소리가 실내를 서성거렸다고 한다. 그럼에도 결국 링컨은 프레데릭스버그로 가서 후커 장군을 격려한 뒤 군대의 사기를 진작시켰다.

국민들은 침통하고 절망에 빠진 채 어느 쪽에도 도움이 되지 않는 소모적인 학살 행위만 거듭하고 있다고 링컨을 강하게 비난했다.

그런데 엎친 데 덮친 격으로 링컨의 가정에 비극적인 일이 일어나고 말았다. 링컨은 사람들의 입에 오르내릴 정도로 테드와 윌리 두 아들을 끔찍이 사랑했다. 여름날 저녁이면 아이들과 함께 야구 놀이를 하면서 코트 자락을 휘날리며 베이스를 달리기도 했다. 심지어 백악관에서 전투 상황실로 가는 도중에도 아이들과 같이 공기놀이를 하는가 하면, 밤이면 마룻바닥을 굴러다니며 장난을 치곤 했다. 또 화창하고 따뜻한 날이면 백악관 뒤편으로 가서 아이들과 두 마리의 염소와 함께 놀기도 했다.

테드와 윌리는 백악관에서 시끄럽게 떠들며 민스트럴 쇼(Minstrel Show, 백인이 흑인으로 분장해서 하는 춤·노래-옮긴이)를 벌이는가 하면, 군사훈련을 한다고 하인들 사이를 밀치고 다니기도 했으며, 구직자들 사이를 정신 없이 뛰어다녔다. 또 만약 어떤 구직자가 마음에 들기라도 하면, 아이들은 그 사람을 곧바로 따라가 아버지를 만나는 모습을 살펴보았고, 만약 그 사람을 앞문에서 만나지 못할 경우에는, 아이들은 뒤로 들어가는 문을 알고 있었다.

링컨이 그랬던 것처럼 의식 같은 것을 가볍게 생각한 아이들은 국무회의를 하는 중에도 불쑥 들어가 링컨에게 지하실에 있는 고양이가 새끼를 낳았다고 말하기도 했다.

한번은 엄격한 P. 체이스 재무장관이 화를 내며 혀를 내두른 때도 있었다. 한번은 국가가 직면해 있는 중대한 재정적 상태에 대해 그가 링컨과 논의하고 있는데, 테드가 링컨의 무릎과 어깨에 올라앉고 목에 걸터앉았으니 말이다.

그런데 누군가가 준 조랑말을 윌리가 겨우내 고집을 부리며 타더니 땀에 젖은 몸이 추위에 노출되어 그만 심한 감기에 걸리고 말았다. 그 감기는 삽시간에 온몸이 불덩이처럼 뜨거워지는 열병으로 발전했고, 링컨은 밤새 윌리의 머리맡에서 간호를 했으나 윌리는 그만 죽고 말았다. 링컨은 목 놓아 울었다.

"가엾은 녀석! 가엾은 녀석! 너무나도 착한 너를 하느님이 데려가셨구나. 네가 죽다니 이 아빠는 너무 힘들구나!"

당시 그 방에 있었던 케클리 부인은 그때를 이렇게 회고했다.

링컨 대통령은 머리를 두 손으로 감쌌고, 그의 커다란 몸이 감정에 못 이겨 부들부들 떨렸습니다. 죽은 아들의 창백한 얼굴을 보고 링컨 여사는 경련을 일으켰으며, 결국 슬픔에 빠져 사랑하는 아들의 장례식에도 참석하지 못했습니다.

윌리의 죽음 이후 링컨 여사는 윌리의 사진도 볼 수 없을 정도였다. 케클리 부인은 당시 상황에 대해 이렇게 전한다.

링컨 여사는 윌리가 좋아했던 그 어느 것도, 심지어 꽃조차도 보려고 하지 않았습니다. 값비싼 꽃다발을 선물해도 여사님은 부르르 떨며 몸을 돌리거나 받더라도 볼 수 없는 방에 갖다 놓게 하거나 창밖으로 던져버렸습니다. 그뿐만 아니라 윌리의 장난감을 모두 내다버리게 했으며…… 결국 아이가 죽은 후에 여사님은 윌리가 죽었던 응접실 입구와 시신에 방부처리를 했던 그린룸(Green Room)에는 한 번도 지나가지 않았습니다.

슬픔을 참지 못한 링컨 여사는 '콜체스터 경'이라고 속인 '심령사'를 백악관으로 불러들였다. 이 영락없는 협잡꾼은 후에 그 정체가 탄로나 감옥 갈 우려 속에 워싱턴에서 추방되고 말았는데, 어쨌든 그 당시 링컨 여사는 슬픔을 견디지 못하고 백악관의 어두운 방에서 '콜체스터 경'에게 속아서 그가 징두리 벽판을 긁고 벽을 두드리며 탁자를 톡톡 치는 소리를 죽은 아이가 보낸 사랑스러운 메시지라고 믿었다. 그 소리를 들으며 링컨 여사는 흐느껴 울었다.

링컨 역시 깊은 슬픔에 휩싸여 절망에 빠진 채 대통령의 업무를 제대로 수행하지 못했다. 책상에는 편지와 전문들이 회신되지 않은 채 수북이 쌓여 있었고, 링컨의 주치의는 그가 슬픔에서 빠져나오지 못하고 완전히 몸이 망가질까 봐 염려했다.

링컨은 비서진들이나 측근들과 함께 몇 시간이고 소리 내어 책을 읽곤 했는데, 주로 셰익스피어의 작품을 읽었다. 하루는 링컨이 『존 왕(King John)』을 측근들에게 읽어주면서 콘스탄스가 아들을 잃은 대목이 나오자 책을 덮고 다음 문장을 계속해서 읊조렸다(『존 왕』의 3막 4장에 나오는, 아서 1세의 죽음을 어머니인 콘스탄스가 슬퍼하는 장면-옮긴이).

추기경님이 말씀하셨죠.
천국에서 우리 친구들을 만나게 될 거라고.
그게 사실이라면, 내 아들을 다시 만날 거예요.

그런 다음 링컨은 "대령, 자네는 죽은 친구의 꿈을 꾼 적이 있나? 꿈속에서 친구와 즐거운 교감을 나누고 나서 죽음이 사실이 아니라는, 슬픈 생각을 해본 적이 있나? 나도 가끔 그처럼 윌리의 꿈을 꾸곤 한다네."라고 말하고는 탁자에 머리를 떨어뜨린 채 흐느껴 울었다.

내각의 불화

※ 4 ※

내각을 구성했던 수어드, 체이스, 스탠턴, 한니발 햄린, 기디온 웰스, 베이츠 등은 서로를 미워하며 화합하지 못했다. 이에 반해 링컨은 불편한 심기에도 불구하고 자신에게 굴욕감을 주고 무례하게 대한 자들을 자신의 인생에서 가장 훌륭하고 관대하게 처리했다.

링컨이 내각으로 돌아왔을 때, 군대에서 일어났던 불화와 시기가 내각에서도 똑같이 벌어지고 있었다.

국무장관 수어드는 자신을 '총리'라고 생각했으며, 내각에 있는 사람들을 무시하고 간섭해서, 각료들의 깊은 원망을 샀다.

체이스 재무장관은 수어드를 경멸했고, 매클렐런 장군을 혐오했으며, 스탠턴 육군장관을 싫어했고, 블레어 체신장관을 지겨워했다.

또한 블레어는, 링컨이 표현한 대로, '벌통을 차며', '왕년에 내가 전쟁에 참여했을 때는, 죽기를 각오하고 뛰어들었다'며 떠벌리고 다녔다. 블레어는 수어드를 '부도덕한 거짓말쟁이'라고 비난했고 그와 전혀 상대하지 않으려고 했으며, 스탠턴과 체이스에게도 그런 불한당과는 얘기조차 하지 않을 거라고 하면서 국무회의에도 참석하지 않았다.

블레어는 아주 많은 싸움을 벌여서, 정치에 관해서는 자신의 무덤을 파게 되었다. 그가 일으킨 미움이 너무도 격렬해지자 링컨이 그에게 사임하라고 말할 수밖에 없었던 것이다. 이처럼 내각은 온통 증오 투성이었다.

그리고 한니발 햄린 부통령은 해군장관 기디온 웰스와 말을 하지 않았다. 웰스는 정교한 가발을 쓰고, 길게 자란 화려하게 꾸민 하얀 구레나룻을 길렀고, 일기를 썼으며, 일기장에는 대부분의 동료들에게 '한바탕 퍼붓는 조롱과 경멸의 말'뿐이었다. 웰스는 특히 그랜트와 수어드, 그리고 스탠턴을 더 싫어했다.

또한 폭력적이고 무례한 스탠턴은 그들 중에서 제일 심한 증오심을 갖고 있었다. 그는 체이스, 웰스, 블레어, 링컨 여사, 아니 삼라만상에 존재하는 거의 모든 사람을 싫어하는 것 같았다.

그랜트는 이렇게 말했다. "스탠턴은 다른 사람의 감정에는 전혀 신경 쓰지 않으며, 요구를 받아들이기보다 그것을 거절할 때 더 큰 즐거움을 얻었다."

그에 대한 증오가 너무 심했던 새먼은 청중들이 있는 사열대에서 스탠턴에게 모욕 주었고, 20년이 지나서 그 내용을 자신의 회고록에 다음과 같이 적으면서 즐거워했다.

"내가 스탠턴 쪽으로 다가가자, 그는 나에게 손을 내밀었지만 나는 많은 사람들이 보는 앞에서 그 손을 거절했다. 그러자 그의 표정을 모두가 알아차렸다."

스탠턴만큼 사람들의 미움을 받은 사람은 일찍이 거의 없었다. 내각에 있는 거의 모든 이들은 자신들이 링컨보다 더 뛰어나다고 여겼다.

그렇다면, 이런 각료들로부터 섬김을 받아 마땅한, 유치하고 어설프며 말만 앞서는 이는 누가 되어야 한단 말인가?

그런데 이것은 정치적으로 우연히 일어났는데, 어디선가 갑자기 나타나 이들을 밀쳐낸 강력한 상대가 있었다. 법무장관 베이츠로, 그는 1860년 자신이 대통령 후보가 되고자 하는 높은 꿈을 품고 있었다. 그는 자신의 일기장에 공화당원들은 "링컨을 대통령 후보로 지명함으로써 엄청난 실수를 저질렀다."고 했으며, 링컨을 "의지와 목적도 없고 나라를 통솔할 힘도 가지고 있지 않다."고 기록했다.

체이스도 링컨이 아닌 자신이 대통령 후보가 되려고 했으며, 말년에는 링컨에게 '선심 쓰는 척하며 경멸조로' 대했다.

수어드 또한 화를 몹시 잘 냈다. 한번은 의원실을 서성이며 친구에게 이렇게 소리쳤다. "실망이라고? 나한테 실망이라는 단어를 쓰는 건가? 공화당 대통령 후보가 될 정당한 자격이 있었는데도 시시한 일리노이 주 변호사가 후보로 선출되는 모습을 지켜볼 수밖에 없던 나에게 고작 실망했냐고 말하다니!"

수어드는 만약 호러스 그릴리가 없었다면, 자신이 대통령이 되었을 것임을 알고 있었다. 그는 사태가 어떻게 돌아가고 있는지 알고 있었고, 방대한 국사를 처리하는 데 20년의 경력을 가지고 있었다.

하지만 링컨은 도대체 무엇을 운영해보았는가? 뉴세일럼의 오두막에서 잡화점을 해본 경력, 그것도 그 지역에서 한 것 빼고는 없었다. 그렇다. 그는 우체국에서 일한 적도 있었다. 그곳에서 모자 안에 편지를 넣어가지고 다녔다. 그 정도가 시골 출신 정치인이 했던 행정 경험의 전부였다.

그리고 지금은 이곳 백악관에 앉아서 어줍고 어쩔 줄 몰라 하며, 사태를 추세에 맡기고, 아무것도 하지 않으며, 나라는 재난으로 인해 곧바로 급격하게 내리막길로 치닫고 있었다.

수어드는 자신이 이 나라를 다스리기 위해 국무장관이 되었으며, 링컨은 명색뿐인 수령이라고 믿고 있었다. 많은 사람들도 그렇게 믿었다. 사람들은 수어드를 총리라고 불렀다. 그는 그 말을 듣기 좋아했다. 그는 미국의 구원은 자신에게 달려 있으며 자신만이 해결할 수 있다고 믿고 있었다. 수어드는 국무장관직을 수락하며 "나는 자유와 나의 조국을 구하기 위해 애쓸 것이다."라고 말했다.

수어드는 링컨이 대통령에 부임한 지 5주가 지나기도 전에 그에게 주제넘은 메모를 보냈다. 놀라운 일이었다. 아니, 놀라운 일 정도로는 부족한 표현이었다. 그것은 참으로 무례한 짓이었다. 한 각료가 그런 뻔뻔하고 건방진 메모를 대통령에게 보낸 예는 미국 역사상 없었던 일이다.

수어드는 메모에서 "링컨 정부가 들어선 지 한 달이 다 되어가는데도, 국내뿐 아니라 국외에 대한 어떤 정책도 마련되어 있지 않습니다."고 운을 뗀 다음, 뻔뻔한 억측을 펴며 계속해서 뉴세일럼에서 뉴세일럼에서 식료품 가게를 운영했던 링컨의 경력을 비난했으며, 정부를 운영하는 방법에 대해 링컨에게 지시를 하는 내용을 늘어놓았다.

그러면서 그는 이제부터 나라가 나락으로 떨어지는 것을 통제하고 막는 일은 잘난 자신에게 맡기고 링컨은 뒤에 앉아 지켜보라고 당돌하게 제안하며 끝을 맺었다.

수어드가 제안한 것 중 하나는 링컨을 깜짝 놀라게 할 정도로 무모하고 상궤(常軌)를 벗어났다. 수어드는 최근 프랑스와 스페인이 멕시코에서 분별없이 행동한 짓을 문제 삼았다. 그래서 그는 그들에게 해명을 요구할 생각이었다. 게다가 영국과 러시아에 대해서도 그럴 생각이었다. 만약 그 설명이 납득이 되지 않았다면, 수어드는 어떻게 할 생각이었을까?

선전포고를 할지도 몰랐다. 그렇다. 이 정치가에게는 하나의 전쟁으로는 부족했다. 그래서 여러 전쟁이 동시에 터지게 할 작정이었던 것이다.

수어드는 영국으로 보내려고 당돌한—경고와 위협과 무례함으로 꽉 차 있는—문서를 준비했다. 만약 링컨이 그 최악의 구절을 지우고 나머지 내용을 부드러운 어조로 바꾸지 않았다면, 전쟁이 일어났을지도 모른다.

수어드는 상황을 속단하고서, 유럽 군대가 사우스캐롤라이나에 개입하길 바란다고 선언하기에 이르렀다. 만약 그렇게 된다면 북군이 유럽 군대와 맹렬하게 싸우는 한편, 모든 남부 주들도 외적과의 싸움에 동참할 것이라고 여겼기 때문이었다. 이제 영국과 싸우는 것은 사실 피하기 어렵게 되었다. 북군의 포함이 공해에서 영국의 우편 기선을 가로막아서, 영국과 프랑스로 가려던 남부 연합 행정관 두 명을 붙잡아 보스턴에 있는 감옥에 가두었다(1861년 11월 8일 북군이 영국의 선박 트렌트 호에서, 남부 연합에 대한 영국과 프랑스의 지지를 얻기 위해 유럽으로 가던 2명의 남부 연합 사절을 체포한 이 사건을 '트렌트 호 사건'이라고 함-옮긴이).

영국은 전쟁을 준비하기 시작했고, 수많은 병력을 실어 대서양을 건너 캐나다에 상륙시켜 북군을 금세라도 공격할 태세였다.

비록 링컨은 최고로 쓴 약을 삼켰다고 인정은 하고 있었지만, 그럼에도 남부 연합 위원들을 풀어주고 사과를 해야 했다.

링컨은 수어드의 터무니없는 생각에 굉장히 놀랐다. 처음부터 링컨은 자신에게 직면해 있는 거대하고 냉엄한 책임을 해결하는 데 자신이 미숙하다는 것을 통감하고 있었다. 그는 지혜와 자신을 지도해줄 수 있는 도움이 필요했다. 링컨은 바로 그런 도움을 얻으려고 수어드를 임명했던 것이다. 하지만 결과가 어땠는지 보라!

워싱턴 전체가 수어드의 국정 운영에 대해 수군거렸다. 그것은 링컨 여사의 자존심을 건드려 분노를 폭발케 만들었다. 이글거리는 눈으로 그녀는 겸손한 링컨에게 강력하게 조치를 취할 것을 촉구했다.

그러자 링컨은 아내에게 "나 혼자서는 이끌어나가지 못하지만, 그렇다고 수어드가 이끌도록 하진 않겠소. 나를 이끄는 통치자는 나의 양심과 하느님뿐이며, 내 밑에 있는 이 사람들도 앞으로 그걸 배워나갈 거요." 하며 안심시켰다. 하지만 그것이 끝이 아니었다.

새먼 P. 체이스는 내각의 체스터필드(Chesterfield, 1694~1773년. 매력적인 자태를 지닌 영국의 정치가이자 외교관-옮긴이)였다. 185센티미터의 키에 잘생긴 그는 태생이 규칙적인 사람으로, 교양 있는 고전 학자였으며, 3개 국어를 하고, 워싱턴 사교계에서 가장 매력적이며 인기 있었던 여인의 아버지였다(이 책 PART 3의 10장에 체이스의 딸 얘기가 나옴-옮긴이). 솔직히, 그는 백악관에서 점심을 주문하는 방법을 모르는 사람을 보고 충격을 받았다.

체이스는 매우 독실해서 주일에는 세 번 교회 예배에 참석했으며, 목욕하면서도 시편을 읊조렸고, '우리는 하느님을 믿는다'는 모토를 동전에 새기기도 했다. 그는 매일 밤 잠들기 전에 성경과 설교집을 읽었으며, 잠자리에 아티머스 워드[Artemus Ward, 1834~1867년. 마크 트웨인 등에게 많은 영향을 끼친 미국의 유머 작가로, 본명은 브라운(Charles Farrar Browne)임-옮긴이]나 퍼트롤리엄 내스비[Petroleum Nasby, 1833~1888년. 미국의 언론인으로 본명은 로크(David Ross Locke)임-옮긴이]의 책을 들고 가는 대통령을 전혀 이해하지 못했다.

어느 때 어떤 상황에서도 계속된 링컨의 유머 감각은 체이스를 짜증나고 난처하게 만들었다. 어느 날 일리노이에서 온 링컨의 옛 친구가 백악관을 방문한 적이 있었다. 경호원이 날카로운 눈으로 그를 살피며 국무회의 중이라서 대통령을 만날 수 없다고 말했다.

그러자 그 방문자는 "그게 뭐 그리 중요하냐?"고 항의를 하며 "당신은 에이브한테 가서 올랜도 캘로그가 여기에 왔다고 하고 말더듬이 판사 이야기를 나누고 싶다고 하시오."라고 했다. 링컨은 당장 그를 안으로 들여보내라고 하고서, 뜨겁게 악수를 하며 그를 맞이했다. 그러고는 내각 쪽으로 몸을 돌리고서는 다음과 같이 말했다.

"여러분, 제 오랜 친구 올랜도 캘로그입니다. 말더듬이 판사 이야기를 하고 싶다고 합니다. 아주 훌륭한 이야기이니 하던 모든 일을 잠시 제쳐두도록 합시다."

그래서 진지한 정치인들과 국사(國事)는 올랜도가 이야기하고 링컨이 왁자지껄 웃는 동안 기다려야 했다. 체이스는 굉장히 불쾌했다. 그는 나라의 미래가 걱정스러웠고, 링컨이 전쟁을 농담 삼아 말한다고 불만을 드러내며 나라가 파탄과 몰락의 구렁텅이로 가는 것에 대해 조급해 했다.

또한 체이스는 고등학교 여자 동호회 회원만큼이나 질투심이 굉장했다. 그는 국무장관이 되기를 기대했다. 그런데 왜 되지 못했을까? 왜 그는 무시당했을까? 왜 그 영예로운 직책이 오만한 수어드에게로 돌아갔을까? 왜 체이스는 재무장관만 되었을까? 그는 괴롭고 무척 화가 났다.

체이스는 현재 서열 3위에 머물러 있었다. 그렇다. 하지만 언젠가 다른 각료들에게 자신의 진가를 보여줄 것이었다. 1864년이 다가오고 있었다. 그때 선거가 또 치러지게 되어 있었다. 그 이후에는 백악관을 장악하기로 마음먹었다. 이제 그는 다른 것에 대해서는 거의 생각하지 않았다. 그는 대통령이 되는 일에만 혼신을 기울였다. 링컨은 이런 모습을 두고 '대통령직에 대한 체이스의 미친 듯한 추구'라고 꼬집었다.

체이스는 링컨 앞에서는 친구인 체했다. 하지만 링컨이 보이지 않거나 그의 말이 들리지 않는 곳에서는 링컨의 비열하고 가차 없는 영원한 적이었다. 링컨은 유력한 자들을 화나게 하는 결정을 하지 않을 수 없을 때가 자주 있었다.

그럴 경우, 체이스는 불만스러워 하는 사람을 재빨리 찾아가서 그를 위로하고, 그가 옳았다고 하며 링컨을 향한 분노를 자극했고, 만약 자신이 그런 일을 맡아서 했다면 정당하게 처리했을 것이라고 했다. 그러자 링컨은 "체이스는 금파리 같아서 썩은 곳이면 어디든지 가서 알을 갈겨놓는다."고 비꼬았다.

수개월 동안 링컨은 이런 모든 사실을 알고 있었지만, 자기 권한을 기꺼이 내려놓고서 다음과 같이 말했다.

체이스는 아주 능력이 있는 사람입니다. 하지만 대통령직에 관한 한 약간 제정신이 아닌 듯 보입니다. 최근에 한 그의 행동이 아주 좋지 않다고 사람들이 저에게 말하면서 '이제 그를 뭉개버릴 때'라고 하더군요. 그런데 저는 어느 누구도 뭉개버리는 것을 좋아하지 않습니다. 만약 어떤 이가 잘할 수 있는 일이 있고 그것을 잘 수행해낸다면, 계속 그 일을 하게 놔두겠습니다. 그래서 저는 그가 재무부의 수장으로서 임무를 수행하는 한, 백악관을 열심히 공격한다 해도 제 눈을 감고 말겠다고 다짐했습니다.

하지만 상황은 계속 악화되어갔다. 상황이 체이스 쪽으로 좋지 않게 되자, 그는 사직서를 제출했다. 그는 다섯 번의 사임 의사를 밝혔는데, 그럴 때면 링컨은 그를 찾아가 칭찬하며 다시 맡아줄 것을 종용했다. 하지만 마침내 오랫동안 견뎌왔던 링컨도 더 이상 참을 수 없게 되었다. 이제는 그런 불편한 감정이 쌓여가서 서로 만나는 것조차 불편해졌기 때문이다. 그러자 링컨은 체이스의 사임을 받아들였다. 체이스는 깜짝 놀랐다. 허세를 부린다고 사임하는 척했다가 정말로 사임을 당했던 것이다.

국회의 재무 상임위원들은 모두 백악관으로 가서 이의를 제기했다. 그들은 체이스의 사임이 불행과 재난을 가져올 것이라고 했다. 링컨은 그들의 얘기를 끝까지 들었다. 그런 다음 그는 체이스와 관련된 고통스러운 일들을 설명했다. 체이스는 늘 자신이 주도하고 싶어했고, 링컨이 집권하고 있는 것을 불쾌하게 여겼다고 말했다. 그리고 링컨은 다음과 같이 말했다.

체이스가 저를 괴롭히기로 마음먹었을지라도 저는 그의 어깨를 두드리며 장관직을 맡아달라고 달래기도 했습니다. 하지만 이제 저는 그가 있어야만 한다고 생각하지 않습니다. 저는 그의 요청대로 사임을 받아들일 것이며, 각료로서의 그의 역할은 끝났다고 생각합니다. 더 이상 그분과의 관계를 유지하지 않겠습니다. 저는 필요하다면, 기꺼이 대통령직에서 물러날 의사가 있습니다. 이곳에의 일들을 참고 견디느니 차라리 일리노이의 농장으로 돌아가서 밭을 갈고 장작을 패며 생활하는 게 낫겠습니다.

하지만 자신에게 굴욕감을 주고 무례하게 한 자에 대한 링컨의 생각은 어떠했을까? 링컨은 "제가 알고 있는 위대한 사람 중 체이스는 가장 뛰어난 사람입니다."고 말했다.

이런 모든 불편한 심기에도, 링컨은 그 당시 자신의 인생에서 가장 훌륭하고 관대하게 일을 처리했다. 그는 미합중국의 대통령으로서 줄 수 있는 가장 영예로운 것 중 하나인 미연방 대법원장을 체이스에게 수여했던 것이다. 하지만 체이스는 난폭한 스탠턴에 비하면 유순한 새끼 고양이였다. 작고 튼튼하며 황소 체격인 스탠턴은 짐승처럼 포악하고 사나웠다.

스탠턴은 평생 성급하고 변덕스러웠다. 의사였던 그의 아버지는 스탠턴이 놀던 헛간에 사람의 해골을 매달아놓고, 아들도 의사가 되기를 원했다. 어린 스탠턴은 자신의 놀이 친구들에게 해골 이야기를 포함한, 모세와 지옥불과 노아의 홍수에 대해 강의를 했다. 이후 그는 오하이오 주의 콜럼버스로 가서는 서점의 점원이 되었다. 그는 하숙 생활을 했는데, 어느 날 아침 그가 하숙집을 나선 지 얼마 지나지 않아 그 집 딸이 콜레라에 걸려 죽었다. 그날 저녁 식사를 하기 위해 그가 하숙집에 들어갔을 때 그녀는 죽어 이미 무덤에 묻혀 있었다.

하지만 그는 믿으려 하지 않았다. 그녀가 산 채로 무덤에 묻힌 게 아닌가 하는 생각으로, 스탠턴은 삽을 들고 묘지로 달려가 몇 시간 동안 그녀의 무덤을 팠다. 세월이 한참 흐른 후, 자신의 딸 루시의 죽음으로 절망에 빠진 그는 딸이 죽은 지 13개월 후에 무덤을 파서, 1년 넘게 자신의 침실에 딸의 시신을 보관했었다.

아내가 죽자, 매일 밤 스탠턴은 그녀의 잠옷을 자신의 침대 곁에 두고 보면서 울었다. 스탠턴은 보통 사람과는 달랐다. 그가 반쯤 미쳐 있었다고 하는 사람도 있었다.

링컨과 스탠턴이 처음 만난 것은 필라델피아의 조지 하딩과 함께 재판을 맡으면서였는데, 그들은 피고 측 변호사였다. 링컨은 그 소송을 세밀하게 조사하고, 대단히 신중하고 착실하게 준비했으며, 변론을 하고 싶어했다. 하지만 스탠턴과 하딩은 링컨을 창피하게 생각했다. 그들은 링컨을 무시하고 얼굴을 붉히며 피했으며, 그를 창피주고 그가 법정에서 한마디도 하지 못하도록 했다.

링컨이 변론 원고를 건넸지만, 그들은 '쓰레기'로 여기며 읽어보려고도 하지 않았다. 그들은 법정으로 들어갈 때도, 법정에서 나갈 때도 링컨과 함께 걷지 않았다. 자신들의 사무실로 링컨을 초대하지도 않았고, 링컨과 같이 식탁에 앉아서 식사하지도 않았으며, 링컨을 사회에서 쫓겨난 사람처럼 대했다.

링컨은 자신에 대해 스탠턴이 다음과 같이 말하는 것을 들었다.

"나는 정말이지 저런 얼빠지고 팔이 긴 고릴라 같은 놈과는 상종도 하지 않을 테야. 만약 외모가 신사답게 준수한 사람과 함께 소송을 맡을 수 없다면, 아예 소송을 포기하고 말겠어."

"지금껏 스탠턴에게 받은 것만큼 그토록 비정한 취급을 받은 적은 없었다."고 링컨은 말했다. 그는 굴욕감에다가 다시 한 번 끔찍한 비애에 젖은 채 집으로 돌아갔다.

링컨이 대통령이 되자, 링컨에 대한 스탠턴의 치욕과 불쾌감은 깊고 한층 더 심해졌다. 그는 링컨을 '불쌍한 바보'라고 하고 링컨에게는 정부를 통치할 능력이 전혀 없다고 했으며, 게다가 무력 독재자에 의해 쫓겨나야 한다고 했다. 스탠턴은 고릴라를 찾으러 아프리카로 떠난 뒤 샤이우(du Chaillu, 1835~1903년. 프랑스계로 추정되는 미국의 여행가이자 인류학자. 1860년대에 고릴라의 존재와 중앙아프리카의 피그미족을 문명 세계에 처음으로 알리면서 유명해졌음-옮긴이)는 바보라고 했다. 그 당시 원조 고릴라가 백악관에 앉아 자신의 몸을 긁고 있었기 때문이라는 것이었다.

스탠턴은 뷰캐넌에게 보낸 편지에서 대통령을 너무 과격한 말로 비난했는데, 여기에 실을 수 없을 정도였다.

링컨이 대통령 직무를 수행하기 시작한 지 10개월이 지나, 전국적인 스캔들이 온 나라로 퍼져나갔다. 정부가 강탈당하고 있다! 수백만 달러를 잃었다! 폭리를 취하는 놈들이 있다! 부정한 전쟁 물자 계약들이 넘쳐났다! 기타 여러 가지 소문들이 들끓었다.

또한 링컨과 육군장관 사이먼 캐머런은 노예들에게 무기를 주는 것과 관련하여 상당한 이견 차이를 보였다.

링컨은 캐머런에게 사임할 것을 요구했고, 육군성(War Department)을 지휘하기 위해서는 새로운 사람이 있어야 했다. 링컨은 나라의 미래는 그의 선택에 달려 있다는 것을 알고 있었다. 그는 또한 어떤 사람이 필요한지 정확하게 알고 있었다. 그래서 링컨은 한 친구에게 다음과 같이 말했다.

"나는 완전히 내 모든 자긍심을 억누르고—이것 또한 내 자존심의 일부일지도 모르지만—스탠턴을 육군장관으로 임명하기로 했네."

나중에 알고 보니, 그 임명은 링컨이 했던 가장 현명한 결정 가운데 하나였다.

스탠턴은 정기적으로 쉴 새 없이 바쁜 전쟁부 사무실의 책상에서 근무했는데, 스탠턴 주위에는 주인 앞에 서 있는 동부의 노예들처럼 부들부들 떨고 있는 직원들이 일하고 있었다. 밤낮으로 일하면서 집에 가지 않고, 상황실에서 숙식을 해결하고 있던 스탠턴은 군에 만연한 어슬렁거리며 허풍을 떨고 있는 쓸모없는 장교들 때문에 무척 화가 나 있었다. 그렇다보니 장교들을 사정없이 몰아부쳤다.

스탠턴은 참견하기 좋아하는 의원들에게 욕설을 퍼부으며 모욕을 주었다. 그는 부정한 전쟁 관련 계약자들을 격렬하고 무자비하게 공격했다. 그들은 헌법을 무시하고 위반한 사람들이었다. 따라서 설령 장군이라도 죄가 있으면 체포하여 재판도 하지 않고 죄수복을 입혀 수개월을 감옥에 가둬두었던 것이다. 그는 매클렐런에게 만약 자신이 연대를 훈련시키고 있다면 당장이라도 싸울 것이라고 훈계했다. 그는

'포토맥에서는 샴페인과 굴 요리를 금지시킬 것'이라고 했다. 따라서 모든 철로를 막고, 모든 전신선을 징발하여 링컨조차도 전쟁부 사무실을 통해서만 전보를 보내고 받도록 하게 했고, 모든 군을 통솔하였으며, 심지어 그랜트가 내린 명령조차도 그의 승인이 없으면 그랜트의 부관 사무실에 전달되지 못하게 했다.

수년 동안 스탠턴은 두통으로 고생했으며, 천식과 소화불량에 걸렸다. 하지만 그는 한 가지에 열중하게 되면 결코 멈출 줄을 몰랐다. 즉, 남군이 북군에게 항복할 때까지 줄기차게 열정적으로 일했다. 링컨은 목적을 위해서라면 그 어떤 것도 참아낼 수 있었다. 어느 날 한 의원이 링컨에게 어떤 연대를 옮기라는 명령을 내려달라고 종용했다. 그 명령서를 들고 급히 전쟁부 사무실로 간 그 의원은 스탠턴의 책상 위에 그 명령서를 올려놓았다. 그러자 스탠턴은 매우 날카로운 목소리로 그런 일을 하지 않겠다고 했다.

이에 그 의원은 "장관께서는 내가 대통령으로부터 전달받은 명령서를 갖고 왔다는 것을 잊어버린 것입니까?"라고 말했다. 그러자 스탠턴은 "만약 대통령께서 의원에게 그런 명령을 하라고 했다면, 그는 완전히 바보지요." 하고 반문했다.

그 의원은 대통령이 화가 치밀어 육군장관을 해임하기를 기대하며 링컨에게 부리나케 달려갔다. 하지만 링컨은 자초지종을 듣고 나서는 눈을 깜박이며 말했다.

"만약 스탠턴이 나를 정말 바보라고 말했다면, 나는 바보인 거지요. 왜냐하면 그는 거의 항상 옳거든요. 내가 직접 가서 만나보겠습니다."

링컨이 찾아가자, 스탠턴은 그 명령이 잘못된 까닭을 확실히 설명해주었다. 링컨은 그 명령을 철회했다. 스탠턴이 간섭받는 것을 무척 싫어한다는 것을 알게 되자, 링컨은 대체로 스탠턴이 하려는 대로 하도록 놓아두었다. 이와 관련해 링컨은 다음과 같이 말했다.

스탠턴과 불화를 더 만들어서는 안 됩니다. 그의 위치는 세상에서 가장 힘들기 때문입니다. 수많은 군인들이 자신들을 승진시키지 않는다거나 임명하지 않는다고 야단입니다. 그에게 가하는 압력은 끝이 없고 그칠 줄을 모릅니다. 비유하자면 이 나라에서 그는 침입자들이 끊임없이 돌진하고 고함치고 또 돌진하고 고함치는 해변의 바위인 셈입니다. 그는 성난 파도를 등지고 싸워 이 땅을 훼손하거나 침범하지 못하게 합니다. 그가 어떻게 버텨내는지, 그리고 왜 온몸이 산산조각이 나지 않는지 이해가 안 될 정도입니다. 하지만 그가 없다면 저도 파멸하고 말 것입니다.

하지만 이따금 링컨 대통령도 자신의 표현대로 '발을 내려놓을(put one's foot, 단호한 태도를 취한다는 뜻-옮긴이)' 때가 있었다. 그러면 스탠턴도 조심해야 했다. 이럴 때면, 만약 '옛 용사(스탠턴 장관을 말함-옮긴이)'가 어떤 일을 하지 않겠다고 말하면, 링컨은 "장관께서는 그것을 해야만 할 것이라고 생각합니다."라고 나직이 응수하면, 스탠턴도 따랐다.

때때로 링컨은 다음과 같은 편지로 명령하기도 했다. "어떤 이유를 막론하고, 일리어트 W. 라이스 대령을 미합중국의 준장으로 삼으시오. 에이브러햄 링컨으로부터."

또 스탠턴에게 어떤 사람을 지명할 때 '율리우스 카이사르의 머리카락이 무슨 색인지 알든 알지 못하든 상관없이'라는 말로 편지를 쓰기도 했다. 스탠턴과 수어드, 그리고 에이브러햄 링컨을 욕하고 경멸했던 대부분의 사람들도 결국에는 그를 존경하게 되었다.

링컨이 포드 극장에서 옮겨져 방에서 죽어갈 때, 예전에 '불쌍한 바보'라고 그를 욕했던 냉혹한 스탠턴은 "이 세상에서 가장 완벽하게 통치했던 자가 누워 있도다."라고 말했다.

링컨의 비서였던 존 헤이는 링컨이 백악관에서 일하는 방식에 대해 다음과 같이 사실적으로 묘사했다.

> 링컨 대통령께서는 체계적인 것과는 완전히 거리가 멀었습니다. 대통령께서 체계적인 규칙을 받아들이도록 하는 데 리콜레이(링컨의 또 다른 비서관-옮긴이)와 나는 4년 동안이나 애를 썼습니다. 무슨 규칙이 되었던 만들어지기 무섭게 없애려 하는 분이었습니다. 하지만 사람들이 억지스러운 불평과 요청으로 대통령을 힘들게 하더라도 결코 사람들을 멀리하지 않았습니다.
>
> 대통령께서는 편지를 쓰는 경우가 매우 드물었는데, 편지가 50통이 와도 한 통도 읽지 않았습니다. 처음에는 편지를 대통령의 눈에 띄게 하려고 했지만, 나중에는 내게 그 모든 것을 맡겼으며, 내가 대통령의 이름을 편지에 쓰면 읽지도 않고 서명했습니다.
>
> 대통령께서는 아마 일주일에 많아야 여섯 통쯤 편지를 썼던 것 같습니다. 어려운 문제로 워싱턴에서 멀리 떨어진 곳에서 집무할 때는 리콜레이와 나에게 보내는 것 빼고는 거의 편지를 쓰지 않았습니다.
>
> 대통령께서는 보통 10시에서 11시 사이에 잠자리에 들었고…… 일찍 일어났습니다. 교외에 있는 용사의 집에 있을 때

는 일찍 일어나 옷을 입고 아침 식사(무척 소박했음. 계란 한 개, 토스트 한 쪽, 커피 등)를 했는데, 가능하면 8시 이전에 워싱턴으로 향했습니다. 겨울에 백악관에서는 그렇게 일찍 일어나지는 않았습니다. 대통령께서는 푹 잠들지는 못했지만, 침대에서 많은 시간을 보냈습니다.

겨울에는 점심으로 비스킷 하나와 우유 한 잔을, 여름에는 과일 혹은 포도를 먹었고…… 여느 사람들보다 덜 먹으며 절제했습니다.

대통령께서는 원칙이 있었던 건 아니지만, 와인이나 술을 좋아하지 않아서 물만 마셨습니다.

때때로 약간의 휴식을 위해 강연이나 콘서트, 또는 극장에 갔습니다. 또 책은 거의 읽지 않았으며, 내가 특별한 주제에 대한 기사라고 말하지 않으면 좀처럼 신문도 보지 않았습니다. 대통령께서는 자주 "나는 그 기사에 담긴 것보다 더 많은 것을 알아."라고 말했습니다. 링컨 대통령을 겸손한 사람이라고 부르는 것은 터무니없습니다. 위대한 사람은 결코 겸손하지 않습니다.

노예해방 선언과 그 여파

✤ 5 ✤

링컨은 노예해방 선언으로 350만 노예들을 해방시켰다.
하지만 그 당시 이 선언서는 민중의 찬성을 얻지 못했다. 공화당의
상원 의원들조차도 반발하여 링컨을 백악관에서 밀어내려고 했고,
링컨에게 정책을 바꿀 것과 내각 총사퇴를 요구했다.

오늘날의 미국에 있는 보통 시민들에게 왜 남북전쟁이 일어났느냐고 물어보라. 그러면 아마도 '노예들을 해방시키기 위해서'라고 대답할 것이다. 정말 그랬을까?

다음을 보자. 이 말은 링컨이 처음 취임 연설에서 따온 문장이다. "저는 직간접적으로, 미국에서 현재 존재하고 있는 노예제도에 개입할 생각이 없습니다. 저는 그렇게 할 합법적인 권리를 가지고 있지 않으며, 또 그렇게 할 의향도 없습니다."

사실 링컨이 노예해방령을 발표하기 전 거의 18개월 동안 대포가 울렸고, 부상자들은 아픔으로 신음했다. 이 기간 내내 급진주의자들과 노예해방론자들이 링컨에게 당장 노

예제를 폐지할 것을 촉구했다. 그들은 언론을 통해 링컨을 거세게 공격했고 아울러 대중 연설을 통해서도 비난을 퍼부었다.

한번은 시카고의 성직자 대표단들이 전능하신 하느님으로부터 노예들을 당장 해방시키라는 직접적인 명령을 받았다고 선언하며 백악관으로 몰려왔다. 링컨은 그들에게 만약 하느님께서 조언을 주셨다면 시카고를 거치지 않고 직접 본부로 오셨을 거라고 생각한다고 말했다.

마침내 호러스 그릴리는 링컨이 늑장을 부리며 조치를 취하지 않자 화가 난 나머지, '2천만의 기도'라는 제목의 기사를 실어 대통령을 비난했다. 그 칼럼은 신랄한 불평불만으로 가득 차 있었다.

그릴리에 대한 링컨의 답변은 전쟁에 대한 명쾌하고 간결하며 단호한 고전 중의 하나가 되었다. 링컨은 다음과 같이 기억에 남을 만한 말로 답변을 끝맺었다.

이번 전쟁에서 저의 최고의 목표는 연방을 지키는 것이며, 노예제를 존속하는 것도, 폐지하는 것도 아닙니다. 만약 노예를 해방하지 않고 연방을 지킬 수 있다면, 저는 그렇게 할 것입니다. 또한 만약 노예들을 모두 해방하고 연방을 지킬 수 있다면, 저는 그렇게 할 것입니다. 또 만약 일부 노예는 해방시키고 나머지는 그대로 놔두고서 연방을 지킬 수 있다면, 저는 또한 그렇게 할 것입니다. 제가 노예제와 유색 인종들에 대해 취하는 조치는 연방을 지키는 데 도움이 된다고 생각하기에 하는 것입니다. 제가 삼가는 것은 연방을 지키는 데 도움이 되지 않다고 생각하기에 삼가는 것입니다. 대의를 손상시킨다고 생각되는 것은 언제든지 더 적게 하고, 대의에 도움이 더 된다고 생각되는 것은 언제든지 더 할 것입니다. 저는 실수가 보이면 실수를 고치도록 할 것이며, 올바른 의견이라고 여겨지면 바로 채택할 것입니다.

저는 여기서 공적인 의무에 관한 제 견해에 따라 저의 목적을 밝혔습니다. 그리고 제가 자주 표명했듯이, 이 세상 모든 인간은 자유로워질 수 있다는 저의 개인적인 소망을 수정할 생각은 전혀 없습니다.

링컨은 만약 자신이 연방을 지키고 노예제 확산을 막을 수 있다면, 노예제는 머지않아 자연적으로 소멸될 것으로 생각했다. 하지만 만약 연방이 붕괴된다면, 노예제는 수세기 동안 존속될지도 모른다고 생각했다.

노예제 존치 주로 4개의 주가 여전히 북부에 남아 있었으므로, 링컨은 만약 자신이 전시에 너무 일찍 노예해방 선언을 선포한다면, 그들이 남부 연합에 편입해 들어가 남부가 강화되어 연방은 영원히 붕괴될 것이라고 생각했다. 그 당시 "링컨은 전능하신 하느님이 함께해주시기를 바랐지만, 켄터키 주와는 반드시 함께해야만 했다."는 말이 있었다. 그래서 링컨은 때를 기다리며 조심스럽게 나아갔다.

링컨 자신도 노예를 소유했던 경계주(boarder state, 노예제를 채택했던 남부의 주이면서 남북전쟁 당시 북군 편에 섰던 다섯 개의 주-옮긴이)에 살던 집안과 결혼했다. 그의 아내가 아버지의 유산에서 받은 돈의 일부는 노예 매매에서 얻은 것이었다. 또한 링컨의 세상에서 가장 친한 친구인 조슈아 스피드의 집안은 노예를 소유하고 있는 집안이었다. 그런 점에 있어서 링컨은 남부 사람들의 입장에 공감했다. 게다가 링컨은 변호사로서 전통적인 헌법과 법률, 그리고 재산을 중시했다. 그는 그중 어떤 것도 곤경에 처하길 원치 않았다.

링컨 역시 북부도 남부만큼이나 노예제의 존속에 대해 책임이 있다고 믿었다. 게다가 노예제를 폐지하는 과정에서 양쪽은 똑같이 부담을 나누어야 한다고 믿었다. 그래서 그는 마침내 자신의 마음에 꼭 드는 안(案)을 만들어냈다. 이 안에 따르면, 충성스러운 경계주에 있던 노예를 소유한 사람들은 그들의 흑인 노예 한 명당 400달러를 받게 되어 있었다. 그리고 노예들을 점차적으로 해방시킬 계획이었다. 아주 점차적으로 말이다. 이 과정은 1900년 1월이 되어서야 완결될 예정이었다. 경계주 대표자들을 백악관으로 부른 링컨은 그들에게 자신의 제안을 수용해달라고 간청했다.

"이 계획이 고려하고 있는 변화 과정은 하늘에서 내리는 이슬처럼 아무것도 찢거나 부수지 않고 서서히 옵니다. 받아들이실 거지요? 지난날 아주 훌륭한 일은 한 번의 노력으로 이루어진 것이 아닙니다. 하느님의 섭리에 의해 이제 특권을 가진 여러분이 행할 때입니다. 장대한 미래에 걸쳐 여러분이 이 계획을 무시했다는 탄식이 나오게 되지 않기를 바랍니다."

하지만 대표자들은 그것을 무시했고, 계획 전체를 받아들이지 않았다. 링컨은 굉장히 실망했다.

그래서 링컨은 "할 수만 있다면, 저는 이 정부를 구해야만 하고, 단호히 이 싸움에서 굴하지 않을 것이며, 이용 가능한 카드는 모조리 내놓으리란 점을 이해하시기 바랍니다. …… 저는 노예들을 해방시키고 흑인들을 무장시키는 것이 이제는 군대에서 반드시 필요하게 되었다고 생각합니다. 그렇게 하거나 아니면 연방을 넘겨주거나 양자택일을 할 수밖에 없는 상황에 몰렸습니다."

 링컨은 곧바로 실행에 옮겨야 했다. 왜냐하면 프랑스와 영국이 남부 연합을 인정하려는 움직임이 보였기 때문이다. 왜 그랬을까? 이유는 아주 간단하다.

 먼저 프랑스의 사례를 보자. 나폴레옹 3세는 세상에서 가장 아름다운 여인으로 알려진 떼바 백작 가문의 마리 위제니 드 몽띠조와 결혼하고서 그것을 자랑하고 싶어했다. 자신의 유명한 삼촌 나폴레옹 보나파르트가 했던 대로 화려함으로 자신을 감싸길 원했던 것이다. 그래서 미국이 서로 맹렬히 공격하고 총격을 가하며 싸우는 것을 보고 나서는 미국이 먼로주의(1823년 미국의 먼로 대통령이 제창한 외교 방침으로 구미 양 대륙의 상호 정치적 불간섭주의를 말함-옮긴이)를 더 이상 주장하지 않을 것임을 간파했다. 그래서 멕시코로 군대를 보내 수천 명의 원주민을 총살하여 정복하라고 명하고, 멕시코를 프랑스 제국이라고 칭해 막시밀리안 대공을 왕위에 앉혔다.

 나폴레옹은 만약 남부 연합이 승리하면 자신의 새 제국에 유리할 것이지만, 북부 연방이 승리한다면 미국은 즉각 프랑스를 멕시코에서 쫓아내기 위한 조처를 취할 것이라고 여겼다. 그런 판단은 근거가 없는 게 아니었다. 따라서 나폴레옹의 바람은 남부 연합이 연방 탈퇴를 유지하는 것이었으며, 그는 자신이 어렵지 않게 도울 수 있는 만큼 남부를 돕고자 했다.

전쟁 초기에, 북군 함대는 남부의 모든 주둔지를 막아, 189개의 항구를 지켰고, 해안선을 따라 15,382킬로미터에 달하는 해협과 강, 그리고 강어귀를 순찰했다. 세계에서 가장 긴 봉쇄선이었다.

남부 연합은 절망적이었다. 그들은 면화를 팔 수도 없었고, 총이나 무기, 신발이나 의약품, 그리고 식품을 살 수도 없었다. 그들은 커피 대신 밤나무와 면화씨를 끓여 마시고, 차 대신 블랙베리 잎의 즙과 사사프라스 나무뿌리를 끓여 먹었다. 신문은 벽지에 인쇄했다. 소금을 얻기 위해 흙으로 만든 훈제소 바닥에 베이컨 국물을 떨어뜨려 배어들게 한 뒤 파내서 끓였다. 교회의 종을 녹여 대포를 만들었다. 리치먼드의 전차 철로는 포함의 철갑판을 만들기 위해 뜯겨나갔다.

남부 연합은 철로를 복구할 수도, 새 장비를 구입할 수도 없어서 운송이 거의 멈추었다. 조지아에서는 2달러로 약 1부셸(bushel, 콩이나 옥수수 등 곡물의 부피를 재는 단위. 약 35리터 정도-옮긴이)의 옥수수를 살 수 있었던 반면, 리치먼드에서는 15달러에 살 수 있었다. 버지니아에는 사람들이 굶주려갔다.

즉시 무슨 조치가 취해져야 했다. 그래서 남부 사람들은 남부 연합을 인정하고 봉쇄선을 없애기 위해 프랑스 함대를 사용하는 조건으로, 나폴레옹 3세에게 1천 2백만 달러어치의 면화를 주겠다고 했다. 더군다나 나폴레옹 3세가 압도당할 정도로 프랑스의 모든 공장 굴뚝에서 연기가 뿜어져 나올 정도의 물량을 주문하겠다고 약속했다.

그러자 나폴레옹은 러시아와 영국에게 남부 연합을 인정하는 의미로 함께 참여하자고 촉구했다. 영국을 다스리고 있던 귀족들은 자신들의 외알 안경을 맞추며 조니 워커 몇 잔을 따르면서 나폴레옹의 제안을 열심히 들었다. 미국이 점점 더 부유하고 강대해지면 그들에게는 좋지 않을 것이었다. 그들은 미국이 분열되고 연방이 깨지기를 원했다. 게다가 그들은 남부의 면화가 필요했던 것이다. 이미 수많은 영국 공장들이 문을 닫았기에, 수많은 사람들이 놀고 있었을 뿐만 아니라 가난해져 사실상의 빈곤층이 되고 말았다. 아이들은 먹을 것을 달라고 울어댔고, 수많은 사람들은 굶주림으로 죽어가고 있었다. 영국 노동자들에게 먹일 음식을 사기 위한 공식적인 서명운동이 지구의 가장 먼 나라들에서도 일어났고, 멀리 인도와 매우 가난한 중국도 동참했다.

영국이 면화를 얻을 수 있는 방법은 한 가지, 오직 한 가지 방법이 있었으니, 그것은 나폴레옹 3세가 남부 연합을 인정하고 봉쇄를 해제하는 데 참여하는 것이었다.

만약 그렇게 되었으면, 미국은 어떻게 되었을까? 남부는 총과 분말 제품, 채권과 음식, 철도 장비 등을 얻을 수 있게 되었을 것이며, 자신감과 사기가 진작되었을 것이다.

그렇다면 북부는 무엇을 얻었을까? 새로이 나타난 강력한 적을 얻었을 뿐이었다. 그렇다면 상황은 아주 나빠져, 북부로서는 절망적이었을 것이다.

에이브러햄 링컨보다 이 상황을 더 잘 알고 있는 사람은 없었다. 1862년 링컨은 "우리는 승부수를 던질 마지막 카드를 가지고 있습니다. 우리는 작전을 바꾸지 않으면 패할 것입니다."라고 말했다.

영국이 그 사실을 알았을 때는 미국의 모든 식민주들이 이미 영국으로부터 분리되어 있었다. 이제는 남부의 식민지들이 차례로 북부의 식민지로부터 분리되어 가고 있었고, 북부는 그들을 지배하고 제압하기 위해 싸우고 있었다. 테네시와 텍사스를 워싱턴이나 리치먼드가 통치하든 안 하든 간에 런던의 귀족이나 파리의 왕자와 다를 게 무엇이었을까? 아무것도 없었다. 그들과의 싸움은 아무 의미가 없었으며 숭고한 목적을 내포하지도 않았다.

칼라일은 "내 평생 일어난 전쟁 중에 이 전쟁보다 더 어리석게 보이는 전쟁은 없었다."고 말한 바 있다.

링컨은 전쟁에 대한 유럽의 태도가 반드시 바뀌게 될 것을 알고 있었으며, 그것이 어떻게 바뀌어야 하는지도 알고 있었다. 유럽의 수많은 사람들은 『톰 아저씨의 오두막』을 읽었으며, 읽고 눈물을 흘리고 노예들의 번민과 불의를 몹시 싫어하게 되었다. 그래서 에이브러햄 링컨은 만약 자신이 노예해방령을 발표하면, 유럽 사람들이 전쟁을 다른 시각으로 보게 될 것임을 내다보고 있었다. 유럽 사람들에게 더 이상 아무 의미 없는 연방을 유지하려고 싸우는 잔혹한 싸움으로 보이지 않게 될 것이었다. 대신 노예제를 없애기 위한 신성한 개혁 전쟁으로 칭송받게 될 것이었다. 그렇다면 유럽의 정부들은 남부를 감히 승인하지 못할 것이었다. 인간 노예를 영속시키기 위해 싸우는 사람들을 돕는 것을 여론도 묵인하지 않을 것이었다.

마침내 1862년 7월, 링컨은 선언서를 발표하기로 결심했지만, 매클렐런과 포프가 이끈 최근의 군대가 치욕적으로 패배하고 말았다. 수어드는 링컨에게 시기가 좋지 않다고 하며, 기다리고 있다가 승리의 호운을 탔을 때 선언서를 발표해야 한다고 말했다.

사리에 맞는 판단이었다. 그래서 링컨은 기다렸고, 두 달 후 승전보가 들렸다. 그러자 링컨은 독립선언 이래 미국 역사상 가장 논쟁을 불러일으킨 유명한 문서를 논의하기 위해 내각을 소집했다.

그것은 중대하고도 진지한 회의였다. 하지만 링컨이 진지하고 엄숙하게 행동했을까? 그렇지 않았다. 그는 즐거운 이야기가 떠오를 때면, 다른 사람들과 함께 나누고 싶어했다. 링컨은 아티머스 워드의 책 하나를 침실로 가져가곤 했는데, 우스운 내용이 나오면 일어나서 잠옷만 걸친 채 백악관 거실을 걸어다니다가, 비서들이 있는 사무실로 가서 그 내용을 읽어주었다.

노예해방 선언 발표 문제를 논의하기 위한 국무회의가 있기 전날, 링컨은 가장 최근에 나온 워드의 책을 붙잡고 있었다. 매우 우스운 내용이라고 생각한 링컨은 회의에 앞서 〈유티키에서의 고압적인 폭행〉이라는 제목의 글을 각료들에게 읽어주었다.

읽어준 링컨이 웃고 나더니, 그 책을 옆으로 밀쳐놓고는 진지하게 다음과 같이 말하기 시작했다.

반란군이 프레더릭에 있을 때, 저는 그들을 메릴랜드로 쫓아내자마자 노예해방령을 발표하기로 결심했습니다. 아무에게도 말하지 않았지만, 저 자신과 하느님께는 약속을 했습니다. 반란군을 지금 쫓아낸다면 제가 그 약속을 이행하기로 말입니다. 저는 제가 작성한 것을 들어보라고 여러분을 소집했습니다. 중요한 문제에 대해 여러분의 조언을 원하지는 않습니다. 왜냐하면 제 스스로 결정했기 때문입니다. 제 자신이 말하고 싶은 의견을 글로 썼습니다. 하지만 만약 제가 사용한 표현 중에 작은 문제가 있어서 고치는 게 나을 것 같다는 생각이 들면, 기꺼이 그 제안을 받아들일 것입니다.

수어드는 어법 한 곳을 조금 고칠 것을 제안하고 나더니, 몇 분 후 또 다른 문제를 제의했다.

그러자 링컨은 그에게 왜 한꺼번에 제안하지 않느냐고 물었다. 그러고 나서 링컨은 노예해방 선언 문제에 대한 논의를 잠시 중단하고 어떤 이야기를 하나 꺼냈다. 어떤 일꾼이 인디애나로 돌아가면서 자기를 고용한 농부에게 한 쌍의 소 중에서 한 마리가 죽었다고 말했다. 잠깐 시간이 지나고 나서, 그 일꾼은 "같이 끌던 다른 소도 죽었습니다."고 말했다.

그러자 농부가 "그런데 왜 한꺼번에 소 두 마리가 죽었다고 말하지 않았느냐?"고 물었다. 그 일꾼의 대답은 이랬다.

"그건, 제가 한꺼번에 너무 많이 말해서 마음 아프게 해드리고 싶지 않아서입니다."

1862년 9월 링컨은 내각에 선언서를 제출했지만, 1863년 1월 1일까지는 효력이 발효될 수 없었다. 따라서 12월에 국회가 열렸을 때, 링컨은 국회에 지지를 호소했다. 간청하면서 그는 지금까지 쓴 가장 훌륭한 문장 가운데 하나—자신도 모르게 나온 시적인 구절—를 발표했다.

연방에 대해 언급하면서 그는 다음과 같이 말했다.

우리는 훌륭하게 지키든지 아니면 초라하게 패할 것입니다. 지상 최후의, 그리고 최고의 희망을.

1863년 새해, 링컨은 백악관으로 몰려온 내방객들과 악수를 하며 몇 시간을 보냈다. 오후가 조금 지나고 나서 그는 집무실을 나와 잉크에 펜을 담가 자신이 만든 노예해방 선언서의 조인을 준비했다. 주춤하던 링컨은 수어드를 향해 다음과 같이 말했다.

"노예제가 잘못된 것이 아니라면, 이 세상에 잘못된 것이라곤 하나도 없습니다. 제 평생 옳은 일을 했다고 이 이상 자신하지 못합니다. 저는 오늘 아침 9시부터 맞이한 내방객들과 악수를 하느라고 팔이 당기고 저립니다. 이제 이 서명을 놓고서 사람들이 자세히 살필 것입니다. 그런데 만약 제 손이 떨렸다는 사실을 알게 되면, 사람들은 '대통령이 약간 마음이 흔들렸다.'고 말할 것입니다."

그는 잠시 팔을 쉬게 한 다음, 천천히 문서에 서명을 하고 350만 노예들을 해방시켰다. 하지만 그 당시 이 선언서는 민중의 찬성을 얻지 못했다.

링컨의 가장 친한 친구이자 그의 강력한 지지자인 오빌 H. 브라우닝조차 "선언서가 끼친 최고의 영향은 남부를 연합시켜 상황을 악화시킨 것이며, 북부에 있는 우리를 분열시켜 마음을 흩뜨려놓은 것이다."라고 말했다.

군대에서 폭동이 일어났다. 연방을 지키기 위해 입대했던 병사들이 흑인들을 해방시키기 위해서는 더 이상 맞서 싸우지 않겠으며, 그들을 사회적으로 평등하게 대우해서는 안 된다고 했다. 수천 명의 병사들이 탈영했고, 신병 지원이 도처에서 줄어들었다.

링컨을 지지하며 신뢰했던 보통 사람들도 그에게서 완전히 돌아섰다. 가을에 치러진 선거에서 링컨은 압도적으로 패배했다. 그의 고향인 일리노이 주까지 공화당을 받아주지 않았던 것이다.

선거에 져서 어려운 상황인데, 곧이어 가장 비참한 패전의 소식까지 들려왔다. 프레더릭스버그에서 리 장군의 부대를 무모하게 공격한 번사이드가 1만 3천 명의 병사를 잃고 말았던 것이다. 어리석고 무익한 살육이었다. 이런 일이 18개월 동안 계속되었다. 결코 멈추지 않을 것인가? 온 나라가 섬뜩했고, 사람들은 절망했다. 여기저기서 링컨 대통령을 맹렬하게 비난했다. 그는 패한 것이었다. 그가 보낸 장군이 패하고 만 것이었다. 그의 정책은 실패했다. 사람들은 더 이상 참을 수 없었다. 공화당의 상원 의원들조차도 반발했다. 그들은 링컨을 백악관에서 밀어내려고 했으며, 링컨을 찾아와 정책을 바꿀 것과 내각 총사퇴를 요구했다.

치욕적인 타격이었다. 링컨은 이때가 자신의 정치 인생 중에서 가장 고통스러웠다고 하면서 "그들은 나를 쫓아내려고 했고, 나는 그들의 말을 절반 정도는 들어주고 싶은 심경이었다."고 말했다.

호러스 그릴리조차 이제 자신이 1860년 공화당원들에게 링컨을 대통령 후보로 지명하도록 강요했던 것을 몹시 후회한다고 털어놓기에 이르렀다. 그는 "내 인생에서 가장 큰 실수였다."고 털어놨다.

그릴리를 비롯한 다수의 저명한 공화당원들은 이런 목적

을 품고서 계략을 짰다. 즉, 링컨을 해임시키고 햄린 부통령을 백악관에 앉힌 다음, 햄린에게 압력을 가해 로즈크랜스를 북군 사령탑에 앉히는 것이었다.

링컨은 이렇게 탄식했다. "우리는 지금 파멸 직전에 있습니다. 전능하신 하느님조차 우리에게 등을 보이시는 것 같습니다. 실낱 같은 희망도 거의 보이지 않습니다."

게티즈버그 **전투**에서의
승리와 링컨의 **연설**

❧ 6 ❧

리 장군이 이끄는 남군은 게티즈버그 전투에서 북군에게 패함으로써 남쪽으로 물러날 수밖에 없었다. 엄청난 사상자를 낸 그 전투가 치러진 그해 가을, 국립묘지 봉헌식에서 2분 정도의 짧게 행한 링컨의 유명한 연설(게티즈버그 연설)은 그 당시에는 실패한 연설로 여겨졌다.

1863년 봄, 계속해서 혁혁한 전과를 올려 의기양양해진 리 장군은 공세로 전환하여 북부를 침공하기로 마음먹었다. 그의 계획은 식량과 약품, 그리고 누더기가 된 자신의 병사들에게 줄 새 옷가지를 확보하기 위해 공장 밀집 지역인 펜실베이니아를 함락시키고, 내친김에 워싱턴까지 함락시키는 한편, 프랑스와 영국이 남부 연합을 승인하도록 압력을 넣도록 하는 것이었다.

리 장군의 계획은 정말이지 대담하고도 무모한 것이었다. 리 장군은 남군 1명이 북군 3명은 쉽게 이길 수 있다고 호언장담했고, 그것을 추호도 의심하지 않았다. 그래서 장군들이 병사들에게 펜실베이니아에 도착하면 쇠고기를 하루에 두 배 더 먹을 수 있다고 하자, 병사들은 곧바로 출격하자고 안달이 났다.

리치먼드를 떠나기 전, 리 장군은 집으로부터 걱정되는 소식을 접하게 되었다. 심각한 일이 벌어졌다! 사실은 그의 딸 하나가 소설책 따위를 탐독하고 있었던 것이다. 리 장군은 괴로운 나머지 편지를 보내 딸에게 시간이 나면 플라톤과 호머, 그리고 플루타르크의 생애 같은 무해한 고전 작품을 읽으며 보내라고 간청했다. 편지를 끝낸 리 장군은 성경을 읽고 난 뒤, 습관대로 무릎을 꿇고 기도를 했다. 그리고 촛불을 끄고 잠자리에 들었다.

다음 날, 리 장군은 7만 5천 명의 병사를 이끌고 진군했다. 그의 굶주린 군대는 북부를 공포로 몰아넣으면서 포토맥을 건너 돌진했다. 그들이 나타나자 농부들은 말과 소를 앞세워 컴벌랜드 계곡을 빠져 나와 허둥지둥 도망쳤고, 흑인들은 다시 노예가 되지나 않을까 하는 두려움으로 하얗게 질려 있었다.

남군의 포대가 해리스버그에서 포격을 가하고 있었을 때, 리 장군은 북군이 후방에서 남군의 통신선을 끊으려 한다는 사실을 알게 되었다. 그러자 리 장군은 화난 소가 개를 쫓아가듯 주위를 빙빙 돌았다. 그러던 중 아주 우연히 그 소와 개(남군과 북군을 뜻함-옮긴이)는 신학교가 있는 펜실베이니아의 한 조용하고 작은 마을인 게티즈버그라고 하는 지역에서 미국 역사상 가장 유명한 전투를 벌이게 되었다.

전투가 벌어진 지 단 이틀 만에 북군은 2만 명의 병사를 잃고 말았다. 이윽고 셋째 날, 리 장군은 조지 피켓 장군이 이끄는 용맹무쌍한 부대로 북군을 괴멸시키려는 작전을 세웠다.

리 장군은 이 작전에서 새로운 전술을 사용하고자 했다. 사실 리 장군은 그때까지는 방벽을 쌓아놓고 싸우거나 숲에 숨어서 전투를 벌여 왔다. 그런데 이번에는 탁 트인 장소에서 맹렬하게 공격하는 작전을 세웠던 것이다.

하지만 뛰어난 보좌역을 맡았던 롱스트리트 장군이 이런 작전에 제동을 걸었다.

"리 장군님, 지금은 쉽게 공격할 수 있는 상황이 아닙니다. 적의 포대도 그렇거니와 가파른 산을 넘어야 하며 적의 방책까지도 뚫어야 합니다. 또 우리는 보병으로 포병과 싸워야 합니다. 우리 부대가 진격해야 할 지형을 보십시오. 1.6킬로미터 정도 펼쳐진 개활지로 누구든 공격을 시작하면 고스란히 상대의 포격권에 노출되는 지형입니다. 1만 5

천 명의 병사를 전투에 배치시켜서는 결코 진지를 빼앗을 수 없다고 생각합니다."

하지만 리 장군은 의지를 굽히지 않았다.

"우리 남군은 최고의 군대요. 지휘만 잘하면 어디든지 진격할 수 있고 어떤 것이든지 할 수 있소."

리 장군은 결심을 굳혔지만, 자신의 군 생활 중 가장 커다란 오점이 되는 유혈 참극을 불러일으켰다.

남군은 세미너리 리지에 이미 150여 대의 대포를 배치해 놓고 있었다. 게티즈버그에 가면 운명의 6월 오후 그 당시 그대로, 탄막을 쳤던 그대로의 모습을 볼 수 있다.

이처럼 롱스트리트 장군은 게티즈버그 전투에서만큼은 리 장군보다 날카롭게 상황을 판단했다. 그는 이 작전은 병사들을 죽음으로 몰아갈 뿐 무의미하다고 생각하고, 고개를 떨어뜨리고 눈물을 흘리며 병사들에게 공격 명령을 내리지 않았다. 결국 피켓 장군이 대신 명령에 복종하여, 남군을 이끌고 서구 역사상 가장 극적이고 또한 비극적인 전투를 치르게 되었다.

공교롭게도 그날 공격에서 선봉을 맡은 피켓 장군은 링컨의 오랜 친구였다. 사실 링컨은 그가 사관학교에 갈 수 있도록 해주었다. 피켓은 보기에 재미있는 사람이었다.

그는 거의 어깨까지 치렁치렁 머리카락을 늘어뜨리고 이탈리아 전투에 나섰던 나폴레옹처럼 전쟁 중에도 뜨거운 연애편지를 거의 날마다 썼다. 오른쪽 귀가 덮이도록 모자를 삐딱하게 쓴 채 그날 오후 그가 의기양양하게 앞으로 돌진하자, 병사들은 환호성을 내지르며 대오를 맞춰 군기를 흔들고, 햇빛에 번득이는 총검을 들고 그의 뒤를 따랐다. 그들이 용맹스럽게 돌진하는 광경은 마치 그림 같았다. 한마디로 장관이었다. 북군 진영 여기저기에서도 그 모습을 보고 감탄의 목소리가 흘러나왔을 정도였다.

피켓 휘하의 부대는 과수원과 옥수수 밭, 초원과 계곡을 넘어 가벼운 발걸음으로 신속하게 앞으로 나아갔다. 북군의 대포로 인해 끊임없이 대열이 흐트러지곤 했지만, 그들은 곧바로 그 자리를 메우며 냉엄하고, 누구도 저항할 수 없을 정도의 강인한 자세로 대열을 정비해나갔다.

그런데 갑자기 리지 묘지 석벽에 숨어 있던 북군 보병이 나타나 무방비 상태에 있던 피켓 부대에 일제히 사격을 가했다. 산등성이는 온통 불길에 휩싸여 아수라장이 되었고, 불타는 화산이나 마찬가지였다. 채 몇 분이 되지 않아 단 한 명의 지휘관을 제외하고 모든 지휘관들이 쓰러졌으며, 5천 명 가운데 무려 4천 명이 목숨을 잃고 말았다.

캠퍼가 지휘하던 1천 명의 병사가 쓰러졌고,
가넷이 피 흘린 자리에 1천 명의 병사가 죽었네.
눈이 멀 것 같은 불길과 질식할 것만 같은 연기 속에서,
포격에서 목숨을 건진 병사들은 흩어져
아미스티드의 지휘하에 방어진으로 돌진했네.

아미스티드는 모자를 칼끝에 건 채 석벽을 뛰어넘으면서 마지막으로 돌격하는 부하들에게 외쳤다.
"자, 이제 적들에게 총검의 매서운 맛을 보여주자!"
병사들은 진지로 뛰어들어 총검으로 적을 찔렀고, 개머리판으로 적의 머리를 후려쳤다. 그리고 리지 묘지에 남군 깃발을 꽂았다.

그러나 그 깃발은 아주 잠시 동안만 휘날렸을 뿐이었다. 비록 짤막하게 기록되었지만, 남군의 최고 절정의 순간이었다.

피켓의 공격은 번뜩였고 영웅적이기는 했지만, 종말의 전주곡에 불과했다. 리 장군은 패배하고 말았다. 그는 북군 진영을 뚫고 나아가지 못했다. 물론 그 자신도 이미 그렇게 되리라는 사실을 잘 알고 있었다. 남군의 운명은 이미 결정 나 있었다.

살아남은 피켓의 병사들이 피를 흘리며 북군의 무시무시한 공격을 피해 간신히 퇴각해오자 리 장군은 말을 탄 채 병사들을 맞이했다. 그리고 "모든 잘못은 내게 있다. 이 전투를 패배로 이끈 장본인은 바로 나다."라고 스스로를 장엄하게 질책하며 말했다.

7월 4일 밤부터 리 장군이 이끄는 남군은 후퇴하기 시작했다. 비가 심하게 내리고 있었기에, 리 장군이 포토맥 강변에 도착했을 때는 수위가 너무 높아서 강을 건널 수 없었다.

리 장군은 뒤에서는 기세등등한 북군이 바짝 추격해오고, 앞에는 건널 수 없는 강이 놓여 있는, 이럴 수도 저럴 수도 없는 처지가 되고 말았다. 미드 장군으로서는 리 장군을 마음껏 주무를 수 있는 상황이었다. 이제 링컨은 남군의 측면과 뒤를 급습하여 병사를 붙잡아, 전쟁을 즉각 종결시킬 수 있는 절호의 기회를 얻게 된 사실에 기뻐했다. 만약 그랜트 장군이 그곳에 있었더라면, 링컨의 생각대로 아마 그렇게 되었을 것이다.

하지만 허영심이 강하고 고지식한 미드 장군은 그랜트 장군처럼 불도그와 같이 맹렬히 공격하는 사람이 아니었다. 일주일 내내 링컨은 미드 장군에게 계속해서 추격하라고 명령했다. 하지만 그는 너무도 신중하고 소심했다. 그는 공격하고 싶지 않았다. 자꾸 머뭇거리며 갖은 핑계를 대면서 전보를 보내왔다. 또한 명령을 노골적으로 위반하며 작전 회의만 열고 있었다. 이렇게 미드 장군이 아무것도 취하지 않는 사이 강물은 줄어들었고, 리 장군은 도망치고 말았다.

링컨은 화가 단단히 났다.

"이게 뭐란 말인가? 도대체, 이게 뭐란 말인가? 적은 독 안에 든 쥐였고 우리 쪽에서 조금만 손을 썼더라면 승리는 우리 것이었는데. 그런데 내 명령에도 우리 군대는 아무 조처도 취하지 않다니. 그런 상황이라면, 어떤 장군이라도 리를 무찌를 수 있었는데. 설령 내가 거기에 있었더라도, 그를 물리칠 수 있었을 텐데!"

몹시 낙담한 링컨은 미드 장군에게 다음과 같은 편지를 썼다.

친애하는 미드 장군께.

나는 당신이 리 장군의 탈출로 인해 닥쳐올 불행한 사태의 심각성을 제대로 인식하고 있다고 생각하지 않습니다. 리 장군은 확실히 우리의 수중에 있었고, 장군이 추격만 했다면 최근 우리 군대가 거둔 전과로 볼 때 전쟁은 종결되었을 겁니다. 그러나 이제 전쟁은 무기한 길어지게 되었습니다. 장군이 만약 지난 월요일, 리 장군을 안전하게 공격할 수 없었다면, 지금 장군에게 그날 병력의 3분의 2밖에 없는 상황에서 앞으로 어떻게 강 이남에서 공격할 수 있겠습니까? 앞으로 장군의 활약을 기대한다는 것은 무리라고 생각됩니다. 이제 나는 장군이 많은 것을 완수하리라고 기대하지 않습니다. 장군은 하늘이 주신 기회를 놓치고 말았습니다. 그 때문에 나 역시 말할 수 없는 괴로움을 겪고 있습니다.

링컨은 이 편지를 쓰고 난 뒤 망연자실한 채 창문을 응시하며 잠깐 생각에 잠겼다. 링컨은 아마 다음과 같이 마음속으로 생각했을지도 모른다.

'내가 만일 미드 장군처럼 전장에 있었더라면…… 성격도 그와 비슷한데다 소심한 부하들의 조언을 들었더라면, 만약 밤을 지새우며 그토록 많은 피를 보았더라면, 나도 리 장군의 탈출을 막지는 못했으리라.'

링컨은 그 편지를 보내지 않았으므로 미드 장군은 결코 편지를 볼 수 없었다. 그것은 링컨이 죽고 난 뒤 그에 관한 자료를 찾던 중 우연히 발견되었다.

게티즈버그 전투는 7월 첫 주 내내 계속되었다. 6천 명이 전사했고, 2만 7천 명이 부상을 입었다. 교회와 학교, 헛간이 병원으로 바뀌었다. 고통의 신음 소리가 천지에 가득했고 죽어가는 사람이 속출했으며, 찌는 듯한 더위에 시체는 급속도로 부패했다. 서둘러 시체를 매장했지만 무덤 팔 시간이 턱없이 부족했기에 시체를 살짝 덮을 정도로만 흙을 덮었다. 그 후 일주일에 걸쳐 폭우가 쏟아졌고, 반쯤 드러난 시체들이 여기저기에 즐비했다. 임시로 만든 무덤에 묻혀 있던 북군 전사자들을 모아, 시체들을 한곳에 묻었다. 가을이 되자 묘지 위원회는 국립묘지 봉헌식을 위해 당대 최고의 연설가인 에드워드 에버렛을 초청했다.

위원회는 링컨 대통령과 내각, 미드 장군, 상하원 의원, 각계 유명 인사들, 그리고 외교 단체 위원들에게 봉헌식에 참석해달라는 초대장을 보냈다. 하지만 많은 사람들이 그 초대를 거절했기에, 참석자는 매우 적었다. 따라서 위원회 측에서는 링컨 대통령이 그 자리에 참석하리라고는 꿈에도 생각하지 않았다.

사실 그들은 대통령이라고 해서 굳이 초대장을 보내지도 않았기에, 대통령도 단지 인쇄되어 있는 관련 내용을 받아 보았을 뿐이었다. 위원회 측에서는 비서진이 링컨에게 그 초대장을 제대로 전달하지도 않고 휴지통에 던질 것이라고 생각했다.

그래서 위원회 관계자들은 링컨이 참석한다는 말을 듣고 놀랐으며 조금은 당황하기까지 했다. 그렇다면 그들은 어떻게 해야만 했는가? 링컨 대통령에게 연설해달라고 해야 했나? 그들 중에는 대통령이 너무 바빠서 연설 준비를 할 시간이 없을 거라고 하는 사람도 있었고, 어떤 사람은 솔직하게 "시간이 되시면, 연설이 가능하실까요?" 하고 묻기도 했다. 대통령이 제대로 연설을 할 수 있을지 의심스러운 상황이었다.

물론 대통령은 일리노이 주에서는 연설을 할 수 있었지만 묘지의 봉헌식에서의 연설은 달랐다. 그곳은 링컨 스타일이 아니었다. 하지만 어쨌든 대통령이 오겠다고 했으니, 그들은 무엇인가 조치를 취해야만 했다. 결국 그들은 링컨에게 에버렛의 연설이 끝난 후에 '몇 가지 적절한 말씀'을 해달라는 부탁의 편지를 보냈다. 그들의 표현대로 '몇 가지 적절한 말씀'을 해달라는 것이었다.

초대장을 보내지 않은 것만으로도 무례였다. 하지만 대통령은 받아들였다. 왜일까? 거기에는 숨겨진 재미있는 이야기가 있다. 지난 가을에 링컨은 앤티텀 전투 현장을 방문했고, 그러던 중 어느 오후 일리노이에서 온 오랜 친구 워드 래몬과 마차를 타고 가던 링컨은 그 친구에게 '조금 슬픈 노래

(sad little song)'라고 일컬어지는 노래를 불러달라고 부탁했다. 그 노래는 링컨이 가장 좋아하는 노래였다.

래몬은 이렇게 말했다. "일리노이에서 순회 재판을 같이 다닐 때는 매우 자주, 그리고 백악관에서 단 둘이 있을 때는 가끔씩, 내가 그 익숙한 노래를 들려주었을 때 대통령은 눈물을 흘렸습니다."

이 노래('Twenty Years Ago' 등 몇몇 제목으로 전해지고 있는 아주 구슬픈 노래-옮긴이)는 다음과 같다.

> 톰, 나는 마을을 돌아다니다가 나무 그늘 아래 앉았다네.
> 학교 운동장에 있는 이곳은 너와 나를 보호해주었지.
> 하지만 톰, 아무도 날 반겨주지 않았고, 아무도 날 알아보지 못했네.
> 20년 전쯤에 우리와 풀밭에서 뛰어놀았던 그 사람들이.
>
> 봄이 가까이 오면, 느릅나무 위에 내가 너의 이름을 새겼지.
> 톰, 네 애인의 이름은 그 밑에 있었고, 너도 똑같이 내 이름을 새겨주었지.
> 어떤 무정한 녀석이 나무껍질을 벗겨버렸고, 나무는 천천히 죽어갔다네.

20년 전쯤에 네가 이름을 새겼던 애인이 죽어갔듯이.

톰, 내 눈꺼풀이 마른 지 오래되었지만, 눈에서 눈물이 흘렀다네.
나 또한 사랑했던 그녀를 생각했다네. 옛날에 깨어진 그 사랑을.
나는 오래된 묘지에 가서, 꽃을 몇 송이 뿌렸다네.
20년 전쯤에 우리가 사랑했던 사람들의 무덤 위에.

래몬이 노래를 했을 때, 링컨은 아마 자신이 사랑했던 단 한 사람뿐인 여인, 앤 러틀리지에 대한 추억에 빠졌을 것이다. 그리고 일리노이 대평원의 아무도 돌보지 않는 무덤에 누워 있는 그녀를 생각했을 것이다. 이런 가슴 아픈 기억이 솟구쳐 나오자 링컨의 눈은 눈물로 흥건히 젖었다. 그러자 잠시 링컨을 우울함에 젖게 내버려둔 채 래몬은 익살스러운 흑인 노래를 부르기 시작했다.

앤티텀에서 있었던 일은 고작 그것뿐이었다. 누군가에게 전혀 해가 될 것이 아니었고 충분히 공감이 가는 일이었다. 하지만 링컨의 정적들은 그것을 왜곡하고 현혹시켜 전국적으로 망신을 시켰다. 그들은 그것을 마치 추잡한 행위로 보이게 했다. 뉴욕의 〈월드〉는 거의 석 달 동안 하루도 빠뜨리지 않고 이 내용을 반복해서 실었다. 링컨은 전쟁터에서 농담을 지껄이고 '무거운 임무를 맡은 병사들이 전사자들을 매장하는 곳에서' 우스운 노래를 불렀다고 비난 받았다.

사실 그는 농담도 전혀 하지 않았고, 노래도 하지 않았으며, 그 일은 전쟁터에서 수 킬로미터 떨어진 곳에서 이루어진 것이었고, 죽은 병사들은 그전에 모두 묻혔으며, 그 뒤 비가 무덤에 내렸던 것이다. 사실은 이와 같았다. 하지만 그의 정적들은 이런 사실을 원하지 않았다. 그들은 링컨의 희생을 간절히 바랐다. 신랄한 비난의 소리가 온 나라를 휘몰아쳤다.

링컨은 깊은 상처를 입었다. 그는 너무도 괴로운 나머지 화가 나서 이런 비난을 더 이상 참을 수 없었지만, 그것들에 대꾸를 해야 한다고 생각하진 않았다. 왜냐하면 대꾸를 하게 되면 오히려 그러한 비난이 그럴듯하게 여겨질 터이기 때문이었다. 그래서 그가 조용히 인내하고 있었을 때 게티즈버그 묘지의 헌납식에서 연설을 해달라는 초대장이 오자 기꺼이 받아들였던 것이다. 자신을 비난하는 사람들을 잠재우고 영예롭게 죽은 자들에게 겸허한 마음으로 경의를 표할 절호의 기회였다.

초청장이 늦게 도착해 연설을 준비할 시간이 2주밖에 남지 않은 바람에 그는 옷을 입을 때도, 면도를 할 때도, 점심 식사를 할 때도, 그리고 스탠턴의 집무실과 백악관 사이를 오가면서도 짬짬이 연설에 대해 생각해야 했다. 또 그는 전쟁부 사무실의 가죽 소파에서 잠시 쉴 때도, 새로운 전보를 기다리는 동안에도 연설에 대해 생각했다. 그는 간략한 연설문 초안을 하늘빛 종이에 적어 모자 속에 넣어 가지고 다녔다. 연설이 있기 전 주일에는 "이 연설문을 두세 번 반복해서 썼지만 끝내지 못했다. 만족스러울 때까지 한 번 더 다듬겠다."라고 말했다.

링컨은 헌납식이 있기 전날 밤, 게티즈버그에 도착했다. 작은 마을은 인파로 가득했다. 1,300명의 주민이 살고 있는 마을에 3천 명에 가까운 인파가 몰려들었다. 날씨는 쾌청했고, 구름 한 점 없는 밤하늘에는 보름달이 높이 떠 있었다. 극히 일부분의 사람들만 잠자리를 구했고, 수많은 사람들은 날이 샐 때까지 여기저기를 서성거렸다. 인도는 순식간에 사람들이 몰려들어 걸을 수 없을 지경이 되었다. 수백 명의 사람들은 '존 브라운의 시체는 무덤에 있다네'라는 노래를 부르며 팔짱을 낀 채 먼지 나는 도로를 행진했다.

링컨은 그날 저녁 내내 다시 또 연설문을 마무리하느라

정신이 없었다. 그는 11시에 수어드 장관이 묵고 있는 옆집으로 가서 그에게 연설문을 읽어주고 나서 비평을 부탁했다. 다음 날 아침 식사 후, 무덤으로 가는 행렬에 동참해야 할 시간임을 알려주는 똑똑 소리가 문에서 날 때까지 계속해서 원고를 다듬었다.

무덤으로 가는 행렬이 출발하자 링컨은 그제야 몸을 바로 세우고 앉았다. 그러나 말 위에 앉았더니 앞으로 몸을 굽혔다. 고개를 가슴에 묻은 채 긴 팔을 양쪽으로 축 늘어뜨렸다. 생각에 푹 빠져, 짧은 연설 내용을 되뇌어보며 다시 한 번 내용을 가다듬었다.

헌납식에서 연설하게 된 에드워드 애버렛은 게티즈버그에서 두 가지 실수를 저질렀는데, 둘 다 바람직하지 못했고 주제넘은 것이었다. 하나는 게티즈버그에 한 시간이나 늦게 왔다는 것이고, 다른 하나는 연설을 2시간 이상이나 했다는 것이다.

링컨은 에버렛의 연설을 세심하게 듣고 있었다. 에버렛의 연설이 거의 끝나고 자신이 연설할 시간이 다가오자, 링컨은 연설을 충분히 준비하지 못한 사실에 초조해졌다. 그는 다리를 꼬고 앉아 있다가 코트에서 원고를 꺼낸 다음 구식 안경을 꼈다. 그리고 재빨리 기억을 떠올렸다. 그러고는 앞으로 나아가 한 손에 원고를 들고 2분에 걸친 짧은 연설을 했다.

포근한 11월 오후, 청중들은 지금까지 인간의 입에서 나온 말 중 가장 위대한 연설을 듣고 있었다고 생각했을까? 그렇지 않았다. 대부분의 청중들은 단지 호기심이 발동했던 것뿐이었다. 그들은 미합중국 대통령의 얼굴도, 대통령의 연설도 처음이었다. 하나같이 링컨의 모습을 보기 위해 목을 뺐다. 그리고 장대처럼 큰 사람이 높고 가는 목소리를 가졌다는 사실과 남부 지방 억양으로 말한다는 사실에 깜짝 놀랐다. 사람들은 링컨이 켄터키 태생이라는 사실을 미처 생각하지 못했으며, 그가 태어났던 고향의 억양을 그대로 갖고 있다는 사실도 알지 못했다. 이런 상황에서 군중들은 링컨이 이제 막 머리말을 끝내면서 본 연설에 들어갈 준비를 한다고 여기고 있었다. 그런데 그는 이미 연설을 마치고 자리에 앉아 있었다.

대통령이 무슨 말을 했지? 연설하려고 한 내용이 정말 그게 전부라고? 군중들은 놀라고 실망해서 박수조차 보내지 않았다.

링컨은 봄에 몇 번이고 인디애나로 돌아가 무뎌진 쟁기로 땅을 일구고자 했다. 그런데 흙이 쇠붙이에 들러붙어 엉망

진창이 되어서 '씻어지지'가 않았다. 그 말은 보통 사람들이 쓰는 말이었다. 평생 링컨은 일이 실패로 끝났음을 말하고 싶을 때, 옥수수 밭에서 썼던 그 표현을 자주 사용했다. 그는 절친한 친구 워드 래몬에게 "연설은 완전히 실패로 끝났어. 이를 씻어버릴 수는 없을 거야. 사람들은 실망한 게 분명해."라고 했다.

그의 말은 옳았다. 사람들은 물론 기차역에 있던 에드워드 에버렛을 비롯한 수어드 장관 역시 실망했다. 그들은 모두 링컨이 완전히 실패했다며 유감스럽게 생각했다.

링컨은 너무 괴로운 나머지 근심하다 심한 두통에 걸리고 말았다. 워싱턴으로 돌아가는 길에는 기차의 특별 객실에서 누워 있다가 찬물로 머리를 감아야 했을 정도였다.

링컨은 게티즈버그에서 완전히 실패했음을 알았고, 그의 연설이 직접적으로 영향을 미쳤다.

링컨은 특유의 겸손함으로 어느 누구도 자신의 연설을 주목하지도, 오랫동안 기억하지도 않을 것이라고 했으나, 게티즈버그에서 죽은 용감한 병사들은 절대 잊히지 않을 것이라고 생각했다. 만약 그가 지금 다시 살아나 많은 사람들이 기억하는 그의 연설이 게티즈버그에서 '씻어지지' 않았던 그 연설이었다면 얼마나 놀랄 것인가! 그가 게티즈버그에서 연설한 10여 줄의 불멸의 문장이 아마도 문학적으로는 가장 영광된 것이며, 남북전쟁이 거의 잊혀져 가는 지금까지도 오랫동안 소중하게 사람들의 가슴속에 새겨져 있다는 사실을 링컨이 알게 된다면 또 얼마나 놀랄 것인가!

링컨의 게티즈버그 연설은 단순한 연설이 아니었다. 그것은 평생 고난을 통해 고양되고 위대해진 훌륭한 정신에서 나온 신성한 표현이었다. 또한 마음 깊숙이서 우러나온 산문시였으며, 위엄 있는 아름다움 그 자체였고, 심오한 서사시의 낭랑한 울림이었다.

> 지금으로부터 87년 전,
> 우리의 선조들은 이 대륙에
> 자유에 기반하고
> 모든 인간은 평등하게 창조되었다는 신조를 받드는
> 새로운 국가를 탄생시켰습니다.
>
> 지금 우리는 거대한 내전을 치르고 있고
> 우리 선조들이 세운 국가가,
> 자유에 기반하고 평등을 떠받드는 그 국가가
> 과연 이 지상에 존재할 수 있는지 없는지를

시험 받고 있습니다.
오늘 우리는 남군과 북군 사이에
큰 싸움이 벌어졌던 전쟁터에 모여 있습니다.
우리는 이 나라를 살리기 위해
목숨을 바친 분들께
마지막 안식처가 될 수 있도록
이 전쟁터의 일부를 봉헌하고자
이곳에 왔습니다.
마땅히 우리가 해야 할 일입니다.

그러나 넓은 의미에서 보면,
우리가 이 땅을 봉헌하거나 신성하게 할 수는 없습니다.
숨을 거두었거나 혹은 생존해 있거나
이곳에서 목숨 바쳐 싸웠던 그 용감한 분들이
이 땅을 신성하게 만들었기 때문입니다.
우리의 미약한 힘으로는
그 위에 보탤 수도 뺄 수도 없습니다.
우리가 이 자리에서 한 말을
세계가 주목하거나 오래 기억하지는 않을 것입니다.
하지만 그 용감한 분들이 이곳에서 행한 일은

결코 잊히지 않을 것입니다.
이곳에서 싸운 분들이
그토록 고결하게 이끌었지만
끝내 이루지 못한 과업을 위해, 이곳에 봉헌해야 할 사람은
이제 살아 있는 우리들입니다.
우리 앞에 남겨진 위대한 과업을 위해
지금 이곳에 우리들 자신을 봉헌해야 합니다.
그분들이 마지막 목숨을 내던지며 지키고자 했던 대의를 위해
이토록 명예로운 죽음을 받들어
우리는 더욱 헌신해야 합니다.
그분들의 죽음을 헛되이 하지 않을 것을 굳게 다짐합니다.
하느님의 가호 아래 이 나라는 새로운 자유의 탄생을 맞이하게 될 것입니다.
국민의, 국민에 의한, 국민을 위한 정부는
이 지상에서 결코 사라지지 않을 것입니다.

온 나라가 기다려왔던
위대한 지휘관, 그랜트

※ 7 ※

남부 연합의 중요한 요새인 포트 도넬슨을 함락시킨 그랜트는
온 나라가 기다려왔던 위대한 지휘관으로 급부상했다.
그리고 빅스버그 전투에서 4만 명의 포로를 붙잡고 미시시피 전 지역을
북군의 손아귀에 넣어 남부 연합을 분열시킨 그랜트는 중장으로
진급해 북군의 총사령관이 되었다.

1861년에 전쟁이 시작되었을 때, 일리노이 주 걸리나에 꾀죄죄하고 실의에 빠진 한 남자가 피혁 가게의 상자 위에 앉아서 진흙으로 만든 담뱃대로 담배를 피우고 있었다. 그의 직업을 말한다면, 회계원이자 농부들로부터 돼지들과 짐승의 가죽을 사들이는 사람이었다.

이 가게의 주인은 그의 두 동생들이었다. 예전에 동생들은 형이 이 가게에서 일하는 것을 전혀 원치 않았다. 그래서 수개월 동안 그는 일자리를 구하러 세인트루이스 거리 여기저기를 돌아다녔지만, 결국 아내와 네 명의 아이들은 굶주림에 허덕이는 처지였다. 마침내 절망한 그는 차표를 살 돈

몇 달러를 빌려 켄터키에 있는 아버지에게 도움을 청하러 갔다. 나이 드신 아버지는 돈을 상당히 많이 가지고 있었지만, 돈을 조금도 떼어주기 싫어했다. 그래서 아버지는 걸리나에 있는 두 아들에게 편지를 보내 형에게 일자리를 주라고 했다.

그래서 두 동생은 다른 무엇보다도 집안일과 가족애가 중요하기에, 형을 고용했다.

일당은 하루에 2달러였는데, 그 정도면 능력을 후하게 쳐준 것이었다. 왜냐하면 그는 산토끼만큼이나 업무 능력이 없었기 때문이었다. 그는 나태하고 게을렀으며, 옥수수 위스키를 너무 좋아해서 끊임없이 빚을 지고 있었다. 그래서 친구들조차 그가 멀리서 다가오는 모습을 보면, 다른 쪽으로 길을 건너 피해가곤 했다.

여태껏 그가 손대서 했던 일들은 모두 실패와 좌절로 끝이 났다. 그때까지는 그랬다. 하지만 더 이상은 그렇지 않았다. 좋은 소식과 놀라운 행운이 아주 가까이에 와 있었다. 조금만 더 지나고 나면 그는 하늘에 떠 있는 유명한 유성처럼 타오를 운명이었다.

당시 그는 자신의 고향에서 존경을 받지 못했지만, 3년이 지나면 그는 이 세상에서 가장 막강한 군대를 통솔할 것이었다. 그리고 4년이 지나면 그는 리 장군을 정복하여 전쟁을 끝내고, 역사의 한 페이지에 불타오르는 글자로 그의 이름이 새겨질 것이었다. 또 8년 후에 그는 백악관에 있게 될 것이었다.

그 이후에는 걸리나에서 사람들이 피해 다녔던 바로 그가 전국을 돌며 승전 여행을 하게 될 것이다. 전국의 유력 인물들도 그에게 온갖 명예와 훈장, 꽃다발을 가득 바치게 될 것이고, 저녁 식사 후에는 그에 관해 온갖 칭찬을 늘어놓게 될 것이다. 놀라운 일이었다.

여기저기 모든 게 이상했다. 심지어 그의 어머니의 태도 또한 이상했다. 그에게 관심을 많이 보이는 것 같지 않았다. 나중에 대통령이 되었을 때에도 그를 찾아가려고 하지 않았고, 그가 태어났을 때는 이름을 지어주는 것조차 귀찮아 했다. 친척들도 일종의 제비뽑기로 그의 이름을 지어주었다. 그가 태어난 지 6주 후에 친척들은 자신들이 가장 좋아하는 이름을 종이 봉지를 찢은 조그마한 쪽지에 적어, 그것을 모자 안에 넣고 섞어 하나를 뽑았다. 그의 할머니 심슨은 호머 책을 읽고 있다가 실수로 '하이럼 율리시스(Hiram Ulysses)'라고 써버렸다. 우연히 그것이 뽑히는 바람에, 그는 17년 동안 고향에서 그 이름으로 불리게 되었던 것이다.

하지만 숫기가 없고 머리가 둔해서, 마을의 재치 있는 사람들은 그를 '쓸모없는' 그랜트라고 불렀다.

웨스트포인트에서도 그는 여전히 다른 이름으로 불렸다. 그를 사관학교에 추천하는 서류를 작성한 정치가는 그의 중간 이름이 할머니의 처녀 때 이름인 심슨임에 틀림없다고 여기는 바람에 그는 'U. S. 그랜트'로 통하게 되었다. 생도들은 이것을 알고 웃으며 모자를 하늘로 던지며, "야, 이제 우리에게 샘 아저씨(Uncle Sam)가 생겼다."고 소리쳤다. 평생 학교 동창들은 그를 샘 그랜트로 불렀다.

그는 개의치 않았다. 친구도 거의 사귀지 않았고, 사람들이 자신을 뭐라고 부르든 신경 쓰지 않았으며, 어떻게 보이는지에 대해서도 관심이 없었다. 옷에 단추를 채우지도, 총을 깨끗이 손질하지도, 신발을 닦지도 않았으며, 점호 때 종종 늦곤 했다. 또한 나폴레옹과 프리드리히 대왕이 사용했던 군 행동 방침을 숙달하지도 않았고, 사관학교에서 많은 시간을 『아이반호』나 『모히칸족의 최후』와 같은 책을 열심히 읽는 데 보냈다.

그가 군사작전에 관한 책을 읽지 않았다는 것은 믿을 수 없는 일이다. 그가 전쟁을 승리로 이끌었을 때, 보스턴 사람들은 그에게 책을 구입해주기 위해 기금을 모았고, 소장하고 있던 책을 알아내기 위해 위원회를 소집했다. 하지만 놀랍게도, 위원회는 그랜트가 군과 관련된 학술서를 한 권도 가지고 있지 않다는 사실을 알게 됐다.

그는 웨스트포인트와 군대, 그리고 그것들과 관련된 모든 것을 싫어했기 때문에, 훗날 세계적으로 유명한 사람이 되어 독일군의 열병식을 받았을 때도 비스마르크에게 다음과 같이 말했다.

"저는 군사(軍事)와 관련된 것에는 정말 관심이 없습니다. 사실 저는 군인보다는 농부가 맞지요. 저는 전쟁에 두 번 참가했는데, 군에 들어갈 때 후회하지 않은 적이 없었으며, 나올 때 기뻐하지 않은 적이 없었습니다."

그랜트는 자신을 끊임없이 괴롭힌 게으른 버릇이 있었으며, 공부하는 것을 싫어했다. 웨스트포인트를 졸업했을 때도 그는 'knocked'의 철자를 처음에 있는 'k' 없이 썼고, 'safety'는 'e' 없이 썼다. 하지만 숫자에는 상당히 밝아서 수학 교수가 되고 싶었지만, 어떤 일자리도 얻을 수 없었다. 그래서 11년을 정규군으로 보냈다. 먹고살기 위해서는 무언가를 해야만 하는 터에, 군인이 되는 것이 생계를 해결하기 위한 가장 손쉬운 길로 보였던 것이다.

1835년, 그는 캘리포니아의 홈볼트 항구에 배치되었다.

가까운 마을에는 라이언이라는 별난 사람이 있었다. 라이언은 상점도 운영하고 제재소도 가지고 있었으며, 주중에는 측량을 했고, 주일에는 설교를 했다. 그 당시 위스키 가격이 저렴해서 라이언 목사는 그의 가게 뒤쪽에 뚜껑을 개봉한 위스키 통을 보관했다. 술통 위에 양철 컵이 매달려 있어서, 마시고 싶으면 언제든지 마음대로 마실 수 있었다. 그랜트는 자주 가서 마셨다. 외로웠으며, 싫어했던 군 생활을 잊어버리고 싶었다. 그러다 보니, 걸핏하면 취해 있는 바람에 사실상 군대에서 쫓겨나야만 했다.

그는 수중에 1달러도 없었고, 일자리도 없었다. 그래서 미주리 주 동쪽 지역을 떠돌아다니며 4년간을 그의 장인이 소유하고 있는 80에이커의 농장에서 옥수수를 경작하고 돼지들에게 밥찌끼를 주며 보냈다. 겨울에는 나무를 잘라서 세인트루이스로 날라 사람들에게 팔았다. 하지만 해마다 점점 일이 뒤쳐지는 바람에 더 많은 돈을 빌려야만 했다.

마침내 농장 일을 그만두고, 세인트루이스로 가 부동산을 팔고 일자리를 얻고자 했지만, 그것도 완전히 수포로 돌아갔다. 그러자 무엇이 되었든 아무 일자리라도 찾으려고 수 주일 동안 그저 마을을 정처 없이 돌아다녔다. 이제 자포자기의 신세가 되어 식료품 외상값을 구하기 위해 아내 소유의 흑인들까지 돈을 받고 다른 집에 빌려주어야 할 처지가 되었다.

이 대목이 남북전쟁에 대한 가장 놀랄 만한 사실 중에 하나인 것이다. 리 장군은 노예제도는 잘못된 것이라고 생각하고 전쟁이 일어나기 오래전에 자신이 소유하고 있던 흑인 노예들을 풀어주었다. 하지만 그랜트의 아내는 자신의 남편이 노예제를 없애기 위해 북군을 이끌고 있는 바로 그때에도 노예들을 소유하고 있었다.

전쟁이 일어나자, 그랜트는 걸리나의 피혁 가게에서 일하기가 싫어졌고 군대로 돌아가고 싶었다.

웨스트포인트 졸업생에게는 그 길이 쉬운 것임에 틀림없었다. 그때 군대는 수십만 명의 경험이 없는 신병들을 타이르고 격려하여 제구실을 하게끔 만들어나가야 했다. 하지만 그렇지가 않았다. 걸리나에서는 중대 지원병을 모집했고, 어쨌든 훈련에 관한 것을 아는 자는 그 마을에서 그랜트뿐이었기에 그가 지원병들을 훈련시켰다. 그러나 지원병들이 총과 꽃다발을 들고 전쟁터로 행진했을 때, 그랜트는 보도에서 그들을 지켜보고 서 있어야만 했다. 다른 사람이 지휘관으로 뽑혔기 때문이다.

그때 그랜트는 국방부로 자신의 이력을 보내 연대장으로

임명해달라는 편지를 보냈다. 하지만 답장이 없었다. 그가 대통령이 되고 난 뒤에야 국방부에 보관되어 있던 그 편지가 발견되었다.

마침내 그는 스프링필드의 참모실에서 15세 소녀도 할 수 있는 사무적인 일을 얻게 되었다. 하루 종일 모자를 쓴 채 끊임없이 담배를 피워대며 일했다. 부서지고 낡은데다 다리가 세 개뿐이라서 지탱하기 위해 구석에 밀쳐놓은 책상 위에서 명령서들을 쉴 새 없이 복사했다.

그때 완전히 예기치 않은 일이 일어났다. 그를 유명하게 만든 사건이었다. 일리노이 주의 21연대 지원병들이 무장한 폭도가 되어버렸던 것이다. 그들은 명령을 무시했고, 중대장에게 욕설을 퍼부었으며, 나이 든 연대장 구드를 막사에서 몰아내며, 또다시 나타나면 껍질을 벗겨 풋사과가 열리는 나무에 걸어 못질하겠다고 했다.

예이츠 주지사는 걱정이 되었다. 그는 그랜트를 높이 평가하진 않았지만, 결국 웨스트포인트를 졸업한 자였기에 그랜트에게 기회를 한 번 주었다. 1861년 햇빛이 밝게 비친 7월 어느 날, 자기 외에는 누구도 맡을 수 없는 연대장직을 인계 받기 위해 그랜트는 스프링필드의 탁 트인 땅을 걸어 들어갔다.

그가 가지고 다니는 지휘봉과 허리에 묶여 있는 빨간색의 큰 손수건, 이것들이 그의 권위를 나타내는 유일한 표시였다.

그는 말도 없었고 군복도 없었으며, 그것을 살 돈도 없었다. 땀으로 얼룩진 모자는 위에 구멍이 났고, 낡은 코트 사이로 팔꿈치가 드러나 있었다.

부하들은 그를 보자마자 놀려대기 시작했다. 어떤 녀석은 뒤에서 그를 툭툭 쳤고, 또 다른 녀석은 그 녀석 뒤에 있다가 그에게 갑자기 달려들기도 했으며, 세게 밀어 그를 앞으로 넘어뜨리기도 했고, 그의 어깨를 치기도 했다.

그랜트는 병사들의 상식 이하의 모든 행동을 즉각 중지시켰다. 만약 명령을 어기는 자가 있으면, 그자를 하루 종일 기둥에 묶어두었다. 만약 그자가 욕을 하면 입에 재갈을 물렸다. 만약 연대가 점호할 때 늦게 오면—모두가 가끔이기는 했지만—24시간 먹을 것을 주지 않았다. 걸리나 출신의 이 전직 피혁 구매상은 자기 병사들의 난폭한 기질을 길들여 미주리에서 전쟁을 치르게 했던 것이다.

또다시 놀랄 만한 행운이 뒤이어 바로 일어났다. 그 당시 국방부는 수십 명을 여단장으로 삼았다. 북서부의 일리노이 주에서는 일라이휴 B. 워시번을 국회로 보냈다. 정치적 야망으로 불타 있던 워시번은 고향으로 돌아가 열심히 해서 대중 앞에 나서고 싶어했다. 그래서 국방부에 갔을 때 여단장 한 명 정도는 자신의 지역에서 나오도록 요구했다. 거기까지는 좋았다. 그런데 누가 여단장이 되어야 하는가? 답은 간단했다. 워시번과 같은 지역 사람 중에서 웨스트포인트 졸업생은 단 한 명뿐이었다.

며칠 후 그랜트는 〈세인트루이스 신문〉 한 부를 샀는데, 거기에 자신이 여단장이 되었다는 놀라운 소식이 나와 있었다.

그는 일리노이 주 카이로에 있는 본부로 배속을 받아, 곧바로 임무를 수행하기 시작했다. 그는 병사들을 배에 태우고 오하이오로 가서, 켄터키의 전략 요충지인 퍼두커를 점령하고 컴벌랜드 강이 내려다보이는 포트 도넬슨을 공격하기 위해 테네시로 진군할 생각이었다. 핼럭과 같은 군사 전문가들은 이렇게 말했다. "말도 안 돼! 그랜트, 말이 되는 소리를 해야지. 그러면 안 돼. 자폭하는 거라고."

하지만 그랜트는 계속 밀고 나아가서, 한나절 만에 요새와 1만 5천 명의 포로를 손에 넣었다.

그랜트의 공격이 계속되자, 남군 사령관은 그에게 항복 조건을 준비하기 위해 일시 휴전을 제의했지만, 그는 다음과 같이 날카롭게 말했다.

"나의 유일한 협정은 무조건이고 즉각적인 항복이다. 즉시 너희들의 방어 보루를 접수하고자 한다."

이 짧은 메시지를 받은 남군 사령관 사이몬 버크너는 웨스트포인트에서부터 샘 그랜트를 알고 있었는데다, 그가 군대에서 쫓겨났을 때는 하숙비를 낼 돈을 빌려준 적이 있었다. 그 돈을 생각한 버크너는 그랜트가 좀 더 호의적인 태도를 보여줘야 하는 게 당연하다고 생각했다. 하지만 버크너는 그랜트를 용서하며 항복을 했고, 담배를 피우면서 그랜트와 지냈던 옛날을 추억하며 오후를 보냈다.

포트 도넬슨의 함락은 매우 큰 영향을 미쳤다. 북군이 켄터키를 구했고, 북군 병력을 저항 없이 320킬로미터 앞으로 나아가게 할 수 있었으며, 남군을 테네시의 많은 지역에서 쫓아냈다. 또한 남군의 군수품 수송로를 차단시켜 내슈빌과 미시시피의 지브롤터인 포트 콜럼버스를 함락시키게 되자, 남부 전 지역에 크나 큰 낙담을 안겨주었다. 교회에서는 종이 울리고, 메인 주에서부터 미시시피 주까지 환호의 햇불이 타올랐다.

엄청난 승리였으며, 유럽에도 대단한 영향을 주었다. 이것은 확실히 전투의 전환점이 되었다.

그때부터 U. S. 그랜트는 '무조건 항복'으로 알려지게 되었고, "즉시 너희들의 방어 보루를 접수할 것이다."는 북군의 슬로건이 되었다.

드디어 그는 온 나라가 기다려왔던 위대한 지휘관이 되었다. 국회는 그를 소장으로 진급시켰다. 그는 웨스턴 테네시 전쟁부의 사령관으로 임명되었고 곧 나라의 우상이 되었다. 한 신문은 그가 전쟁 중에 담배 피우기를 좋아했다고 하자, 정말로 담배 1만 상자가 그에게 쏟아졌다.

하지만 3주도 안 돼 결국 그랜트는 시샘하는 상관의 부당한 대우로 격정과 억울한 눈물을 쏟고 말았다.

그의 직속상관은 정말 영락없는 겁쟁이인 핼럭이었다. 푸트 해군 대장은 핼럭을 '전투의 백치'라고 했고, 핼럭을 자세히 알고 있던 링컨의 해군장관 기드온 웰스는 그를 다음과 같이 요약 설명했다.

"아무것도 시작하지 않으며, 아무것도 기대하지 않으며, 아무것도 제안하지 않으며, 아무것도 계획하지 않으며, 아무것도 결정하지 않는 핼럭은 아무 짝에도 쓸 데가 없으며, 꾸짖기나 하고, 담배나 피우고, 자신의 팔꿈치를 긁는 것 빼고는 아무것도 하지 않는다."

하지만 핼럭은 자신을 대단한 사람이라고 여겼다. 그는

웨스트포인트의 조교수였고, 군사전략과 국제법, 그리고 광산에 관한 책을 집필했으며, 은광과 철도회사의 사장이자 성공한 변호사이며, 프랑스어를 구사했고, 나폴레옹에 관한 방대한 책을 번역했다. 자신의 주장에 따르면, 그는 유명한 학자 '헨리 웨이저 핼럭'이었던 것이다.

그렇다면 그랜트는 핼럭이 어떤 사람이라고 여겼을까? 보잘것없고, 술고래이며 육군의 불명예스러운 지휘관일 뿐이었다. 그랜트가 포트 도넬슨을 공격하기에 앞서 찾아갔을 때 핼럭은 무례하게 대했고, 그랜트의 제안에 흥분하면서 모욕을 주며 잘라버렸다. 이제 그랜트는 위대한 승리를 했으며 나라가 그의 발아래 놓여 있었다. 그런데 핼럭은 세인트루이스에서 여전히 자신의 팔꿈치를 긁으며 주목 받지 못한 채 무시당하고 있었다. 이 때문에 핼럭은 초조해졌다.

설상가상으로, 그는 이 가죽 장수 출신이 자신을 무례하게 대하고 있다고 생각했다. 그가 그랜트에게 날마다 전보를 보냈지만 그랜트는 완강히 그의 명령을 무시했기 때문이다. 적어도 핼럭은 그랜트가 그렇게 한다고 여겼다. 하지만 오해였다. 그랜트는 보고를 받자마자 전보를 보냈지만, 도넬슨의 함락으로 통신이 끊어져 전보가 갈 수 없었다. 핼럭은 이 사실을 모르고 분개했다. 승리와 국민들의 찬사가 그랜트에게 쏟아지지 않았던가? 그런데도 핼럭은 갑자기 떠오른 이 젊은이를 훈계하려고만 했다. 답신을 받지 못하자 이제는 매클렐런에게 그랜트를 비난하는 전보를 계속해서 보냈다. 그랜트에 대해 이렇다느니 저렇다느니 비난을 쏟아냈다. 건방지고, 주정뱅이고, 게으르고, 명령을 무시했고, 무능력하다는 것이었다. 그러면서 그는 "태만하고 무능한 그랜트 때문에 피곤하고 지쳐버렸다."고 말했다.

매클렐런 역시 그랜트의 인기를 시기했다. 그래서 핼럭에게 다음과 같은 전보를 보냈는데, 역사적 관점에서 그것은 남북전쟁에서 가장 놀랄 만한 전보였다. "유능한 군인이 필요하다면 그(그랜트)를 지금 체포하는 것을 주저하지 마시오. 그리고 C. F. 스미스를 사령관으로 임명하시오."

핼럭은 즉시 그랜트의 지휘권을 박탈하고 사실상 감금시켜버렸다. 그런 다음에 의자에 기대어 앉아 잔인한 만족감을 느끼며 팔꿈치를 긁적거렸다.

이제 전쟁은 거의 1년이 되어갔으며, 북군에 상당한 승리를 안겨주었던 유일한 장군은 모든 권위를 빼앗긴 채 사람들의 망신거리가 되었다.

이후 그랜트는 사령관으로 다시 복귀했다. 그렇지만 샤일로 전투에서 비참하게도 큰 실수를 했다. 만약 존스턴 남군

사령관이 전투 중 피를 흘리며 죽지 않았다면, 그랜트의 군대는 모두 포위되어 점령당했을지도 몰랐다. 그 당시 샤일로는 오늘날 어떤 지역보다도 큰 격전지였으며, 그랜트가 이끈 군대는 1만 3천 명의 병사를 잃는 엄청난 손실을 냈다. 그는 어리석게 대처했으며, 불시에 습격을 받았던 것이다. 비난 받을 만한 실수였기에 그에게 거센 항의가 쏟아졌다. 샤일로 전투 당시 취해 있었다는 허위 사실로 비난 받았지만, 많은 사람들은 사실이라고 믿었다. 국민들의 분노가 최고조가 되어 전국에 휘몰아쳤고, 그의 해임을 강하게 요구했다. 하지만 링컨은 "이 사람이 꼭 필요합니다. 그에게 전장을 맡기겠습니다."고 말했다.

사람들이 링컨에게 그랜트가 위스키를 너무 마셔 취했다고 말하면, 링컨은 "어떤 술이었습니까?"라고 물으며, "몇몇 다른 장군들에게도 몇 박스 보내주고 싶습니다."라고 말했다.

1월이 되자 그랜트 장군은 지휘를 맡아 빅스버그를 향해 원정 길에 나섰다. 미시시피 강 상류로 거슬러 올라가 높이 60미터의 절벽에 위태롭게 있는 천연 요새에서 치러진 이 전투는 길고도 험난했다. 그곳은 튼튼하게 요새화되어 있어, 포함에서 대포를 끌어올릴 수가 없었다. 그랜트의 고민은 그곳을 공격하기 위해 군대를 바짝 다가가게 하는 것이었다.

그는 미시시피의 중심으로 간 다음 동쪽에서 행군하려고 했지만 실패하고 말았다. 그러자 강의 둑을 끊은 다음 북쪽에서 배로 병사들을 싣고 늪지대를 뚫고 그곳으로 접근하려고 했지만, 그 방법도 실패하고 말았다. 또 다른 방법으로 수로를 파서 미시시피 강에서의 행로를 바꾸어보려고 했지만 이것도 실패하고 말았다.

그때는 견디기 어려운 겨울이었다. 비가 계속 내려서 강물이 계곡 전체에 범람해 있었기에, 그랜트의 군대는 수 킬로미터를 늪지대와 진흙 바닥, 습지대, 덤불 지역, 그리고 뻗어 있는 포도 덩굴 사이를 헤집고 나아갔다. 진흙이 병사들의 허리까지 차올랐으며, 진흙 속에서 먹고, 진흙 속에서 잠을 잤다. 더군다나 말라리아와 홍역, 천연두가 갑자기 번지기 시작했다. 위생을 고려하는 것은 거의 불가능했다. 사망률이 엄청났다.

빅스버그 전투는 실패였다. 여기저기서 그런 원망의 소리가 들렸다. 어리석은 패배였고, 전략 면에서도 패배였으며, 한심스런 패배라는 것이었다.

그랜트 휘하의 장군들―셔먼, 맥퍼슨, 로건, 그리고 윌슨—은 그의 계획이 터무니없었다고 여겼고, 결국 암담한 몰락을 가져올 것이라고 생각했다. 전국의 언론들은 신랄하게 비난했으며, 온 나라가 그랜트의 해임을 요구했다. 그러자 링컨은 이렇게 말했다. "나 빼고는 그랜트를 지지하는 사람이 전혀 없군."

이런 모든 반대에도 불구하고, 링컨은 그랜트를 버리지 않았다. 링컨의 그런 믿음은 충분한 보상을 받게 되었다. 왜냐하면 7월 4일, 즉 이전에 소심한 미드 장군이 게티즈버그에서 리 장군을 놓쳤던 그때와 같은 달 같은 날에, 그랜트는 제퍼슨 데이비스 농장에서 가져온 말을 타고서 빅스버그로 돌진하여, 워싱턴 시대 이후 미국의 어떤 장군도 이루지 못한 대승을 거두었기 때문이다.

8개월 전부터 비참한 패배만을 거듭하다가, 마침내 그랜트 장군은 빅스버그에서 4만 명의 포로를 붙잡고 미시시피 전 지역을 북군의 손아귀에 넣어 남부 연합을 미시시피 주의 좌우로 쪼개어버렸다. 이 소식은 온 나라를 열광적으로 만들었다. 국회는 그랜트를 중장으로 진급시키는 특별 법령을 통과시켰다. 워싱턴 서거 이래 어느 누구도 갖지 못한 영예였다. 링컨은 그를 백악관으로 초대해 짧은 연설을 하며 그를 북군의 총사령관으로 임명했다.

수락 연설을 해야 됨을 사전에 통보받았던 그랜트는 호주머니에서 세 마디가 적혀 있는 작고 구겨진 종이 한 장을 꺼냈다. 그가 읽기 시작하자 종이가 흔들렸고, 얼굴은 붉어졌으며, 무릎은 떨렸고, 목소리는 기어 들어갔다. 완전히 기가 꺾인 그는 흔들리는 종이를 양손으로 꽉 잡고, 자세를 고치고 숨을 몰아 쉰 다음 연설문을 처음부터 다시 읽기 시작했다.

그 옛날 걸리나에서 돼지와 짐승 가죽을 팔던 그는 11명의 청중 앞에서 85개의 단어로 이루어진 연설을 하는 것보다 총알과 맞서 싸우는 것이 훨씬 더 쉽다는 사실을 알게 되었다.

링컨 여사는 워싱턴에서 그랜트 장군이 참석한 가운데 사교 행사를 하고 싶어했기에, 이미 장군을 축하하는 만찬과 파티를 준비해놓았다. 하지만 그랜트 장군은 이유를 대며 자신은 속히 전선으로 돌아가야 한다고 말했다.

"하지만 그건 이유가 안 됩니다. 집사람이 준비한 만찬에 주인공이 없다면 마치 햄릿이 등장하지 않는 『햄릿』과 같습니다."라며 링컨은 만류했다.

그러자 그랜트는 "저에게 해주는 이 만찬 때문에 이 나라에 하루 백만 달러의 손실이 생깁니다. 게다가, 저는 이미 충분히 만족한 대접을 받았습니다."

링컨은 이렇게 말하는 그가 너무 마음에 들었다. 자신처럼 '시끌벅적 풍악 소리'를 내거나 '불꽃놀이' 같은 것을 몹시 싫어하고, '책임 있게 전투에 임하는' 그가 너무도 마음에 들었던 것이다.

이제 링컨은 희망에 가득 차게 되었다. 그는 그랜트를 사령관으로 두고 있으니, 곧 모든 일들이 잘될 것이라고 확신했다.

하지만 그의 생각은 빗나갔다. 4개월도 안 가 나라는 다시 그 어느 때보다 더 암담한 침체와 더 깊은 절망으로 빠져들어갔다. 다시 한 번 링컨은 초췌하고 지치고 절망적인 심경으로 밤새 거실을 거닐게 되었다.

대통령 **재선**에 **성공**한 링컨

⁂ 8 ⁂

1864년 가을, 링컨의 장군들은 곳곳에서 승리를 거두고 있었고,
링컨의 정책은 지지를 받았으며, 북군의 정신은 날개를 달고 솟구쳤다.
이에 반해 남부 연합은 거의 파멸에 이르고 있었다.
그 결과 링컨은 대통령 재선에 성공하게 되었다.

1864년 5월, 의기양양한 그랜트 장군은 12만 2천 명의 병력을 이끌고 라피단 강 건너편으로 진격했다. 그는 리 장군의 부대를 즉시 쳐부수어 전쟁을 곧 끝내려고 했다. 리 장군은 노스 버지니아의 '윌더니스(wilderness, 황무지를 뜻함-옮긴이)'에서 그와 마주쳤다. 그 장소는 이름 그대로였다. 그곳은 밀림 지대였는데, 완만한 구릉과 울창하게 자란 소나무 및 오크나무로 뒤덮여 있고, 덤불이 엉클어져 있는 습지대가 밀집해 있어서 솜꼬리토끼 한 마리도 그곳을 기어 다니기가 힘들 정도였다. 음침하게 뒤엉킨 숲 속에서 그랜트 장군은 냉혹하고도 잔인한 전투를 치렀다. 살육은 소름이 끼칠 정도였다. 정글은 불에 탔고, 수많은 부상병들이 화염에 타 죽

었다.

이틀이 지나자 냉정한 그랜트조차도 두려움에 떨며 막사로 후퇴해서 눈물을 흘렸다.

그러나 어떤 성과를 얻든지 간에 전투 때마다 그는 똑같은 명령을 내렸다. "전진! 전진하라!"

6일째의 피비린내 나는 전투가 끝나자 그는 다음과 같은 유명한 전보를 쳤다. "여름이 꼬박 지나가더라도 나는 이 전선을 끝까지 사수할 것입니다!"

정말, 전투는 여름 내내 계속되었다. 게다가 가을과 겨울 내내, 그리고 이듬해 봄의 일부 기간에도 지속되었다.

그랜트는 그때 적군보다 전투 병력을 두 배나 많이 보유하고 있었고, 그의 후방에 있는 북군에게는 그가 징집해서 쓸 수 있는 인적자원의 방대한 공급원이 있었지만, 남군은 병력 충원과 물자 공급이 거의 고갈되어 있었다. 그랜트는 "남군은 요람과 무덤까지도 이미 다 징발해버린 처지다."고 말했다.

그랜트는 전쟁을 신속하게 종결짓는 유일한 방법은 리 장군이 항복할 때까지 그의 병사들을 계속 죽이는 것이라고 생각했다.

남부 병사 한 명이 죽을 때마다 북군이 두 명 사살되었다면 어떻게 되었을까? 그랜트는 손실을 만회할 수 있었을 테지만, 리는 그럴 수 없었을 것이다. 그래서 그랜트는 계속 폭격을 가하고 사살하고 도살했다.

6주 만에 그랜트는 54,926명의 병력을 잃었는데, 이는 리 장군이 보유한 전체 병력의 수와 같았다.

콜드 하버에서 한 시간 동안 그랜트는 7천 명의 병력을 잃었는데, 이는 게티즈버그 전투에서 3일 동안 잃은 것보다 1천 명이 더 많은 숫자였다.

그런데 이 무시무시한 손실로 무슨 이득을 얻었을까? 이 질문에 대해 그랜트 자신이 대답하게 해야 한다. 그의 평가는 이랬다. "아무것도 얻은 게 없다."

콜드 하버에서의 공격은 그랜트의 생애에서 가장 비극적인 대실책이었다. 이 대량 살육은 인간의 정신력과 육체가 견뎌낼 수 없을 정도였다. 그 살육은 군대의 사기를 무너뜨렸다. 부대의 계급과 대오는 바야흐로 항명에 직면했고, 장교들은 금방이라도 반란을 일으킬 것 같았다.

그랜트 부대의 지휘관 중 한 명은 "지난 36일 동안, 장례 행렬이 쉴 새 없이 내 앞을 지나갔다."고 말했다.

링컨은, 비록 비탄에 잠겼지만, 계속하는 수밖에 없다는 것을 깨달았다. 그는 그랜트에게 "계속 불도그처럼 움켜쥐고 깨물어 뜯어서, 숨통을 끊어버리시오."라는 전보를 쳤다. 그러고 나서 1년에서 3년 동안 복무할 50만 명 이상의 병력을 소집하라는 명령을 내렸다.

이 동원령이 국가를 뒤흔들었다. 국민들은 절망의 구렁텅이에 빠져들었다. 링컨 내각의 어느 장관은 자신의 일기에 "지금 모든 것이 어둠과 불신, 그리고 실의에 빠져 있다."고 기록했다.

7월 2일 연방의회는 구약의 히브리 선지자들 중 한 명이 내는 탄식과도 같은 결의안을 채택했다. 그것은 국민들에게 "너희의 여러 죄를 고백하고 회개하라. 전능하신 이에게 긍휼과 용서를 간구하라. 그리고 세상의 최고 통치자인 그분에게 국민인 우리를 파괴하지 말아 주십사 간구하라."고 요청하는 것이었다.

링컨은 그때 남군으로부터와 마찬가지로 대부분의 북군으로부터도 격렬한 저주를 받고 있었다. 그는 강탈자, 매국노, 폭군, 악마, 괴물, 심지어는 '칼을 깊숙이 찌르라고 소리치고, 살육의 도살장을 위해 더 많은 희생자를 요구하는 잔혹한 도살자'라는 비난까지 받았다.

그의 가장 지독한 적들 중 몇몇은 그를 죽여야만 한다고 선포했다. 그래서 어느 날 저녁 그가 '용사의 집'에 있는 그의 하계 캠프로 말을 타고 나가자, 암살을 꾀하는 자가 그를 저격했지만, 총탄은 그의 실크 모자를 관통했을 뿐이었다.

몇 주 후, 펜실베이니아 주의 미드빌에서 한 호텔의 경영자는 창유리에 갈겨쓴 다음과 같은 비문(碑文)을 발견했다. "에이브 링컨, 1864년 8월 13일 독살되어 세상을 떠나다." 그 방은 전날 밤, 부스라는 이름의 유명 배우, 즉 존 윌크스 부스가 투숙했었다.

앞서 그해 6월에 공화당원들은 링컨이 재선될 수 있게 후보로 지명했다. 그러나 이제 그들은 실수를, 그것도 비참한 실수를 범했음을 깨달았다. 주요 당직자 중 일부는 링컨에게 사퇴할 것을 촉구했다. 다른 사람들도 사퇴를 요구했다. 그들은 전당대회를 다시 개최해서 링컨이 실패자임을 인정하길 원했으며, 그의 후보 지명을 취소하고 후보자의 제일 선두에 다른 후보를 내세우길 원했다.

링컨의 가까운 친구인 오빌 브라우닝조차도 1864년 7월 그의 일기에 "국민의 가장 큰 요구는 대통령직을 유능한 지도자가 맡게 하는 것이다."라고 기록했다.

그때 링컨 스스로도 자신의 상황이 절망적이라고 생각했다. 그는 재임을 하겠다는 모든 의향을 단념했다. 그는 실패했다. 그의 장군들도 실패했다. 그의 전쟁 정책도 실패했다.

국민들은 그의 리더십에 대한 믿음을 상실했고, 그는 북부 연방 자체가 파괴될까 봐 염려했다. 그는 "하늘조차도 캄캄한 어둠으로 뒤덮여 있다."고 탄식했다.

마침내 링컨에게 넌더리가 난 많은 급진당원 무리들이 다시금 전당대회를 개최해서, 개성이 풍부한 존 프레몬트 장군을 그들의 후보로 지명함으로써 공화당을 분열시켰다.

상황은 심각했다. 프레몬트가 앞으로 경쟁에서 물러나지 않는다면, 민주당 후보인 매클렐런 장군이 그의 분열된 상대들을 이겨서, 나라의 역사가 바뀔 것이라는 데는 거의 의심의 여지가 없었다.

프레몬트가 경쟁에서 물러났는데도, 링컨은 매클렐런보다 단지 20만 표를 더 얻었을 뿐이다.

신랄한 비난이 그에게 퍼부어졌어도, 링컨은 조용히 최선을 다했으며, 아무런 답변도 하지 않았다.

그는 다음과 같이 말했다. "나는 대통령직을 수행하는 것을 매우 갈망합니다. 하지만 결국 내가 권좌에서 물러나 지상의 다른 모든 친구들을 잃게 되더라도, 나에겐 적어도 한 명의 친구는 남을 것이며, 그는 내 마음속 깊은 곳에 있을 것입니다. …… 나는 반드시 승리하지는 못하더라도, 반드시 진실하려고 노력합니다. 나는 반드시 성공하지는 못하더라도 반드시 내 안의 진리의 빛에 따라 살고자 합니다."

지치고 낙담한 그는 종종 소파에 길게 누워서 작은 성경책을 들고, 위안을 얻기 위해 욥기를 읽었다. "너는 대장부처럼 허리를 묶고 내가 네게 묻는 것을 대답할지니라(욥기 38장 3절-옮긴이)."

1864년 여름, 링컨은 다른 사람이 되어버렸다. 3년 전 일리노이 주의 초원을 떠나올 때는 신체가 건장했지만, 이제는 마음과 몸이 변해버렸다. 해가 갈수록 링컨의 웃음은 점점 줄어들었고, 얼굴의 주름살은 깊어졌으며, 어깨는 굽어졌고, 볼은 움푹 들어갔으며, 만성적인 소화불량에 시달렸고, 발은 늘 차가웠으며, 거의 잠을 이룰 수 없었고, 늘 고뇌하는 표정을 지었다. 그는 한 친구에게 이렇게 말했다. "다시는 즐거워질 수 없을 것 같은 느낌이 드네."

아우구스투스 세인트 고든스가 1865년 봄에 만들어진 링컨의 라이프 마스크(석고로 본떠서 만든 산 사람의 얼굴-옮긴이)를 보았을 때, 그 유명한 조각가는 그것이 데스마스크라고 생각했으며, 그의 얼굴에 이미 죽음의 징후가 나타나 있었다고 말했다.

노예해방 선언의 장면을 묘사하기 위해 몇 개월간 백악관에 거주했던 화가인 카펜터는 다음과 같이 기록했다.

윌더니스 전투가 벌어지던 처음 몇 주 동안 대통령은 거의 잠을 이루지 못했다. 그러던 어느 날 대통령 관저의 중앙 홀을 지나가다가 나는 대통령과 마주쳤다. 대통령은 실내복을 입고 천천히 왔다 갔다 했는데, 손은 뒷짐을 지고, 눈 밑에는 거무죽죽한 부분이 넓고 둥그렇게 자리 잡고 있었으며, 머리는 가슴까지 구부려져 있어서, 비통과 걱정, 근심에 빠진 초상화 같았다. 나는 깊게 주름진 그의 얼굴에 슬픈 기색이 없는 날을 단 하루도 보지 못했다.

방문객들이 찾아와도 링컨은 의자에 맥없이 주저앉아 있었다. 너무나 지친 나머지 방문객들이 인사를 해도 쳐다보거나 대꾸도 하지 않을 정도였다.

그는 "나는 매일 나를 만나러 오는 방문객들이 모두 손가락을 세우며 나에게 달려들어 내 생명력을 빼앗아 가버리는 공상을 이따금씩 한다."고 말했다.

그는 『톰 아저씨의 오두막』의 저자인 스토 여사에게 자신은 살아생전에 결코 평화를 볼 수 없을 것이라고 말했다.

그는 "이 전쟁이 나를 죽이고 있습니다."라고 말했다.

그의 모습이 변한 데 놀란 친구들은 휴가를 갈 것을 강력히 권했다.

그는 "2~3주 정도로는 좋아질 수 없다네. 이런저런 생각에서 벗어날 수가 없어. 어떻게 쉬어야 할지를 모르겠네. 넌더리가 나는 것들이 여전히 내 안에 들어박혀 있어서 떨쳐버릴 수가 없다네."라고 말했다.

그의 비서는 "미망인과 고아의 절규가 링컨의 귀에 늘 맴돌았다."고 말했다.

총살형을 선고 받은 남자들의 어머니와 애인, 그리고 아내들이 매일 그에게 달려와 사면해달라고 눈물을 흘리며 탄원했다.

아무리 지치고 피곤해도 링컨은 늘 그들의 이야기를 들었으며, 대체로 그러한 요구를 들어주었다. 그는 특히 아기를 팔에 안고 있는 여인이 흐느끼는 것을 보면 견디지 못했다.

그는 "내가 죽은 다음에, 꽃이 필 수 있을 만한 곳이면 어디든 엉겅퀴를 뽑아내고 꽃을 심었던 사람이었다는 말을 들을 수만 있다면."이라고 탄식했다.

이에 대해 장군들은 비난을 퍼부었고, 스탠턴 장관은 격노했다. 링컨의 관용이 군대의 기강을 무너뜨리고 있었기 때문에, 그가 간섭하지 말아야 한다는 것이었다. 하지만 사실 그는 장군들의 잔인한 방법과 정규군의 폭정을 싫어했다.

이와는 반대로 링컨은 전쟁에서 승리하기 위해서는 그가

의존해야만 하는 지원병들, 즉 자신처럼 산림지와 농장에서 온 사람들을 무척 좋아했다.

그들 중 한 명이 비겁하다는 이유로 총살형에 처해진다면? 링컨은 그를 용서해주며 이렇게 말했을 것이다. "제가 만약 전쟁터에 있었다면, 저는 확실히 총을 버리고 도망쳤을 것입니다."

지원병이 향수병에 걸려서 탈영했다면? "글쎄요, 총살이 그에게 이롭다고는 생각지 않습니다."라고 말했을 것이다.

버몬트 농장 출신의 피곤하고 지친 소년이 보초를 서다가 잠들었다는 이유로 사형에 처해진다면, 링컨은 "나도 똑같이 그렇게 했을 것입니다."라고 말했을 것이다.

단지 그의 사면 목록만으로도 많은 페이지가 가득 찼을 것이다.

한번은 미드 장군에게 이런 전보를 쳤다. "나는 18세 이하의 어떤 소년도 총살시키고 싶지 않습니다." 그런데 북군에는 그보다 적은 나이의 소년들이 100만 명도 넘게 있었다. 사실, 16세 이하가 20만 명이었고, 15세 이하는 10만 명이었다.

링컨은 이따금 아주 심각한 메시지에 약간의 유머를 가미하곤 했다. 예를 들면, 그는 멀리건 대령에게 "바니 디를 아직 처형하지 않았으면, 하지 마시오."라는 전보를 쳤다.

또 가족을 잃은 어머니들의 고뇌가 링컨을 매우 아프게 했다. 1864년 11월 21일, 링컨은 평생을 통틀어 가장 아름답고 유명한 편지를 썼다. 옥스퍼드 대학교는 '지금까지 있었던 것 중에 가장 순수하고 훌륭한 어법의 전형'으로 여겨 이 편지의 사본을 벽에 걸어놓았다.

산문으로 쓰였지만, 마음속에서 자연스레 흘러나온 감동적인 한 편의 시였다.

1864년 11월 21일
워싱턴 대통령 관저에서
매사추세츠 주 보스턴의 빅스비 부인께

친애하는 부인.

저는 육군성의 서류 중에서 매사추세츠 군무 국장의 보고서를 읽다가 부인이 다섯 아들의 어머니라는 것을 알게 되었습니다.

아들을 잃은 그토록 끔찍한 슬픔에서 부인을 벗어나게 하기에는

제 몇 마디 말이 너무나 부족하고 부질없음을 저도 압니다.

하지만 저는 위로를 드리지 않을 수가 없습니다.

그들이 죽음으로써 구해낸 공화국이 감사드리고 있다는 것을 아셨으면 합니다.

하느님께 기도드립니다.

하느님께서 아들을 잃어버린 부인의 비통함을 달래주시고,

부인에게 오직 그들에 대한 소중한 추억만을 남겨주시며,

그리고 그들이 분명 자유의 제단에 값비싼 희생물로 바쳐졌다는

성스러운 자긍심을 부인에게 주실 것을 기도드립니다.

에이브러햄 링컨 드림

어느 날 노아 브룩스(링컨이 신임했던 신문기자이자 링컨 자서전의 주요 작가-옮긴이)가 올리버 웬들 홈스의 시집을 링컨에게 선사했다. 책을 펼쳐 든 링컨은 '렉싱턴'이라는 제목의 시를 소리 내어 읽기 시작했다. 그런데 그 다음 절을 읽기 시작했을 때였다.

조국의 순교자들이 잠든 곳에 파란 풀이 돋아났도다!
수의도 없고 무덤도 없이 그들은 영면에 빠져 있다네.

그의 목소리가 떨리더니, 마침내 목이 메었다. 그는 책을 브룩스에게 넘겨주며, "당신이 읽으시오. 나는 못 읽겠소."라고 작은 목소리로 말했다.

몇 개월 후 그는 백악관에서 그 시를 한 단어도 빠뜨리지 않고 전부 친구들에게 낭송해주었다.

1864년 4월 5일, 링컨은 펜실베이니아 주의 워싱턴 카운티에 사는 비탄에 빠진 어느 여성의 편지를 한 통 받았다. 그녀는 "불안과 두려움 속에 많이 망설이다가 저의 고뇌를 각하께 알리기로 결심했습니다."라는 말로 편지를 시작했다. 그녀와 지난 몇 년 동안 결혼을 약속해온 사내가 군대에 입대하게 되었다. 그 사내는 잠시 군의 허락을 받고 투표를 하기 위해 고향으로 돌아갔는데, 그녀가 편지에 썼듯이, 그들은 "매우 어리석게도 육체관계에 아주 자연스럽게 빠져버리고 말았다." 편지 내용은 이렇게 이어졌다. "지금 각하께서 우리에게 자비를 베풀지 않으시거나, 과거의 관계를 승인하기 위해 그에게 휴가를 주지 않으시면, 방종한 육체관계의 결과로 인해 우리는 사생아를 얻게 될 처지입니다. …… 바라옵건대, 신에게 간구드리오니, 부디 각하께서 경멸과 낭패 속에 빠져 있는 저를 버리지 말아주시기를 기도드립니다."

그 편지를 읽은 링컨은 깊은 감동을 받았다. 그는 물끄러미 창밖을 응시했다. 틀림없이 눈물을 흘렸을 것이다.

펜을 뽑아 든 링컨은 그 여인의 편지 밑에 다음과 같은 문구를 적어서 스탠턴 장관에게 보냈다. "반드시 이 여인에게 그 병사를 보내주시오."

끔찍했던 1864년 여름이 느리게 지나가더니, 가을이 오자 다음과 같은 좋은 소식이 들려왔다. 셔먼 장군이 애틀랜타를 점령하고 조지아 주를 통과하여 진격하고 있으며, 극적인 해상 전투 후 패러거트 제독이 모빌 만을 점령하고 멕시코의 봉쇄를 강화했다. 세리던 장군은 셰넌도어 계곡에서 찬란하고도 눈부신 승리를 거두었다. 그리고 리 장군이 그때 개활지에서의 전투에 나서는 것을 두려워해서(리는 고정적인 방어 요새를 구축해서 버텼음-옮긴이), 그랜트 장군은 피터즈버그와 리치먼드를 포위하고 있었다. 남부 연합은 거의 파멸에 이르고 있었다.

이제 링컨의 장군들은 승리를 거두고 있었고, 그의 정책은 지지를 받았으며, 북군의 사기는 날개를 달고 솟구쳤다. 그 덕분에 11월에 그는 재선에 성공했다. 하지만 그것을 개인적 승리로 여기기보다는, 링컨은 국민들이 '강을 건너는 동안에 말을 바꾸는 게(위기 상황에서 지도자를 바꾼다는 뜻-옮긴이)' 현명하지 않다고 생각한 것이 분명하다며 간결하게 말했다.

4년이나 전쟁을 치렀는데도, 링컨의 마음속에는 남부 주민들에 대한 미움이 없었다. 그는 거듭 이렇게 말했다. "비판을 받지 아니하려거든 비판하지 말라(마태복음 7장 1절-옮긴이). 그들은 단지 우리가 그들처럼 될 수도 있었던 상황에 처해졌을 뿐이다."

남부 연합은 이미 초토화되어서, 리 장군이 항복을 하기 두 달 전인 1865년 2월에, 링컨은 북부 연방 정부가 남부의 주들에 노예 폐지에 대한 보상금으로 4억 달러를 지불하겠다는 제안을 했다. 그러나 각료들이 그 의견을 탐탁지 않게 여기자, 관련 논의는 중단되었다.

그 다음 달, 두 번째 취임을 맞이한 링컨은 연설을 하나 했다. 이 연설을 두고서, 옥스퍼드 대학 총장을 역임한 커전 백작은 '인간의 연설 중에서 가장 고결한 황금과 같은, 아니 거의 신성한 경지에 이른 연설'이라고 칭송했을 정도였다.

그는 앞으로 나아가 이사야 15장이 펼쳐져 있는 성경에 입을 맞춘 다음, 어느 드라마의 주요 등장인물이 말하는 것 같이 연설을 시작했다.

카를 슈르츠는 다음과 같이 말했다. "그것은 성스러운 시와도 같았다. 어떤 통치자도 국민에게 이렇게 연설한 적은 없었다. 미국 역사상 그처럼 마음속 깊은 곳에서 우러나오는 연설을 한 대통령은 일찍이 없었다."

그의 평가에 따르면, 이 연설의 마지막 부분은 인간의 입술에서 나온 말 중에서 가장 훌륭하고 아름다운 발언이었다. 그는 링컨의 연설을 읽을 때마다 왠지 대성당의 차분한 불빛 속의 오르간 연주가 떠오른다고 했다. 연설 내용은 다음과 같았다.

우리는 이 전쟁의 엄청난 재앙이 하루빨리 사라지기를 진심으로 소망하며 열렬히 기도드립니다. 하지만 노예들이 250년 동안 아무런 보답도 없이 노역을 해서 쌓아 올린 이 모든 부가 사라질 때까지, 그리고 3천 년 전에 말씀하셨듯이 채찍질로 흘린 모든 핏방울이 칼로 흘린 다른 피를 전부 되갚을 때까지 전쟁이 지속되는 것이 하느님의 뜻이라고 해도, 그래도 여전히 "하느님의 심판은 진실하며 다 의로우니(시편 19장 9절-옮긴이)."라고 말해야만 합니다.

누구에게도 원한을 품지 말고, 만인을 사랑하는 마음으로, 하느님이 우리에게 보여주신 그 정의로움에 대한 굳은 확신으로, 우리에게 주어진 일을 완수하기 위해 노력합시다. 국가의 상처를 치유하고, 전투를 치러야 했던 자와 그의 미망인과 고아들을 보살피고, 우리들 사이와 모든 국가들 사이에 정의롭고 영구적인 평화를 이루어 소중히 지켜나가기 위해 매진합시다.

2개월 후 어느 날, 이 연설문은 스프링필드에서 거행된 링컨의 장례식에서 다시 낭독되었다.

남군의 항복으로 끝이 난 남북전쟁

❧ 9 ❧

북군이 남부 연합의 수도인 리치먼드를 함락시키고, 그 도시를
빠져나온 남군을 밀어붙이자 남군을 이끌던 리는 그랜트에게 항복했다.
그렇게 해서 50만 명의 병사들을 앗아간 4년간의 남북전쟁은
버지니아 주의 작은 마을에서 끝이 났다.

1865년 3월 하순, 버지니아 주의 리치먼드에서 매우 의미심장한 어떤 일이 벌어졌다. 남부 연합 대통령의 영부인인 제퍼슨 데이비드 여사가 마차를 끄는 말을 팔았고, 개인 물품들을 포목점에 팔려고 내놓았으며, 나머지 소모품을 꾸려서 좀 더 남쪽으로 내려갔다. …… 바야흐로 무슨 일이 벌어지려던 참이었다.

그랜트 장군은 그때 9개월 동안 남부 연합의 수도를 포위하고 있었다. 리 장군의 부대는 헐벗고 굶주렸다. 돈이 바닥나서, 그들은 좀처럼 급료를 받지 못했다. 설령 급료를 받았더라도, 남부 연합의 신문이 묘사한 대로, 돈은 이제 거의

아무짝에도 쓸모가 없었다. 커피 한 잔에 3달러, 장작 한 묶음에 5달러, 밀가루 한 통에 1천 달러나 했다.

남부의 연방 탈퇴는 실패한 선택이 되고 말았다. 노예제도도 마찬가지였다. 리 장군은 그것을 알고 있었다. 그의 병사들 또한 알고 있었다. 그들 중 10만 명이 이미 탈영을 했다. 모든 부대가 이제 짐을 꾸려서 함께 떠나고 있었다. 남아 있는 병사들은 위안과 희망을 얻기 위해 종교에 의지했다. 거의 모든 막사에서 기도회가 열리고 있었다. 병사들은 고함치고, 울부짖고, 환영을 보았으며, 전투에 나서기 전에 전 부대원이 무릎을 꿇었다. 그러나 그들의 간구에도 불구하고, 리치먼드는 비틀거리며 함락되어 가고 있었다.

4월 2일 일요일, 리의 부대는 그 도시의 창고에 있던 면화와 담배에 불을 질렀고, 병기고를 불살랐으며, 반쯤 건조된 항구의 함선들을 파괴했고, 어둠 속에 불꽃이 높이 치솟으며 타오르고 있던 밤에 그 도시를 탈출했다.

그들이 도시를 빠져나가자마자, 그랜트의 7만 2천 병사들이 맹렬히 추격해서, 남부 연합군의 측면과 후미를 강타했다. 그 사이 셰리던의 기병대는 그들 앞을 가로막고, 철로를 뜯어내어 군수 열차를 포획했다.

셰리던은 본부에 전보를 쳤다. "이대로 밀어붙이면, 리가 항복을 할 것입니다."

링컨이 답장을 보냈다. "그대로 밀어붙이시오!"

128킬로미터에 이르는 추격전 끝에 그랜트는 마침내 남군의 사면을 에워싸게 되었다. 남군은 덫에 갇혔고, 리 장군은 더 이상의 유혈 사태는 무익하다는 것을 깨달았다.

한편 격렬한 편두통으로 앞이 잘 안 보이게 된 그랜트 장군은 부대의 후미에 뒤처져서, 토요일 밤 한 농가에 머물렀다. 그는 회고록에 "나는 밤새 뜨거운 물과 겨자로 발을 씻고, 손목과 목 뒷부분에 겨자씨 연고를 바르며 아침까지 다 낫기를 기원했다."고 기록했다.

다음 날 아침, 그의 몸은 감쪽같이 회복되었다. 겨자씨 연고 때문에 나은 게 아니라, 항복을 원한다는 리 장군의 편지를 어느 기마병이 갖고 날아왔기 때문이었다.

그랜트는 "그 장교가 전갈을 갖고 나에게 왔을 때 나는 여전히 편두통에 시달리고 있었지만, 그 편지의 내용을 보자마자 병이 나아버렸다."고 기록했다.

두 장군은 그날 오후 어느 벽돌집의 텅 빈 거실에서 만났다. 평소와 같이 그랜트는 단정하지 않았다. 단화는 더러웠으며, 칼을 차지 않았고, 자기 부대의 모든 사병들이 입는 것과 똑같은 제복을 입고 있었다. 그의 어깨에 달려 있는 세 개의 은색 별 계급장만이 그의 신분을 알려줄 뿐이었다.

 구슬로 장식한 긴 장갑을 끼고 보석으로 장식한 칼을 찬 귀족풍의 리 장군과 그는 얼마나 대조적이었던가! 리 장군은 눈부시고 생기가 도는 멋진 정복자처럼 보인 반면, 그랜트 장군은 무거운 돼지와 약간의 짐승 가죽을 팔려고 도시로 온 미주리 주의 농부처럼 보일 뿐이었다. 자신의 너저분한 겉모습에 부끄러움을 느낀 그랜트는 리 장군에게 좀 더 좋은 복장을 하지 않고 회담에 참가한 것에 대해 사과했다.

 20년 전에 미국이 멕시코와 전쟁을 벌였을 때 그랜트와 리는 둘 다 정규군의 장교로 복무했던 적이 있었다. 그래서 둘은 그때의 옛 추억을 함께 회상하기 시작했다. 겨울 멕시코 국경에서 '정규군' 시절을 보냈던 시절과 밤새 포커 게임을 하던 일, 그리고 아마추어 연기이긴 했지만 『오셀로』에서 그랜트가 부드러운 여성 역할인 데스데모나 역을 맡아했던 일 등을 회상했다.

 그랜트는 "우리의 대화는 매우 즐거워서 나는 우리가 만난 목적을 거의 잊어버릴 정도였다."고 기록했다.

 마침내 리 장군이 항복협정에 대한 대화를 꺼냈지만, 그랜트는 아주 짧게 대답했다. 그러고 나서 그의 마음은 다시 20년 전의 성체축일로 돌아가서 늑대들이 대평원에서 울부짖고, 태양이 물결처럼 춤을 추며, 3달러면 야생마 한 필을 살 수 있었던 1845년의 겨울을 회상했다.

리가 말을 가로막으며 항복협정을 하기 위해 이곳에 왔다는 것을 그랜트에게 다시 상기시키지 않았더라면, 그랜트는 오후 내내 회상에 잠겨 있었을 것이다.

그랜트는 펜과 잉크를 달라고 해서, 문서를 재빨리 작성했다. 1781년 요크타운에서 의기양양한 승리자들의 긴 행렬 사이로 무기를 빼앗긴 채 속수무책인 상태로 열을 지어 행진하던 영국군에게 워싱턴 장군이 강요했을 때만큼 항복의 조건이 굴욕적이지는 않았다. 보복은 없었다. 4년의 전쟁 기간 내내 북군의 급진주의자들은 반역자들 편에 가담한 리 장군 및 육군사관학교 출신의 장교들을 반역죄로 처형할 것을 요구해왔다. 그러나 그랜트가 작성한 항복문서에는 보복이 없었다. 리의 장교들은 무기 소지가 허용되었고, 포로로 잡힌 병사들은 석방되어 귀향할 수 있게 되었다. 그래서 말이나 노새가 필요한 병사들은 누구나 그것을 타고 농장이나 목화밭으로 돌아가 땅을 다시 경작할 수 있게 되었다.

항복의 조건이 왜 그렇게 관대하고 너그러웠을까? 에이브러햄 링컨이 그러한 조건을 내걸었기 때문이었다.

그렇게 50만 명의 병사들을 숨지게 한 그 전쟁은 애퍼매

턱스 코트하우스라고 불리는 버지니아 주의 작은 마을에서 끝이 났다. 항복은 라일락 향기가 가득한 어느 평화로운 봄날의 오후에 이루어졌다. 마침 그날은 종려 주일(부활절 직전의 일요일 – 옮긴이)이었다.

바로 그날 오후 링컨은 '리버 퀸'이라는 멋진 배를 타고 워싱턴으로 돌아오고 있었다. 그는 친구들에게 셰익스피어를 낭송해주며 몇 시간을 보냈다. 이윽고 그는 『맥베스』의 다음 구절에 이르렀다.

> 덩컨은 무덤 속에 있다네.
> 극심한 열병 같은 인생을 끝마치고 편히 잠들어 있다네.
> 반역이 그를 거꾸러뜨렸지만, 이제는 칼도 독약도
> 내란도 외적의 침입도, 그 무엇도
> 그를 더 이상 해칠 수 없다네.

이 구절들이 링컨에게 깊은 감명을 주었다. 그는 그것을 한 번 읽고 나서, 배의 현창(舷窓) 밖을 초점 없는 시선으로 바라보며 쉬었다.

이윽고 그는 그 구절들을 다시 소리 내어 읽었.

5일 후, 링컨 자신도 죽음을 맞았다.

23년 동안 링컨이 견딘 **가정**의 불행

❖ 10 ❖

링컨 생애의 가장 큰 비극은 암살을 당한 게 아니라 그의 결혼이었다.
그의 아내는 '으르렁거리는 여자였고, 남편에게 재앙이었으며,
천박한 바보였고, 미친 여자였다.' 23년 동안
링컨은 매일 '불행한 결혼의 쓰라린 결과'를 거둬들였다.

이제 왔던 길을 다시 되돌아가야만 한다. 리치먼드가 함락되고 곧바로 일어났던 놀라운 일, 즉 링컨이 거의 23년 동안 조용히 견뎌온 가정의 불행을 생생히 보여주는 사건을 이야기해주고 싶기 때문이다.

그 일은 그랜트의 사령부 근처에서 일어났다. 그랜트는 전선 가까이에서 일주일을 함께 보내자며 링컨 부부를 초청했다.

링컨 부부는 기꺼이 초대에 응했다. 링컨이 매우 지쳐 있었기 때문이다. 그는 백악관에 들어간 이후 휴가를 갖지 못했다. 두 번째 임기가 시작되면서 다시금 찾아와 한자리 달

라고 자신을 괴롭히고 있던 많은 구직자들로부터 벗어나고 싶었다.

그래서 링컨 부부는 리버 퀸 호를 타고 포토맥 강을 내려갔다. 그들은 체사피크 만과 이어지는 하류를 통과하여, 올드 포인트 컴퍼트를 지나, 시티 포인트까지 제임스 강을 따라 올라갔다. 강에서 60미터 높이의 절벽 위에는 걸리나에서 온 가죽 장사꾼 출신이 담배를 피우며 초조한 마음으로 지쳐 앉아 있었다.

며칠 후 대통령 방문단에 프랑스 장관인 제프루아를 비롯한 워싱턴에서 온 몇몇 명사들이 합류했다. 당연히 방문객들은 19킬로미터 떨어져 있는 포토맥 전선을 보고 싶어했다. 그래서 다음 날 그들은 유람을 떠났는데, 말을 탄 남자들이 앞서고 링컨 부인과 그랜트 부인은 반개 마차를 타고 그 뒤를 따랐다.

그랜트 장군의 보좌관이자 부관이며 그의 가장 친한 친구 가운데 한 명인 아담 바도 장군이 부인들을 호위하기 위해 그날 파견되었다. 그는 마차 앞에 앉아 말을 등진 채 그들과 마주 보고 있었다. 그는 일어난 일들의 모든 것을 목격한 사람이었다. 이제 그가 쓴 『평화 시대의 그랜트』라는 제목의 책 356~362쪽을 인용하고자 한다.

대화를 나누는 동안에 나는 전방 부대의 모든 장교 부인들이 후방으로 가도록 명령을 받았음을 우연히 말하게 되었다. 활발한 군사작전이 계획되고 있다는 분명한 정황을 드러냈던 것이다. 하지만 찰스 그리핀 장군의 부인만이 대통령의 특별 허가를 받아서 남아 있도록 허락받았다는 이야기도 꺼냈다.

나의 얘기에 영부인이 발끈 화를 내면서 이렇게 소리쳤다. "무슨 말씀이신지요? 그녀가 대통령을 혼자서 만났다는 말씀인가요? 대통령이 그 어떤 부인도 혼자 만나도록 제가 허락한 적이 없다는 것을 당신은 모르고 계신가요?"

영부인은 가엾고 못생긴 에이브러햄 링컨을 몹시 질투했다.

나는 영부인을 달래고 변명하려고 애썼다. 하지만 영부인은 노발대발했다. 그리고 이렇게 소리 질렀다. "모호한 미소를 짓고 계시군요. 당장 이 마차에서 나를 내려주세요. 그녀를 혼자서 만났는지 대통령에게 물어봐야겠어요."

훗날 에스터헤이지 백작 부인이 된 그리핀 부인은 워싱턴에서 가장 유명하고 우아한 여인 가운데 한 명이었는데, 그랜트 부인과는 개인적으로 아는 사이였다. 그랜트 부인은 흥분한 영부인을 달래보려고 했지만, 아무 소용이 없었다. 영부인은 마차를 세우라고 나에게 다시 명령했고, 내가 명령을 따르지 않고 망설이고 있자 팔로 나를 밀쳐내고 마차 앞으로 가서 마부를 재빨리 막았다. 그러나 그랜트 부인이 마침내 영부인을 설득해서 사람들이 전부 마차에서 내릴 때까지 기다리게 했다.

밤에 막사로 돌아왔을 때, 그랜트 부인이 그 일에 대해 나에게 얘기했는데, 그 모든 일이 아주 애처롭고 창피하기 때문에 우리 중 그 누구도 그것을 언급해서는 안 된다고 말했다. 적어도 나는 입을 꾹 다물어야 했지만, 그랜트 부인은 남편에게만 그 사실을 털어놓았을 것이다. 하지만 나는 다음 날 '더 나쁜 일이 일어났기 때문에' 그 약속을 지키지 않아도 되었다.

아침에 일행은 오드 장군이 지휘하는 강 북쪽의 제임스 부대를 방문하러 갔다. 행렬은 그 전날과 어느 정도 비슷했다. 기선을 타고 올라가서 남자들은 말을 타고 갔고, 영부인과 그랜트 부인은 포장마차를 타고 갔다. 나는 전처럼 호위를 하라는 명령을 받았지만, 그 임무 수행을 같이하자고 동료에게 부탁했다. 내 경험에 따르면, 그 마차에 장교 혼자 달랑 있는 건 바람직하지 않았기 때문이었다. 그래서 호러스 포터 대령이 일행에 합류하라는 명을 받게 되었다. 오드 부인은 남편을 따라갔다. 군 지휘관의 아내이기에 귀환 명령을 따르지 않아도 되는 처지였다. 장담하건대, 그날이 가기 전에라도 부인은 군대에서 벗어나 워싱턴이나 다른 어떤 곳으로 가길 원했을 것이다. 부인은 말을 탔다. 앰뷸런스 마차에 자리가 없어서 부인은 말을 타고 한동안 대통령 옆에 붙어 달렸으며, 그래서 영부인을 앞질러 갔다.

그렇게 달리는 것을 보자마자 영부인은 분통을 터뜨리며 소리쳤다. "저 여자가 대통령 옆에서 말을 타고 가는 건 무슨 뜻이지? 대통령이 옆에 있어주기를 원한다고 생각한 모양이지?"

영부인은 격분에 휩싸여, 말과 행동 둘 다 매 순간 더 험악해졌다.

그랜트 부인이 다시 달래보려고 했지만, 영부인은 그랜트 부인한테도 화를 냈다. 마부와 내가 할 수 있는 일이라곤 말다툼만으로 끝나게 되길 지켜보는 것뿐이었다. 우리는 영부인이 마차에서 벌떡 일어나 기병대한테 고래고래 소리칠까 봐 두려웠다.

한번은 영부인이 마차에서 그랜트 부인에게 말했다. "부인께서는 자신이 백악관에 갈 거라고 생각하고 있죠, 그렇죠?" 그랜트 부인은 매우 조용하고 기품이 있는 사람이었다. 그래서 단지 자신의 현재 위치에 만족하고 있다고 대답했다. 그리고 지금도 자신이 기대했던 것보다 더 많이 이룬 것이라고 말했다. 하지만 영부인은 소리쳤다. "오! 갈 수 있을 때 가는 게 좋아요. 백악관이 얼마나 멋진데요." 그러고 나서는 화살을 오드 부인에게 돌렸는데, 그랜트 부인은 화를 더 돋우는 위험을 무릅쓰고 친구를 옹호해주었다.

일행이 멈춰 섰을 때, 국무장관의 조카이자 오드 장군의 참모인 스워드 소령이 말을 타고 와서, 조금 익살맞은 얘기를 하려고 했다. 그는 "영부인님, 각하의 말이 바람기가 아주 많군요. 오드 부인 옆에서만 가려고 하네요."

물론 이 말은 불에 기름을 붓는 격이었다.

영부인이 소리쳤다. "그게 무슨 말이죠?"

스워드는 자신이 중대한 실수를 범했음을 알아챘다. 하지만 그의 말이 특별한 재치를 발휘한 덕분에 뒤로 슬쩍 빠졌기에 그 위기를 모면할 수 있었다.

마침내 일행은 목적지에 도착했다. 오드 부인이 포장마차에 다가왔다. 그러자 영부인은 그녀를 심하게 모욕했다. 많은 장교들 앞에서 그녀를 상스럽게 부르고, 대통령을 따라간 게 무슨 뜻이었냐고 물었다. 그 가엾은 부인은 눈물을 쏟아내며, 그녀가 무슨 잘못을 했는지 물었다. 그러나 영부인은 화를 누그러뜨리지 않고 지칠 때까지 날뛰었다. 그랜트 부인은 여전히 친구를 도우려 했고, 모든 사람들이 깜짝 놀라며 겁에 질렸다. 하지만 이 모든 소동은 결국 끝이 났고, 우리는 잠시 뒤 시티 포인트로 돌아갔다.

그날 밤 링컨 부부는 그랜트 부부와 참모들을 증기선으로 초청하여 저녁을 대접했다. 우리 모두가 보는 앞에서 영부인은 대통령에게 오드 장군을 험담하며, 그가 물러나야 한다고 했다. 아내는 말할 것도 없고 그도 그의 지위에 어울리지 않는다는 것이었다. 그랜트 사령관이 옆에 있다가 그의 부하를 용감하게 감싸주었다. 당연히 오드 장군은 해임되지 않았다.

대통령 일행의 방문 기간 내내 비슷한 상황이 벌어졌다. 영부인은 그리핀 부인과 오드 부인 건으로 장교들 앞에서 남편을 계속 공격했다. 나는 대통령과 개인적인 친분은 없었지만, 국가의 수장으로서 심각한 위기에 빠진 국가를 도맡고 있는 대통령이 사람들 앞에서 말할 수 없는 모욕을 당할 때보다 더 큰 굴욕감과 고통을 느낀 적은 없었다. 대통령은 그리스도가 그랬던 것처럼 꾹 참았다. 가슴에 사무치는 고통스럽고 슬픈 표정을 지으면서도 최대한 침착하고 위엄 있게……. 그리고 예전처럼 솔직하게 영부인을 '마더(mother)'라고 불렀다. 영부인이 암호랑이처럼 달려들 때까지 링컨은 눈짓과 어조로 간청했고, 다른 이들의 비난에 대해 자신이 나서서 변명하고 누그러뜨리려고 애를 썼다. 그러고 나서 그 고상하고 우울한 얼굴을 감춘 채 자리를 떠나버렸다. 우리가 그 비참한 표정을 모조리 알아차리지 못하도록 하기 위해서였다.

셔먼 장군은 이런 일들 몇 가지를 직접 목격하고서, 오래전에 자신의 회고록에서 그것을 언급했다.

해군의 반즈 대령도 목격자이자 피해자였다. 반즈는 오드 부인이 말을 타고 가면서 수모를 겪을 때 함께 동행했으며, 훗날 오드 부인에게 잘못이 있다는 말을 결코 하지 않으려 했다. 영부인은 결코 그를 눈감아주지 않았다. 하루나 이틀 후 그는 공식적인 업무로 대통령을 찾아가 대화를 나누었는데, 영부인과 다른 몇 사람이 있을 때였다. 영부인은 그에게 아주 불쾌하게 얘기했는데, 다른 사람들도 모두 들을 수 있었다. 하지만 링컨은 잠자코 있었다. 잠시 후 링컨은 그 젊은 장교에게 다가가서 팔로 그를 이끌고 선실로 들어가, 그에게 지도와 서류를 보여주었다. 링컨은 조금 전에 일어난 일에 대해서 아무런 언급도 없었다고 반즈가 나에게 말해주었다. 링컨은 아내를 비난할 수 없었다. 하지만 그는 내가 상상할 수 있는 가장 고귀한 태도로 그 장교에게 유감과 아울러 존경을 표했다.

이런 일이 일어나기 바로 전, 스탠턴 부인이 시티 포인트를 방문했을 때, 나는 우연히 영부인에 대한 몇 가지 질문을 그녀에게 했다.

대답은 "나는 링컨 여사를 찾아가지 않습니다."였다.

하지만 나는 잘못 들은 게 틀림없다고 생각했다. 육군장관의 부인이면 영부인을 방문해야 하기 때문이다. 그래서 나는 질문을 다시 했다.

그러자 부인은 이렇게 대답했다. "아시겠어요? 나는 백악관에 가지 않으며, 영부인을 만나지 않아요." 나는 스텐턴 부인과 전혀 친하지 않았다. 따라서 그 말은 결코 잊히지 않을 정도로 매우 이상하게 들렸다. 하지만 훗날에 가서야 그 말을 이해하게 되었다.

영부인은 그랜트 부인에게 안 좋은 말을 계속 퍼부어댔는데, 그랜트 부인이 달래려고 애쓰면 영부인은 더욱더 난폭해졌다. 한번은 자기 앞에 앉아 있다고 영부인은 그랜트 부인을 비난했다. "내가 권하기도 전에 어떻게 감히 내 옆에 앉아 있어요?"라고 말했다고 한다.

이 여정에서 그랜트의 사령부로 영부인을 수행했던 엘리자베스 케클리는 리버 퀸 선상에서 '여자 대통령'께서 마련한 만찬에 대해 다음과 같이 얘기했다.

하객 중에는 위생관으로 파견된 젊은 장교가 한 명 있었다. 그는 영부인 곁에 앉아서, 흥을 돋우기 위해 다음과 같이 말했다. "영부인께서는 리치먼드로 개선하던 그날 대통령 각하를 봤어야만 했습니다. 각하는 만인의 주목을 받았습니다. 여인들은 각하에게 키스를 보냈고, 손수건을 흔들며 인사했습니다. 각하는 아름다운 젊은 여성들에 둘러싸일 때, 진정한 영웅이십니다."

그 젊은 장교는 순간 당황한 표정을 지으며 말을 멈추었다.

영부인이 번쩍이는 눈빛으로 그를 노려보며, 그의 무례함이 기분 나쁘다고 말했기 때문이었다.

곧이어 대단히 곤혹스러운 상황이 펼쳐졌다. 링컨 여사의 비위를 거스른 장교는 그 인상적인 밤을 결코 잊지 못했을 것이다.

케클리 부인은 이렇게 말했다. "내 생애 그보다 더 괴상한 성질을 가진 여자를 본 적이 없다. 세상을 다 뒤져보아도 그런 여자는 찾아내지 못할 것이다."

오노레 윌지 모로는 자신의 저서 『메리 토드 링컨』에서 "당신이 만나는 첫 미국인에게 '링컨의 아내는 어떤 여자였나요?'라고 물으면, 99퍼센트는 이렇게 대답할 것이다. 그녀는 으르렁거리는 여자였고, 남편에게 재앙이었으며, 천박한 바보였고, 미친 여자였다고."

링컨 생애에서 가장 큰 비극은 암살을 당한 게 아니라 결혼이었다.

부스가 저격했을 때, 링컨은 무엇이 자신을 강타했는지 알지 못했다. 하지만 23년 동안 링컨은, 헌돈이 묘사한 대로, '불행한 결혼의 쓰라린 결과'를 고스란히 받아들이며 살았다.

바도 장군은 이렇게 말했다. "당파적 증오와 반란의 소용돌이 속에서, 고통의 몸부림 속에서······ 십자가의 고행처럼······ 가정의 불행으로부터 우슬초가 링컨의 입을 내리누르자〔십자가에 매달린 예수님이 목마르다 하시니 사람들이 신 포도주를 적신 해면을 우슬초에 매어 예수의 입에 대었다(요한복음 19장 28~29절)-옮긴이〕, 그도 또한 '아버지 저들을 사하여 주옵소서. 자기들이 하는 것을 알지 못함입니다(누가복음 23장 34절-옮긴이).'라고 말했다."

대통령으로서 링컨의 생애 가운데 가장 마음씨 따뜻한 친구로 일리노이 주 상원 의원인 오빌 H. 브라우닝을 꼽을 수 있다. 이들 둘은 25년간 서로 가까이 지낸 사이였는데, 브라우닝은 백악관에서 자주 저녁을 먹었으며, 이따금 그곳에서 밤을 보내기도 했다. 그는 상세히 기록한 일기를 갖고 있었지만, 사람들은 단지 그가 영부인에 대해 일기에 기록했을 거라고 추측할 뿐이었다. 왜냐하면 링컨 여사의 명성을 손상하는 내용을 폭로하지 않겠다고 명예를 걸고 맹세하지 않고서는 누구도 그 원고를 볼 수 없었기 때문이다. 최근에 이 원고는 영부인에 관한 모든 충격적인 내용은 인쇄되기 전에 삭제한다는 조건하에 출판사에 팔렸다.

백악관의 공식 리셉션에서는 대통령이 부인 말고 다른 여인을 선택하여, 그녀가 대통령을 무도회로 인도하는 게 늘 관례로 이어져왔다.

그러나 관례이건 관례가 아니건, 전통이건 전통이 아니건, 영부인은 허용하지 않으려고 했다. '뭐라고? 다른 여인이 나보다 먼저 간다고? 그것도 대통령과 팔짱을 끼고? 그럴 순 없어!'

그런 영부인이 자기 고집만 피워대자, 워싱턴 사교계는 야유를 보냈다.

영부인은 대통령이 다른 여인과 무도회장으로 걸어가는 것을 반대했을 뿐만 아니라, 그를 빈틈없이 감시해서 다른 여인과 말이라도 하면 맹렬히 비난을 퍼부었다.

공식 리셉션에 참석하기 전에 링컨은 질투가 많은 아내한테 가서, 자신이 누구와 대화를 해야 하느냐고 물어보곤 했다. 영부인은 이 여자 저 여자 언급하며, 이 여자는 싫고 저 여자는 밉다고 얘기했다.

그러면 대통령은 이렇게 항변했다. "하지만 여보, 나는 누군가와 대화를 나누어야 하오. 바보처럼 주변에 서서 아무 말도 안 하고 있을 순 없소. 내가 대화를 나눌 사람을 가르쳐 주지 않으려면, 내가 대화를 나누지 말아야 할 사람을 가르쳐주시오."

그녀는 어떤 대가를 치르더라도 자기가 하고 싶은 대로 하기로 단단히 마음을 먹고 있었다. 한번은 링컨에게 어떤 장교를 진급시켜주지 않으면 여러 사람이 보는 앞에서 진흙에 드러누워버리겠다고 위협하기도 했다.

또 어떨 때는 남편이 중요한 대담을 나누는 동안, 집무실로 달려 들어가 이런저런 말을 마구 퍼부어대기도 했다. 그러면 링컨은 아무런 대꾸도 하지 않고 조용히 일어나, 영부인을 붙잡고 방에서 데리고 나갔다. 그런 뒤 돌아와서 문을 잠근 다음 그는 마치 아무런 방해를 받은 적이 없었다는 듯이 집무를 계속 보았다.

영부인은 심령술사와 상담을 나누었는데, 그 심령술사는 링컨 내각의 모든 사람들이 영부인의 적이라는 얘기를 해주었다. 하지만 그 얘기는 놀랄 만한 내용이 아니었다. 영부인은 그들 중 어느 누구도 좋아하지 않았기 때문이다.

영부인은 수어드를 경멸해서 그를 '위선자', '노예제 폐지의 밀고자'라고 불렀고, 그를 믿을 수 없다고 하면서 링컨에게 그와 아무 일도 같이하지 말라고 경고했다.

케클린 부인은 "영부인은 체이스(재무장관-옮긴이)를 아주 싫어했다."고 말했다. 그 이유 중 하나는 이렇다. 체이스에겐 케이트라는 딸이 있었다. 그녀는 부자와 결혼했으며, 워싱턴 사교계에서 가장 아름답고 매력적인 여인 중 하나로 손꼽혔다. 케이트는 백악관 리셉션에 참석했을 것이다. 링컨 여사가 싫어할 정도로, 그녀는 주변에 남자들을 모이게 했고 단연 돋보였다.

케클린 부인은 "다른 사람의 인기를 질투한 영부인은 체이스의 딸이 아버지의 정치적 지지도를 이용해서 자신의 사회적 지위를 세우는 것을 원치 않았다."고 말했다.

흥분해서 화를 내며 영부인은 거듭 링컨에게 체이스를 내각에서 쫓아내라고 강요했다.

또한 영부인은 스탠턴을 매우 싫어했다. 그가 자신을 비판하자 영부인은 "화를 잘 내고 불쾌한 사람으로 그를 묘사한 책과 신문 기사를 그에게 보내는 것으로 응수했다."

이 모든 지독한 비난에 대해 링컨은 이렇게 얘기하곤 했다. "여보, 당신이 잘못 생각했소. 적개심이 너무 심해서 당신은 이것저것 따지는 것을 멈추지 않소. 내가 당신 말을 듣는다면, 나의 내각엔 곧 아무도 남아 있지 않게 될 것이오."

영부인은 또한 앤드루 존슨을 아주 싫어했고 매클렐런을 미워했다. 그랜트를 경멸해서 그를 '고집쟁이 바보에 도살자'라고 불렀으며, 자신이 그보다 군대를 더 잘 지휘할 수 있다고 했고, 그가 대통령이 된다면 맹세코 자신은 조국을 떠나서 그가 백악관에 있는 동안은 결코 돌아오지 않을 것이라고 자주 말했다.

링컨은 이렇게 대답하곤 했다. "글쎄요, 여보. 우리가 당신에게 군 지휘권을 주었다고 가정해봅시다. 틀림없이 당신은 이전의 그 어떤 장군들보다도 더 잘할 거요."

리 장군이 항복한 후, 그랜트 부부가 워싱턴에 왔다. 도시는 불빛으로 환하게 빛났다. 군중들은 모닥불을 피우며 흥겹게 노래를 불렀고, 술을 마시며 흥청거렸다. 그래서 영부인은 그랜트 장군에게 편지를 써서, 자신의 부부와 같이 마차를 타고서 거리의 "불빛을 구경하자."고 했다. 그러면서도 그랜트 부인은 초대하지 않았다.

그러나 며칠 뒤에는 연극 관람 파티를 준비해서 그랜트 부부와 스탠턴 부부를 대통령 특별석에 앉을 수 있게 초청했다. 스탠턴 부인은 초대를 받자마자 그랜트 부인에게 달려가, 초대에 응할 거냐고 물어봤다.

스탠턴 부인은 "부인께서 초대에 응하지 않으면, 저도 거절할 겁니다. 부인께서 참석하지 않으면, 저도 영부인과 함께 특별석에 앉아 있지 않을 거예요."라고 말했다.

그랜트 부인은 초대에 응하는 게 두려웠다. 그녀는 그랜트 장군이 특별석에 들어서면 청중들이 일제히 박수갈채를 보내며 '애퍼매턱스의 영웅'에게 인사를 보내리란 걸 알고 있었다.

그렇게 되면 영부인이 어떤 짓을 할 것인가? 말하지 않아도 뻔한 일이었다. 영부인은 다시 한 번 수치스럽고 창피한 상황을 벌일지도 몰랐다.

결국 그랜트 부인은 초청을 거절했다. 그래서 스탠턴 부인도 거절했다. 그 덕분에 둘은 남편의 목숨을 살릴 수 있었다. 그날 밤 부스가 대통령 특별석으로 슬며시 접근해서 링컨을 저격했는데, 스탠턴과 그랜트가 그곳에 있었다면, 부스는 그들도 살해하려고 했을 것이기 때문이다.

부스의 링컨 저격

✢ II ✢

워싱턴의 포드 극장에서 존 윌크스 부스에게 저격당한 링컨은
그 다음 날 숨을 거뒀다. 그런데 부스는 애국적인 열망이나
상업적 동기에 의해 링컨을 저격한 게 아니었다.
그는 단지 유명해지기 위해 링컨을 저격했던 것이다.

1863년 버지니아 주의 노예상들은 에이브러햄 링컨을 암살하기 위한 비밀단체를 조직해서 자금을 댔다. 1864년 12월에는 앨라배마 주의 셀마에서 발행되는 한 신문이 링컨 암살에 쓰일 기금을 조성하기 위한 국민들의 기부를 호소하는 광고를 실었다. 한편 남부의 다른 신문들은 링컨의 암살에 현상금을 걸었다.

하지만 결국 링컨을 살해한 그 사람은 애국적인 열망이나 상업적 동기에 의해 링컨을 살해한 게 아니었다. 존 윌크스 부스는 유명해지기 위해 링컨을 저격했다.

부스는 어떤 사람이었을까? 그는 배우였으며, 천부적으로 놀라울 정도의 매력을 지니고 있었다. 링컨의 비서관들

은 그를 '라트모스 산의 엔드미온〔그리스 신화에 나오는 인물로, 대부분의 삶을 영면(永眠)으로 보냈던 미소년-옮긴이〕처럼 잘생기고 주변 사람들로부터 사랑을 받는 인물'이라고 묘사했다. 프랜시스 윌슨은 부스의 전기에서 "그는 많은 사랑을 받는 사람이었다. …… 여성들은 그가 지나가면 거리에 멈춰 서서 반사적으로 그를 황홀하게 바라보았다."고 서술했다.

23세가 되었을 때 부스는 미남 배우로서의 자리를 잡았다. 자연히 그의 가장 유명한 배역은 로미오 역이었다. 그가 출연하는 곳마다, 사랑스런 여인들이 달콤한 연서를 들고 그에게 몰려들었다. 보스턴에서 공연을 했을 때는 수많은 여인들이 트레몬트 하우스 앞의 거리에 모여들어, 그가 지나갈 때 자신들의 영웅을 흘끗 한 번이라도 보려고 기를 썼다.

어느 날 밤, 질투심 많은 여배우인 헨리에타 어빙은 호텔 방에서 그를 칼로 찌르고 나서 자살을 기도했다. 부스가 링컨을 저격한 다음 날 아침, 그의 또 다른 애인으로 워싱턴의 '고급 유곽'에 있던 엘라 터너는 자신의 연인이 살인자가 되어 그 도시에서 도피했다는 것을 알고, 매우 괴로워서 그의 사진을 가슴에 껴안고, 클로로포름(마취제로 쓰이는 무색의 유독한 휘발성 액체-옮긴이) 음독으로 생명을 내던졌다.

그런데 이렇게 여자들의 환심을 산 것이 부스를 행복하게 했을까? 그렇지 않았다. 그의 성공은 거의 대부분 시골의 순박한 관객들에게 한정되어 있었기 때문에 그는 대도시의 중심지에서 박수갈채를 받고 싶어하는 열망에 불타고 있었으니 말이다.

그러나 뉴욕의 비평가들은 그를 좋지 않게 생각했으며, 필라델피아에서 그는 야유를 받으며 무대에서 쫓겨났다.

분통이 터지는 일이었다. 그를 제외한 부스 집안의 다른 사람들은 연극계에서 유명했기 때문이다. 거의 30년이 넘게, 그의 아버지인 주니어스 브루투스 부스는 일류 연극배우로 활동했다. 그의 셰익스피어 연출은 온 나라의 화젯거리였다. 미국 연극 역사상 그토록 엄청난 인기를 누린 사람은 없었다. 그래서 아버지 부스는 아들 존 윌크스가 부스가의 가장 뛰어난 인물이 되어야 한다고 생각하도록 교육시켰다.

하지만 실제로 존 윌크스 부스는 재능을 거의 갖고 있지 않았으며, 지니고 있는 하찮은 재능조차도 최대한 활용하지 못했다. 그는 잘생겼지만 버릇이 없고 게을러서, 공부를 열심히 하려고 하지 않았다. 그 대신 성장기를 말이나 타고 보내며 메릴랜드 농장의 숲 속을 질주했고, 나무와 다람쥐에게 말을 해대면서 멕시코 전쟁에서 쓰던 녹슨 창으로 허공을 찔러대기나 했다.

아버지 주니어스 브루투스 부스는 가족의 식탁에 고기가 차려지는 것을 결코 허용하지 않았으며, 자식들에게 살아 있는 것은 방울뱀조차도 죽이는 것은 그릇된 일이라고 가르쳤다. 하지만 존 윌크스는 아무래도 아버지의 철학을 진지하게 받아들이지 않았던 것 같다. 그는 총 쏘고 파괴하는 것을 좋아했다. 때때로 그는 총으로 노예들의 고양이와 사냥개를 쏘았으며, 한번은 이웃의 암퇘지를 죽이기도 했다.

훗날 그는 체사피크 만의 굴 해적(굴 양식장을 터는 해적-옮긴이)이 되었다가, 배우의 길을 걷게 되었다. 26세가 된 그는 매우 감상적인 여고생들의 사랑을 받았지만, 자신이 보기에 그는 실패자였다. 게다가 그는 형 에드윈을 매우 질투했는데, 자신이 그토록 갈망했던 명성을 형 에드윈이 얻었기 때문이다.

그는 이 문제로 오랫동안 고민을 해오다가 마침내, 하룻밤 사이에 영원히 유명해지기로 마음을 먹었다.

그의 첫 번째 계획은 이러했다. 어느 날 밤 그가 링컨을 뒤따라간다. 그의 동조자들이 가스등을 끄는 동안 그는 대통령 관람석으로 달려가서 링컨을 밧줄로 단단히 묶어 무대 뒤편으로 던진 뒤, 다시 뒤쪽 출구로 밀어 넣어 마차에 내던져 신고 어둠 속을 미친 듯이 내달린다.

거세게 마차를 몰고 나면 그는 여명이 트기 전에 토바코 항의 잠에 빠진 옛 도시에 다다를 수 있다. 그러고 나서 포토맥 항구를 배로 건넌 후 버지니아 주를 가로질러 전속력으로 질주하여, 그 북군의 최고 사령관을 리치먼드에 있는 남군의 보병 부대 후방에 안전하게 넘겨준다.

그러고 나서는? 자, 그러고 나면 남군이 조건을 발표하며 곧 전쟁을 끝낼 수 있을 것이다.

그런데 이 뛰어난 업적의 명예는 누구에게 돌아갈 것인가? 눈부신 천재인 존 윌크스 부스에게 돌아갈 것이다. 그는 두 배 더 유명해져서, 에드윈 형보다 백 배는 더 유명해질 것이다. 그는 역사적으로 윌리엄 텔(스위스의 전설적인 용사-옮긴이)과 같은 영예를 지니게 될 것이다.

그는 극장에서 1년에 2만 달러를 벌고 있었지만, 그것조차 모두 포기했다. 이제 돈은 그에게 아무런 의미가 없었다. 물질적인 것보다는 좀 더 중요한 무언가를 하고 있었기 때문이다. 그래서 저축해두었던 돈을 남부 연합 지지자 집단을 지원하는 데 사용해서, 북군 지역인 볼티모어와 워싱턴 주위를 떠도는 남부의 동조자들을 찾아냈다. 부스는 그들 모두에게 자신은 반드시 부유하고 유명해질 거라고 단언했다.

그런데 그들은 얼마나 다양한 군상이었던가! 그들 중 스팽글러는 술고래인 무대 담당자이자 게 잡이 배의 어부였고, 무지한 건물 페인트공인 앳제로트는 실같이 늘어진 머리와 구레나룻에 거칠고 사나운 자였으며, 게으른 농장 노동자인 아놀드는 남군에서 탈영한 자였고, 마차 대여점에서 일하는 오로린은 말과 위스키 냄새를 풍겼으며, 서랫은 거들먹거리며 걷는 멍청이 사무원이었고, 거대한 몸집에 빈털터리인 파월은 눈빛이 험악한데다 침례교 전도사의 반쯤 미친 아들이었으며, 지능이 낮은데다 낄낄거리며 웃는 게으름뱅이인 헤럴드는 말과 여자에 대해 이야기하며 마구간 근처를 어슬렁거렸는데 그의 과부 모친과 일곱 누이들이 집어주는 푼돈으로 살아갔다.

이렇게 질이 낮은 사람들로 조역을 구성한 부스는 그의 생애에서 위대한 역할을 수행하기 위해 준비하고 있었다. 그는 아주 상세한 세부 계획을 세우는 데 돈이나 시간을 아끼지 않았다. 수갑을 사고, 적절한 곳에서 바꿔 탈 빠른 말들을 준비했으며, 세 척의 보트를 사서 포트 토바코의 작은 만에 대기시켜두었고, 그들을 즉시 승선시키기 위해 노 젓는 사람들을 준비해두었다.

드디어 1865년 1월, 그는 결정적인 순간이 왔다고 생각했다. 1월 18일에 링컨이 에드윈 포레스트가 공연하는 〈잭 케이드〉를 보러 포드 극장에 오기로 예정되어 있었다. 그 소문은 도시에 퍼져나갔다. 부스도 그 소식을 들었다. 그래서 그날 밤 밧줄을 챙겨 들고 기대에 부풀어 극장으로 갔다. 그래서 어떻게 되었을까? 아무 일도 일어나지 않았다. 링컨이 나타나지 않았기 때문이다.

두 달 뒤 링컨이 오후 시간에 마차를 타고 그 도시를 벗어나 병사들의 야영지 근처의 극장에 연극을 보러 온다는 소문이 들렸다. 그래서 부스와 패거리들은 말을 타고 사냥칼과 연발 권총으로 무장한 채 대통령이 지나갈 숲 속 길목에 숨어 있었다. 그러나 백악관 마차는 지나갔지만 링컨은 타고 있지 않았다.

또다시 실패하자 부스는 화가 머리끝까지 치밀어서, 저주를 퍼부으며 그의 새까만 콧수염을 잡아당기고, 승마 채찍으로 자신의 부츠를 후려쳤다. 이런 일은 이제 당할 만큼 당했다. 그는 더 이상 실패하지 않을 것이었다. 링컨을 납치하지 못한다면, 반드시 그는 링컨을 죽일 것이었다.

몇 주 뒤 리가 항복하면서 전쟁이 끝났다. 부스는 대통령을 납치하는 것은 이제 더 이상 시기적으로 적절하지 않음을 알았고, 그래서 링컨을 당장 암살하기로 작정했다.

부스는 오래 기다릴 필요가 없었다. 그 다음 주 금요일, 그는 이발을 하고 나서 편지를 찾으러 포드 극장에 갔다. 거기서 우연히 그날 밤 대통령이 연극을 보기 위한 칸막이로 된 특별석이 준비되었음을 알게 되었다.

부스는 소리쳤다. "뭐라고! 그 늙은 악당이 오늘 밤 여기 온다고?"

무대 담당자들은 왼쪽 좌석을 레이스 배경으로 하여 깃발로 덮고 나서 워싱턴 초상화로 장식하고, 칸막이를 없애 공간을 두 배로 넓힌 후 진홍색 종이를 그 안에 붙이고, 대통령의 긴 다리로 앉을 수 있는 아주 큰 호두나무 흔들의자를 놓아두는 등, 특별 공연을 위한 준비를 이미 하고 있었다.

부스는 무대 담당자를 매수해서 그가 원하는 위치에 그 흔들의자를 배치하도록 했다. 그는 아무도 자신이 들어오는 모습을 보지 못하도록, 관객석에서 가장 가까운 쪽 귀퉁이에 흔들의자를 놓아두게 했던 것이다. 그는 흔들의자 바로 뒤의 안쪽 문에 특별석 내부를 들여다볼 수 있는 작은 구멍을 뚫었다. 그러고는 나무 널빤지로 출입을 막을 수 있는, 극장의 특등석(dress-circle, 2층에 원형으로 좌석이 배치되어 있는 구역-옮긴이)에서 대통령 일행의 칸막이 특별석으로 이어지는 문 뒤의 회반죽에 V자 모양의 표시를 해두었다. 부스는 여관으로 돌아가서 〈내셔널 인텔리전서〉지의 편집장에게 보낼 긴 편지를 썼는데, 이 거사는 애국심의 이름으로 계획된 것이고 후세가 그를 존경하게 될 것이라며 자신의 정당성을 주장하는 내용이었다. 그는 편지에 서명을 하고 한 배우에게 전해주며, 다음 날 편지가 발표될 수 있게 해달라고 일러주었다.

그러고 나서 마차 대여점으로 가서, '고양이처럼' 달릴 수 있다며 자랑스럽게 여기던 작은 밤색 암말을 빌리고, 그의 패거리들을 끌어 모아서 말에 타게 했다. 그는 앳제로트에게 권총을 주며 부통령을 쏘라고 했고, 파월에게 소형 권총과 칼을 건네주며 수어드를 살해하라고 지시했다.

그날은 그 극장으로서는 보통 일 년 가운데 가장 좋지 않은 날 중의 하나인 수난일(예수 그리스도가 십자가에 못 박힌 날-옮긴이)이었지만, 도심은 군 최고사령관을 보려는 장교와 사병들로 가득 메워졌고, 도시는 여전히 기쁨에 넘쳐 종전을 축하하고 있었다. 백악관으로 가는 길에는 여전히 개선문이 놓여 있었고, 거리는 횃불을 든 행렬들의 춤으로 즐거웠으며, 대통령이 그날 밤 마차를 타고 극장에 갔을 때 사람들은 환호성을 내질렀다. 그가 포드 극장에 도착했을 때는, 극장이 다 차버려서 수많은 사람들이 안으로 들어가지 못하고 있었다.

대통령 일행은 정확히 9시 20분에, 1막이 공연되는 중간에 들어갔다. 배우들은 연극을 중지하고 인사를 했다. 잘 차려입은 관객들이 큰 소리를 지르며 환영했다. 관현악단이 웅장한 소리를 내며 〈대통령 찬가〉를 연주했다. 링컨은 답례로 인사를 하고, 자신의 코트 뒷자락을 가르며 붉은 커버를 씌운 호두나무 흔들의자에 앉았다.

영부인의 오른쪽에는 그녀의 손님들이 앉았다. 헌병사령관실의 래스본 소령과 그의 약혼녀이자 뉴욕 상원 의원 아이라 해리스의 딸 클라라 H. 해리스 양이었다. 이들은 워싱턴 사교계의 저명인사로서 까탈스러운 영부인에게도 흡족한 인물들이었다.

로라 킨은 그녀의 마지막 작품인 유명한 희극 〈우리 미국인 사촌〉을 공연했다. 그것은 흥겹고 즐거운 행사였다. 활기에 넘치는 웃음이 객석의 앞뒤로 파문을 일으키며 퍼졌다.

링컨은 그날 오후 아내와 오랫동안 드라이브를 했었다. 훗날 그녀는 그가 지난 몇 년 만에 그날 가장 행복해 보였다고 했다. 왜 그는 행복해 했을까? 평화, 승리, 연방, 자유를 얻었기 때문이었을까? 링컨은 그날 오후 아내에게 그의 두 번째 임기가 끝나고 나서 백악관을 떠나게 되면 하고 싶은 일들을 말해주었다. 우선은 유럽이나 캘리포니아에서 오랫동안 휴식을 취하고 나서 돌아와, 시카고에 법률 사무소를 내거나, 스프링필드로 돌아가 그가 가장 좋아하는 일인 말을 타고 순회 재판 지역을 돌아다니는 일을 하며 여생을 보내고 싶다고 했다. 또 바로 그날 오후, 링컨이 일리노이 주에서 알고 지냈던 몇몇 옛 친구들이 백악관으로 찾아와서 그가 얼마나 농담을 하며 즐겁게 놀았는지, 영부인이 그를 저녁 식탁으로 데려가기가 어려울 정도였다.

전날 밤, 링컨은 이상한 꿈을 꾸었다. 그날 아침 각료들에게 그 꿈에 대해 이야기했다. "저는 독특하고 말로 표현할 수 없는 어떤 배에 타고 있었던 것 같습니다. 그 배는 어둡고 뭐라고 표현할 수 없는 해안을 향해 아주 빠르게 가고 있었습니다. 저는 좋은 일이 있거나 승리를 거두기에 앞서, 예전에도 이런 이상한 꿈을 꾸었지요. 앤티텀 전투, 스톤 강 전투, 게티즈버그 전투, 빅스버그 전투를 앞두고 이런 꿈을 꾸었답니다."

그는 이 꿈이 좋은 징조이고, 좋은 소식을 미리 알려주고 있으며, 굉장한 일이 일어날 것이라고 믿었다.

10시 10분, 위스키를 마셔서 발그스름해진 얼굴에 검은 승마용 바지를 입고 박차가 달린 부츠를 신은 부스는 그의 생애 마지막으로 극장에 들어가서, 대통령의 위치를 살폈다. 그는 손에 검은 소프트 모자를 쥐고 특등석으로 연결된 계단을 올라가서, 의자가 가득 놓여 있는 통로를 서서히 내려가, 칸막이 특별석으로 연결된 복도에 다다랐다.

대통령 경호원 중 한 명이 그를 정지시켰지만, 부스는 대담하게 허세를 부리며 그에게 명함을 건네주면서, 대통령이 그를 만나고 싶어한다고 말했다. 그리고 허락이 떨어지기도 전에 그는 안으로 밀고 들어가서 뒤의 복도 문을 닫고서, 악보대에 쓰이는 나무막대로 문을 잠가버렸다.

그는 대통령 뒤의 문에 이르러 앞서 송곳으로 뚫어두었던 구멍을 통해 안을 들여다보며 거리를 측정한 후 조용히 문을 열어젖혔다. 곧이어 희생자의 머리 가까이에 구경이 큰 데린저식 권총의 총구를 밀어 넣고 방아쇠를 당기고 나서 아래쪽 무대로 뛰어내렸다.

총에 맞은 링컨이 머리를 앞으로 떨어뜨리더니 의자에 처박히면서 옆으로 쿵 떨어졌다. 그는 아무런 소리도 내지 않았다.

관객들은 잠시 동안 권총 발사와 무대로의 뜀박질을 연극의 일부로 생각했다. 아무도, 심지어 배우들조차도, 대통령이 해를 입었다는 것을 알아채지 못했다.

그때 어느 부인의 날카로운 비명 소리가 극장 안에 울려 퍼졌고, 모든 시선이 커튼을 친 특별석으로 향했다. 한쪽 팔에서 피를 뿜어내며 래스본 소령이 외쳤다. "저놈 잡아라! 저놈 잡아! 저놈이 대통령을 쏘았다!"

순간 침묵이 흘렀다. 한 줄기 연기가 대통령 특별석에서 피어 오르고 있었다. 곧 긴장감이 깨져버렸다. 공포와 광적인 흥분이 관객을 엄습했다. 그들은 자리에서 뛰쳐나와, 의자를 비틀어 바닥에서 떼어내려고 했고, 난간을 부쉈으며, 무대에 기어오르려 했고, 서로 쥐어뜯고 넘어뜨렸으며, 노약자들은 짓밟혔다. 눌려져 뼈가 부러졌으며, 여자들은 비명을 내지르며 졸도했고, 고통스런 비명 속에 격렬하게 외치는 소리가 뒤섞였다. "저놈을 교수형에 처하라!" …… "저놈을 총살하라!" …… "극장을 불태워라!"

어떤 사람은 극장 자체를 폭파시켜야 한다고 소리쳤다. 공포 상태에서의 격분이 두 배, 세 배로 커졌다. 극도로 흥분한 군인들이 아주 빨리 극장으로 달려와 관객들에게 머스킷 총을 겨누고 총검을 들이대며 외쳤다. "여기서 나가! 제기랄, 나가란 말이야!"

관객으로 왔던 의사들이 대통령의 상처를 살펴보았다. 그들은 상처가 치명적이라는 것을 알고, 죽어가는 사람을 백악관으로 돌아가는 자갈길에서 덜컹거리게 하고 싶지 않았다. 그래서 네 명의 군인들이 나서서, 둘은 어깨를 들고 둘은 다리를 들어 그의 길고 축 늘어진 몸을 극장 밖의 거리로 옮겼는데, 그의 상처에서 뚝뚝 떨어진 피가 포장도로를 붉게 물들였다. 병사들이 무릎을 꿇고 상처에 손수건을 누르자 손수건이 피로 흥건해졌다. 그들은 살아생전에 그 손수건을 소중히 여기다가, 죽어서는 자식들에게 아주 귀중한 유산으로 물려줄 것이었다.

기병의 칼이 번뜩이고 말들이 길길이 날뛰는 가운데, 기병대가 길을 터주었다. 충성스러운 군인들이 부상당한 대통령을 길 건너편의 재봉사가 운영하는 싸구려 하숙집으로 옮겨서, 그에게는 너무도 작은 푹 처진 침대에 비스듬하게 그의 기다란 몸을 눕히고, 노랗게 깜빡이는 가스등의 쓸쓸한 불빛 쪽으로 침대를 밀었다.

그곳은 2.7×5.1미터 크기의 방이었는데, 침대 위에 로사 보뇌르의 그림인 〈마시장(馬市場)〉의 복제품이 걸려 있었다.

이 비극적인 소식은 토네이도처럼 워싱턴을 휩쓸었고, 그 소식과 함께 다른 충격적인 재앙이 들이닥쳤다. 링컨이 공격을 받던 같은 시간에, 수어드 장관이 침상에서 칼에 찔려 중태에 빠졌다는 것이다. 이런 흉흉한 소식에 이어, 무서운 소문이 그날 밤 내내 퍼져나갔다. 존슨 부통령이 살해되었고, 스탠턴이 암살되었으며, 그랜트가 저격당했다는 것이었다. 그렇게 떠들썩한 소문들이 퍼져나갔다.

사람들은 이제 리 장군의 항복이 계략이었다고 확신하게 되었다. 남부 연합 지지자들이 반역을 일으켜서 워싱턴으로 몰래 들어와 정부를 일거에 무너뜨릴 것이고, 남군이 군대를 일으켜서 예전보다 더욱 피비린내 나는 전쟁이 다시 시작된다는 것이었다.

비밀 전령들이 주거지역을 빠르게 지나가며, 포장도로를 짧은 단음으로 두 번 두드리는 것을 세 차례 반복했는데, 이는 북부 연맹 비밀결사의 비상소집 신호였다. 집합 명령에 잠을 깬 대원들이 소총을 들고 거리로 미친 듯이 달려갔다.

횃불과 밧줄을 든 군중들이 도심을 메우며 외쳤다. "극장을 불 질러버려라!"…… "매국노를 교수형에 처하라!"…… "반역자를 처단하라!"

그날 밤은 이 나라 역사상 가장 심한 광란의 밤 중 하나였다!

전보가 그 소식을 순식간에 전해서, 나라는 흥분의 도가니로 빠져들었다. 남부 지지자와 남부를 지지하는 북부 사람들은 강압적으로 난간에서 미끄러져 떨어지거나 온몸에 타르를 바르고 그 위에 새털을 씌우는 린치를 당했고, 몇몇은 포장용 돌에 맞아 머리가 뭉개졌다. 볼티모어에 있는 사진관들은 부스의 사진을 보유하고 있었다는 이유로 습격을 당해 엉망으로 파괴되었다. 그리고 메릴랜드의 한 편집인은 링컨을 조금 상스럽게 욕했다가 저격당했다.

대통령은 죽어가고 있었고, 존슨 부통령은 곤드레만드레 취해서 침대에 큰 대 자로 뻗어 있었으며, 수어드 국무장관은 칼에 찔려서 중태에 빠져 있어서, 무뚝뚝하고 변덕스럽고 광포한 에드윈 M. 스탠턴 육군장관이 즉시 권력의 통제권을 장악했다.

정부의 모든 고위 관리가 살육의 표적물이 되었다고 생각한 스탠턴은 매우 흥분하여, 죽어가는 대통령 곁에 앉아서, 자신의 실크 모자 위에다 여러 가지 명령문을 단숨에 써 내려갔다. 그는 경호원들에게 자신을 비롯한 동료들의 집을 지킬 것을 명령했다. 그리고 포드 극장을 몰수하고, 그곳과 관련이 있는 모든 사람들을 체포했다. 워싱턴을 외부와 차단했으며, 컬럼비아 특별구의 모든 군대와 경찰력, 인근의 야영장, 막사, 요새에 있는 모든 군인들, 연방 비밀 검찰국 요원들, 그리고 군사 재판국 소속의 스파이들을 소집했다. 도시 전체에 15미터마다 경계병을 배치했고, 모든 나루터에 보초를 세웠으며, 예인선과 증기선, 그리고 포함들은 포토맥 강을 순찰하라고 명령했다.

스탠턴은 뉴욕 경찰서장에게 전보를 쳐서 최고의 형사들을 바로 보내라고 했고, 캐나다 국경을 경계하라는 명령을 전보로 하달했다. 그리고 볼티모어·오하이오 철도의 대표에게 필라델피아에 있는 그랜트 장군을 찾아내어, 그가 탄 기차 앞에 선발 기관차를 달리게 하여 장군을 워싱턴에 있는 자신에게 바로 데려오라고 명령했다

그는 메릴랜드 아래로 보병 여단을 이동시키고, 수많은 기병대를 파견해서 전속력으로 암살자를 뒤쫓으라면서 다음 내용을 거듭 말했다. "그놈은 남쪽으로 갈 거다. 시내에서부터 포토맥 강까지 철저히 지켜라."

부스가 쏜 탄환은 링컨의 왼쪽 귀 밑의 머리를 뚫고 들어가 뇌를 비스듬히 파고들어, 오른쪽 눈의 반 인치 안쪽에 박혔다. 몸이 약한 사람 같았으면 그 자리에서 숨을 거두었겠지만, 링컨은 몹시 괴로워하며 9시간이나 살아 있었다.

영부인은 옆방에 있었다. 그러나 계속 남편 곁으로 데려가 달라고 하며, 눈물을 떨어뜨리며 울부짖었다. "오, 하느님, 제가 남편을 죽게 한 건가요?"

한번은 영부인이 그의 얼굴을 쓰다듬으며 자신의 눈물 젖

은 뺨을 갖다 대자 그가 갑자기 신음 소리를 내며 전보다 숨을 더 크게 쉬었다. 놀라서 정신이 나간 영부인은 비명을 내지르며 뒤로 펄쩍 나가자빠져 바닥에 쓰러졌다.

소동을 피우는 소리를 들은 스탠턴이 방으로 달려 들어가 소리쳤다. "영부인을 모시고 나가. 다시는 이곳에 못 오시게 하도록."

7시가 지나자마자 링컨의 신음 소리가 멈추었고, 숨소리도 들리지 않았다. 그곳에 있었던 비서관 중 한 명이 이렇게 기록했다. "말로는 표현할 수 없는 평화로운 표정이 그의 수척한 얼굴 위에 나타났다."

가끔씩 사람이 죽기 직전에, 의식 깊숙이서 섬광이 번쩍이듯 미처 몰랐던 것들이 이해되고 인식되기도 한다. 평화로운 마지막 순간에, 지난날 행복했던 기억들의 부서진 파편들이 링컨의 마음 깊숙한 곳에 숨어 있던 동굴을 지나서 밝게 떠올랐을 것이다. 그것은 오래전에 사라진 영상이었다. 그 영상은 인디애나 버크혼 계곡의 빈 오두막 앞에서 밤에 타오르는 장작불이었고, 뉴세일럼의 물레방아용 둑을 넘어 돌진하는 생거먼 강의 포효였으며, 물레에서 노래하는 앤 러틀리지였고, 옥수수를 달라고 울음소리를 내던 올드 벅이었으며, 말더듬이 판사 이야기를 들려주던 올랜도 캘로

그였으며, 벽에 잉크 얼룩이 묻어 있고 책장 위에는 화초의 씨앗이 싹을 틔우고 있는 스프링필드의 법률 사무소였다.

죽음과 싸우는 긴 시간 동안 군의관인 릴 박사가 대통령의 손을 잡고 내내 곁에 앉아 있었다. 7시 22분, 그 의사는 맥박이 끊어진 링컨의 팔을 접어 포갰고, 50센트 은화를 그의 감은 눈 위에 올려놓았으며, 손수건으로 그의 턱을 단단히 묶었다.

목사가 기도를 했다. 차가운 빗방울이 지붕 위에 후드득 떨어졌다. 반즈 장군이 작고한 대통령의 얼굴을 천으로 덮었다. 스탠턴은 눈물을 흘리며, 여명의 빛을 막으려고 커튼을 쳤다. 그는 그날 밤, 유일하게 기억에 남는 말을 남겼다. "이제 그는 역사가 되었다."

다음 날, 어린 아들 테드가 백악관에 찾아온 손님에게 아빠가 천국에 계시냐고 물었다. 그는 "틀림없이 그렇다."고 대답했다.

테드는 이렇게 말했다. "그렇다면 아빠가 돌아가셔서 기뻐요. 아빠는 이곳에 온 후에 전혀 행복하지 않았거든요. 아빠에게는 여기가 좋은 곳이 아니었어요."

1. 링컨의 죽음을 애도하는 국민들의 물결
2. 저격범 부스의 최후
3. 저격범 부스를 둘러싼 의혹
4. 링컨 사후의 링컨 부인
5. 링컨 묘지 도굴 사건과 링컨 유해의 이장

PART

4 죽은 뒤 더 존경받는 링컨에게서 위대함을 배우다

링컨의 죽음을 애도하는 국민들의 물결

❖ I ❖

뉴욕에서 거행되기로 예정되어 있던 링컨의 장례식이 열리기 24시간 전부터
왕복 열차가 밤낮으로 달리며 전에 없었던 수많은 군중을
그 도시로 이동시켰다. 인파가 호텔에 가득 찼고, 민가에도 넘쳐났으며,
공원이나 증기선 부두에도 발 디딜 틈이 없었다.

링컨의 시신을 싣고 일리노이 주로 돌아가는 장의 열차가 애도하는 엄청난 인파를 뚫고 서서히 나아갔다. 기차에는 검은 크레이프 상장(喪章)이 덮여 있었고, 장의용 마차의 말처럼 엔진에는 은빛 별로 장식한 커다란 검정 덮개가 덮여 있었다.

기차가 증기를 내뿜으며 북쪽으로 나아가자, 사람들이 선로 옆으로 나타나기 시작했는데, 그 수가 불어나면 날수록 슬픔도 점점 커져갔다.

필라델피아 역에 도착하기 몇 킬로미터 전부터 기차는 사람들로 죽 이어진 인간 벽 사이를 달렸고, 기차가 천천히 도

시 안으로 들어오자 수많은 사람들이 서로 밀치며 거리를 가득 메웠다. 애도하는 사람들이 독립기념관에서부터 5킬로미터나 길게 늘어서 있었다. 그들은 다만 몇 초 동안이라도 링컨의 얼굴을 마지막으로 보기 위해 10시간이나 기다리며 조금씩 앞으로 나아갔다. 토요일 자정이 되어 집집마다 문이 닫혔지만 애도객들은 돌아가지 않고 밤새 자리를 지켰다. 일요일 새벽 세 시가 되자 군중들이 오히려 더 늘어나서 아이들이 자기 자리를 10달러에 팔기도 했다.

군인과 기마 경관들이 사람들이 늘어선 줄 사이로 통로를 만들려고 애썼고, 수백 명의 여자들이 졸도했으며, 게티즈버그에 참전했던 퇴역 군인들이 질서를 유지하려고 했지만 역부족이었다.

뉴욕에서 거행되기로 예정되어 있던 장례식이 열리기 24시간 전부터 왕복 열차들이 밤낮으로 달리며 전에는 없었던 엄청난 군중을 그 도시에 대량으로 쏟아붓자, 인파가 호텔에 가득 찼고, 민가에도 넘쳐났으며, 공원이나 증기선 부두에도 발 디딜 틈이 없었다.

다음 날 흑인들이 16필의 백마가 끄는 영구 마차를 브로드웨이로 몰고 갔고, 여인들은 매우 슬퍼하며 영구 마차가 지나가는 길에 꽃을 뿌렸다. 영구 마차를 따르는 행렬의 발

길이 계속 이어져, 16만 명의 애도객이 다음과 같은 인용 문구가 적힌 깃발을 흔들며 뒤따랐다. "아, 가엾어라. 이아고여, 참 안됐도다(셰익스피어의 작품인 『오셀로』에 나오는 대사-옮긴이)!" …… "너희는 가만히 있어 내가 하느님 됨을 알지어다(시편 46편 10절-옮긴이)."

50만 명의 구경꾼들이 그 긴 행렬을 보기 위해 서로 싸우며 난폭하게 행동했다. 브로드웨이를 볼 수 있는 2층 창문 하나를 빌리는 데 40달러나 들었고, 더 많은 사람들이 고개를 내밀 수 있게 창유리를 떼어냈다. 백색 예복을 입은 성가대가 길모퉁이에서 찬송가를 불렀고, 악대는 애도가를 연주하며 행진했으며, 60초 간격으로 100대의 대포 소리가 도시 가득 울려 퍼졌다.

군중들은 뉴욕 시청에 안치된 관대(棺臺) 옆에서 흐느껴 울었다. 많은 사람들이 고인에게 말을 걸었으며, 어떤 사람들은 얼굴을 만지려고 했고, 경비원이 보지 않는 동안 한 여인은 몸을 앞으로 구부려 시신에 입을 맞추었다.

화요일 정오 뉴욕에서 관이 닫히자, 유해를 미처 보지 못한 많은 사람들이 서둘러 기차로 달려가, 영구차가 멈추기로 예정되어 있는 다른 장소를 향해 서쪽으로 급히 이동했다. 그때부터 스프링필드에 도착할 때까지 장의 열차는 종소리나 대포 소리를 일절 내지 않았다. 열차는 낮에는 상록수와 꽃으로 만든 아치 밑을 달렸고, 깃발을 흔드는 아이들로 뒤덮인 산허리를 지나쳤으며, 밤에는 거의 대륙의 절반을 이어가며 수많은 횃불과 화톳불이 기차가 지나가는 곳을 환하게 밝혀주었다.

온 나라가 흥분에 젖어 있었다. 역사적으로 이렇게 많은 사람들이 지켜본 장례는 없었다. 심약한 사람들은 여기저기서 긴장으로 지쳐버렸다. 뉴욕의 어느 젊은이는 "나도 링컨을 따라갈 거야."라고 외치며 면도칼로 자신의 목을 베었다.

암살된 지 48시간이 지났을 때 스프링필드의 한 의원이 워싱턴에 있는 영부인을 급히 찾아가 남편을 그의 고향에 묻게 해달라고 간청했다. 처음에 그녀는 그 제안을 완강하게 거절했다. 스프링필드에는 그녀의 친구가 거의 남아 있지 않았는데, 그녀도 그 사실을 알고 있었다. 사실 그곳에는 그녀의 세 자매가 살고 있었는데, 그녀는 세 자매 중 둘을 아주 싫어했고 다른 한 명은 경멸했다. 또한 소문이나 떠벌리는 나머지 마을 사람들도 경멸했다.

그녀는 흑인 양재사에게 말했다. "오, 엘리자베스! 나는 결코 스프링필드에 돌아갈 수 없어요."

따라서 그녀는 링컨을 시카고에 매장하거나 원래 조지 워싱턴을 위해 건축된 무덤이 있는 국회의사당의 둥근 천장 밑에 안치하고 싶어 했다. 하지만 그 의원이 7일 동안 간청한 끝에 그녀는 시신을 스프링필드로 보내는 데 동의했다. 그 마을은 주민들이 기금을 조성해서, 지금은 주 의사당이 위치하고 있는, 4블록에 있는 아름다운 택지를 구입하여 밤낮으로 땅을 팠다.

마침내 5월 4일 아침에, 장의 열차가 도시에 들어왔다. 무덤은 준비되어 있었고, 링컨의 수많은 옛 친구들이 장례식을 보러 몰려들었다. 그때 링컨 부인이 갑자기 화를 벌컥 내며 변덕을 부려서, 모든 계획을 철회하고, 무덤이 건설된 곳 말고 약 3킬로미터 떨어진 숲 속의 오크리지 묘지에 시신을 매장해야 한다고 명령했다.

그 주장을 따르지 않을 수 없었다. 하자는 대로 하지 않으면, 그녀는 '폭력적인' 수단을 사용하며 유해를 워싱턴으로 도로 옮기겠다고 위협할 것이었다. 왜 그랬을까? 아주 추한 이유 때문이었다. 스프링필드 한가운데 건설될 그 묘소는 '마더 블록'으로 알려진 곳에 있었는데, 링컨 여사는 마더 집안을 경멸했다. 수년 전 마더 집안 중 한 명이 그녀를 매우 화나게 해서, 상중이라 잠자코 있어야 할 때조차 여전히 격렬한 분노를 가슴속에 품고 있었다. 그래서 마더가에 의해 더럽혀진 땅에 링컨의 시신이 단 하루라도 놓이는 것을 반대했던 것이다.

23년 동안 이 여인은 '아무에게도 원한을 품지 않았고 만인에게 사랑을 베풀었던' 남편과 같은 지붕 밑에서 살아왔다. 그러나 그녀는 아무것도 배우지 못했고 아무것도 잊지 않았던 것이다.

스프링필드는 미망인의 명령을 따라야 했다. 그래서 11시에 유해는 오크리지 묘지에 있는 공립 지하 납골소로 옮겨졌다. 늠름한 조 후커가 영구 마차를 앞에서 끌었고, '에이브가 오래 타던 말'이라는 글을 수놓은 빨강, 하양, 검정 담요들로 뒤덮인 올드 벅이 그 뒤를 따랐다.

올드 벅이 마구간으로 들어갔을 때 담요는 한 장도 남아 있지 않았다. 그것을 노린 자들이 전부 벗겨갔기 때문이다. 대머리 수리처럼 그들은 빈 영구 마차로 달려들어, 군인들이 그들에게 총검을 겨눌 때까지 휘장을 잡아채려고 했다.

링컨이 암살된 후 5주 동안 영부인은 백악관에 드러누워 흐느끼면서 방에서 나오지 않았다. 그녀 곁에 있었던 엘리자베스 케클리는 이렇게 말했다.

나는 그 광경을 결코 잊지 못할 거예요. 비탄에 잠긴 통곡

소리, 소름 끼치는 비명 소리, 무시무시한 경련, 영혼에서 터져 나오는 슬픔의 거칠고 격렬한 폭발. 나는 영부인의 머리를 찬물로 씻겨주며 내가 할 수 있는 한 그 무시무시한 폭풍을 진정시키려고 애썼어요. 아버지의 죽음을 맞이한 테드의 슬픔도 어머니의 슬픔 못지않게 컸지만, 어머니의 무시무시한 발작 때문에 아이는 두려움에 떨면서도 조용히 있었어요.

이따금 밤에 테드는 어머니의 흐느낌을 듣고 잠에서 깨어, 흰 잠옷 차림으로 어머니의 방에 가서 말했어요. "엄마, 울지 마세요. 엄마가 울면 제가 잠을 잘 수 없잖아요. 아버지는 훌륭한 분이어서, 천국에 가셨어요. 아빠는 천국에서 행복하게 계실 거예요. 아빠는 하느님과 윌리 형과 함께 살고 계실 거예요. 엄마, 울지 마세요. 엄마가 울면 저도 울 거예요."

저격범 부스의 최후

2

링컨을 저격한 뒤 도망치는 데 성공한 부스는 버지니아로 향했다.
하지만 버지니아에 도착한 그는 한 농가의 담배 창고에서
그를 잡으러 뒤쫓아 온 기병의 총에 사살되었다.

부스가 링컨을 저격하자마자, 대통령과 함께 특별석에 앉아 있던 래스본 소령이 자리를 박차고 일어나 암살자를 움켜잡았다. 그러나 래스본은 그를 붙잡고 있을 수 없었다. 부스가 필사적으로 그를 사냥칼로 찔러서, 소령의 팔에 깊은 상처를 냈기 때문이다. 움켜잡고 있던 래스본 소령을 밀쳐내며 부스는 특별석의 난간을 훌쩍 넘어 3.6미터 아래의 무대 바닥으로 뛰어내렸다. 그러나 그는 점프를 하면서 대통령 특별석을 덮고 있던 겹겹의 깃발에 그의 박차가 걸리는 바람에, 어설프게 떨어져서 왼쪽 발의 작은 뼈가 부러졌다.

발작을 일으킬 정도의 통증이 온몸에 퍼졌다. 그는 주춤거리지도 주저하지도 않았다. 그는 지금 자신의 생애에서 가장 훌륭한 역을 맡아 하고 있었다. 이것은 그의 이름을 영

원히 기억하게 만들 수 있는 장면이었다.

재빨리 기운을 차린 그는 단검을 휘두르며 버지니아의 모토인 '시크 셈퍼 티라니스(Sic semper tyrannis, 고대 로마의 브루투스가 카이사르를 암살하고 외쳤던 말-옮긴이)', 즉 "폭군의 종말은 이런 것이다!"라고 외치고, 무대를 가로질러 달려가면서 우연히 앞을 가로막은 음악가를 칼로 찔렀다. 그런 뒤 한 여배우를 바닥에 쓰러뜨리고, 뒷문으로 달려 나가, 기다리고 있던 말에 뛰어올랐다. 연발 권총의 개머리판을 치켜들더니 말을 지키고 있던 소년인 '땅콩 존'을 때려눕히고, 거리로 미친 듯이 질주했는데, 작은 말의 강철 편자가 도로의 자갈에 부딪치며 불꽃이 튀었다.

그는 도시를 약 3킬로미터 달려, 국회의사당 구역을 벗어났다. 달이 나무 위로 떠올랐을 때, 그는 애나코스티아 다리 위를 질주했다. 그곳에서 북군의 초병인 코브 하사가 라이플총과 검을 들고 달려 나와서 물었다.

"누구요? 왜 이렇게 늦게 다니고 있소? 9시 이후에 다니는 게 법에 어긋난다는 걸 모르고 있소?"

이상한 이야기지만, 부스는 실제 이름을 밝혔고, 자신은 찰스 카운티에 살고 있는데 도심에서 일을 보다 늦어서 달이 뜨기를 기다린 뒤 달빛을 받으며 집으로 가고 있다고 애기했다.

그 말은 충분히 그럴듯했다. 어쨌든 전쟁은 끝났고, 왜 쓸데없이 야단법석을 피운단 말인가? 코브 하사는 라이플총을 내려놓고, 말 탄 사람을 통과시켰다.

몇 분 후 부스의 패거리인 데이비드 헤럴드가 똑같은 이유를 대며 애나코스티아 다리를 급히 건너, 그들의 집결지에서 부스와 만났다. 둘은 메릴랜드 아래쪽의 으슥한 지역을 달려가며, 딕시(아메리카 남부 연합에 속했던 여러 주-옮긴이)에서 그들이 틀림없이 맞이하게 될 열렬한 환호를 꿈꾸었다.

자정에 그들은 서래트빌의 친숙한 선술집 앞에서 길을 멈추었다. 그곳에서 헐떡거리는 말에게 물을 먹였고, 서래트 부인에게 그날 오후 맡겨두었던 쌍안경과 총, 그리고 탄약을 달라고 하고서는, 1달러어치의 위스키를 마시며 링컨을 쏘았다고 자랑하고 나서 어둠 속으로 질주했다.

원래 그들은 이곳에서부터는 포토맥 강을 향해 곧장 말을 달릴 계획이었다. 다음 날 아침 일찍 강에 도착해서, 곧장 배를 타고 버지니아로 건너갈 작정이었다. 쉬운 일 같았다. 정말로 그들은 잡히지 않고 강을 건넜을지도 몰랐다. 하지만 그들은 부스의 부러진 다리를 예상하지 못했다.

고통을 무릅쓰고 부스는 그날 밤, 스파르타식으로 꿋꿋하게 전속력으로 달렸다. 뼈가 부러져 들쭉날쭉해졌지만 그는 계속 달렸다. 그는 일기에 말이 "뛰어오를 때마다 살이 찢어졌다."고 기록했다.

마침내 고통을 더 이상 참을 수 없게 되었을 때, 그와 헤럴드는 말의 방향을 왼쪽으로 획 돌려 토요일 아침이 밝아오기 직전에, 워싱턴에서 남쪽으로 32킬로미터 떨어진 곳에 살고 있는 머드(사무엘 A. 머드 박사)라는 이름을 가진 시골 의사의 집 앞에 말을 세웠다.

부스는 매우 지치고 고통이 심해 혼자 말에서 내리지도 못했다. 그는 안장에 들려서 내려졌고, 신음 소리를 내며 2층 침실로 옮겨졌다. 그곳은 외딴 지역이어서 전신선이나 철도가 없었다.

그래서 그곳 사람 누구도 아직 암살 사건을 알지 못하고 있었다. 그러므로 의사는 아무것도 의심하지 않았다. 어떻게 다리가 부러지게 되었는지 의사가 물었을 때, 부스가 그것을 설명하는 건 간단한 일이었다. 말에 깔려서 다쳤다고 했다.

머드 박사는 다른 환자를 대할 때와 마찬가지로 부스를 대했다. 그는 왼쪽 다리에서 부츠를 벗겨낸 뒤 부러진 뼈를 잇고, 그곳에 모자 상자로 만든 두꺼운 판지 부목을 동여맨 다음, 불구자용의 조잡한 목발을 하나 맞추어주고, 다닐 때 신을 신발을 하나 주었다.

부스는 그날 낮에 머드 박사의 집에서 한나절 정도 잤다. 그러나 땅거미가 몰려올 무렵 고통스럽게 침대를 빠져나와 천천히 걸었다. 아무것도 먹지 않은 채 멋진 콧수염을 면도하고, 양어깨에 긴 회색 숄을 걸쳐서 그 끝으로 오른쪽 팔에 문신한 비밀을 드러내는 머리글자를 가리게 했으며, 가짜 수염으로 변장을 하고, 의사에게 25달러를 지폐로 지불했다. 그러고 난 뒤 그와 헤럴드는 다시금 말에 올라타, 자신들이 가고자 하는 강으로 향했다.

그러나 그들이 가는 길에는 덤불과 층층나무가 엉클어져 있었고, 진흙으로 질벅질벅했으며, 끈적끈적하고 거대한 물웅덩이의 습지대, 즉 도마뱀과 뱀들의 서식처인 광활한 제카이어 습지대가 펼쳐져 있었다. 어둠 속에서 말을 몰고 가는 두 사람은 4시간 동안 헤매이다 길을 잃어버렸다.

늦은 밤에 그들은 오스왈드 스완이라는 흑인에게 구조되었다. 이제 부스는 부러진 다리로 말미암은 고통을 견딜 수 없었기 때문에, 말 위에 걸터앉아 있을 수가 없었다. 그래서 스완에게 7달러를 주면서 남은 밤 동안 그를 짐마차로 운반해달라고 했다. 부활 주일의 동이 터 오르기 시작하자, 부유하고 유명한 남부 지지자인 콕스 선장의 집인 '리치 힐' 앞에서 그의 흰 노새가 멈추었다. 살아남기 위한 부스의 부질없는 도주의 첫 노정은 이렇게 끝이 났다.

부스는 콕스 선장에게 자신이 누구이며 무슨 일을 했는지 말해주었다. 그리고 자신의 신원을 증명하기 위해 부스는 자신의 팔에 먹으로 문신한 머리글자를 보여주었다.

부스는 콕스 선장에게 맹세코 그를 배반하지 않겠다고 애원하고, 아프고 다리를 절게 되어서 고통스럽다고 호소하며, 남부를 위한 최상의 행동이라고 자부하는 일을 자신이 해냈다고 주장했다.

몸의 상태가 그렇다 보니, 부스는 이제 더 이상 말이나 마차를 타고 여행할 수가 없었다. 그래서 콕스 선장은 두 도망자를 집 근처의 소나무 덤불에 숨겨주었다. 그곳은 덤불 이상의 곳이었다. 덜 자란 월계수와 서양호랑가시나무가 빽빽하게 풀숲을 이루고 있는 그곳은 정말이지 정글 같은 곳이었다. 그곳에서 5박 6일 동안 도망자들은 부스의 다친 다리가 나아서 도주를 계속할 수 있을 때까지 기다렸다.

콕스 선장에게는 토머스 A. 존스라는 수양 형제가 있었다. 존스는 노예주였다. 수년간 그는 포토맥 강을 건너 도망자나 밀수품을 실어 나르며 남부 연합 정부의 민활한 스파이로 활동해왔다. 콕스 선장은 존스에게 헤럴드와 부스를 돌보라고 했다. 그래서 매일 아침 존스는 그들에게 바구니로 음식을 가져다주었다. 모든 숲길이 수색되고 있었고 스파이가 곳곳에 있다는 것을 알고 있었기 때문에 바구니를 가져다 줄 때면, 그는 돼지들을 불러내서 가축들을 먹이고 있는 것으로 가장했다.

음식에 굶주려 있기는 했지만 부스는 여전히 정보에 더 굶주려 있었다. 그는 새로운 소식과 더불어 국민들이 그의 행위에 성원을 보내고 있는지 알려달라고 존스에게 계속 졸라댔다.

존스는 그에게 신문을 가져다 주었고, 부스는 신문을 열심히 탐독하면서 열렬한 갈채를 매우 강렬하게 갈망했다. 하지만 신문을 읽어보고서, 오직 환멸과 비애만을 느꼈을 뿐이었다.

30시간이 넘게 그는 육체의 극심한 고통을 무릅쓰고 버지니아를 향해 달려왔다. 육체의 고통이 극심하긴 했지만, 그가 현재 겪고 있는 정신적 고통에 비한다면 그런 고통은 견디기가 쉬웠다. 북부의 분노는 아무렇지도 않았다. 이미 예상되었던 분노였다.

하지만 남부가, 자신이 믿던 남부가 자신을 비난하고 그와 남부의 관계를 부인하며 자신을 공격하고 있다는 것을 버지니아의 신문들을 보고 알았을 때, 그는 실망과 절망으로 극도로 흥분했다. 제2의 브루투스로 존경을 받고 오늘날의 윌리엄 텔이라는 칭송을 받기를 꿈꾸던 그는 이제 자신이 겁쟁이이고 바보며 돈벌레, 살인자로 비난 받고 있다는 것을 알게 되었다.

이런 비난은 살무사에게 물린 것처럼 그를 찔렀다. 그것은 죽음보다 더 괴로웠다.

그렇다고 부스가 자신을 탓했을까? 아니다. 천만의 말씀이다. 그는 자기 자신과 신을 제외한 모든 사람들을 싸잡아 비난했다. 그는 단지 하느님의 수중에 있는 도구에 불과했다. 이것이 그의 변명이었다. 그는 에이브러햄 링컨을 저격하도록 성스럽게 임명되었으며, 그의 유일한 실수는 자신의 진가를 알아보기에는 너무 타락한 국민을 섬겼다는 것 뿐이었다. '너무 타락한'이라는 말은 그가 일기에 기록했던 글귀였다.

그는 이렇게 기록했다. "세상이 나의 마음을 알고 있다면, 그 한 번의 타격이 나를 위대하게 만들었을 것이다. 내가 위대해지기를 바라지 않았더라도…… 나는 범죄자로 죽기에는 너무도 위대한 영혼을 지니고 있다."

그곳에 누워, 말 덮개 밑에서 부들부들 떨며, 제카이어 습지 근처의 축축한 땅 위에서 그는 비장하고 과장된 어조로 자신의 쓰라린 마음을 이렇게 털어놓았다.

축축하고, 춥고, 굶주리고, 나를 적대시하는 모든 사람들의 손가락질을 받으며 나는 지금 절망에 빠져 있다. 왜 그럴까? 어떻게 해서 브루투스는 존경을 받게 되었으며, 그 무엇이 텔을 영웅으로 만들었단 말인가? 그들이 전에 알고 있었던 것보다 더 지독한 폭군을 쓰러뜨렸는데도, 나는 평범한 살인자로 취급 받고 있다. 나의 행동은 그들의 행동보다 더 순수했다. …… 나는 아무런 소득도 바라지 않는다. …… 나는 내가 잘했다고 생각하며, 나는 링컨을 향해 방아쇠를 당긴 것을 후회하지 않는다.

부스가 그곳에서 일기를 쓰고 있었을 때, 3천 명의 형사와 1만 명의 기병들이 메릴랜드 남부의 모든 구석과 모퉁이를 찾아 헤매고 있었다. 그들은 말을 수색하고, 동굴을 답사하고, 건물을 샅샅이 뒤지고, 심지어는 제카이어 습지의 끈적끈적한 수렁까지도 면밀하게 훑어나가며, 부스를 붙잡아서 데려오면 그가 죽었건 살았건 다양한 보상, 즉 그를 붙잡으면 거의 10만 달러를 받기로 되어 있었다. 때때로 그는 자신을 추적하는 기병대가 채 200여 미터도 떨어지지 않은 도로를 전속력으로 질주하는 소리를 듣기도 했다.

이따금 그는 추격대의 말들이 울고 흐느끼며 서로를 부르는 소리도 들을 수 있었다. 그와 헤럴드의 말이 그 소리에 대답한다고 가정해보자. 그러면 아마도 체포될 것이었다. 그래서 그날 밤 헤럴드는 말들을 제카이어 습지로 끌고 내려가 사살해버렸다.

이틀 후, 대머리 수리가 나타났다! 처음에는 하늘 높이 떠 있던 그들이 점점 더 가깝게 날아다니더니, 마침내 선회하면서 높이 치솟아 올랐다가 죽은 동물들 위로 곧장 곤두박질쳤다. 부스는 두려웠다. 대머리 수리가 추적자들의 주의를 끌어서, 십중팔구 추격대가 자신의 밤색 암말의 시체를 발견할 것이었기 때문이다.

게다가 그는 어떻게 해서든 다른 의사한테 가야 한다고 마음을 먹었다. 그래서 다음 날 밤, 암살을 한 지 일주일째 되는 4월 21일 금요일, 그는 부축을 받아 토머스 A. 존스의 말에 올라탔다. 다시 한 번 그와 헤럴드는 포토맥 강으로 향했다.

그날 밤은 도망가기에 이상적이었다. 자욱한 안개가 짙게

끼고 아주 어두워서, 사람들은 말 그대로, 잉크를 뿌려놓은 듯한 암흑 속에서 서로를 더듬어서 찾아야 했을 정도였다.

존스는 충실한 개가 되어, 탁 트인 들판을 몰래 지나 도로를 건너고 농장을 가로지르며 그들을 은신처에서 강으로 안내했다. 군인과 비밀 요원들이 곳곳에 많이 모여 있다는 것을 알고 있던 존스는 한 번에 50여 미터씩 몰래 앞으로 가서 걸음을 멈추고 소리를 들어본 후, 낮은 휘파람 소리를 냈다. 그러면 부스와 헤럴드가 뒤따라갔다.

그렇게 아주 작은 소리에도 놀라며 그들은 한 시간을 가서 마침내 밑에 강이 있는 절벽으로 이어지는 가파르게 구부러진 길에 도착했다. 그날은 세찬 바람이 불고 있었고, 어둠 속이긴 하지만 모래 밑을 세차게 두드리는 애처로운 강물 소리를 들을 수 있었다.

거의 일주일 동안 북군은 포토맥 강을 따라서 말을 타고 오르내리며 메릴랜드 연안의 모든 배를 파괴했다. 하지만 존스는 그들보다 한 발 앞섰다. 그는 청어를 잡기 위해 매일 배를 사용하고 있던 헨리 롤런드라는 흑인을 알고 있었는데, 이 사람은 매일 밤 덴트의 목초지에 그 배를 숨겨놓고 있었다.

그래서 그 도망자들이 물가에 도착했을 때는 모든 게 준비되어 있었다. 부스는 존스에게 고맙다고 낮은 목소리로 말하며, 배와 위스키 한 병 값으로 그에게 17달러를 지불하고 보트에 올라, 8킬로미터쯤 떨어져 있는 버지니아의 한 지점으로 향했다.

안개가 자욱하고 칠흑 같은 밤이었지만 헤럴드는 노를 저었고, 부스는 고물에 앉아서 나침반과 양초로 방향을 잡으려고 애썼다.

하지만 얼마 가지 않아서, 강폭이 좁은 지점에서 아주 세찬 밀물이 밀어닥쳤다. 밀물 때문에 강 상류로 몇 킬로미터나 휩쓸려 가게 되자, 그들은 안개 속에서 방향을 잃게 되었다. 포토맥 강을 순찰하던 연방 정부의 군함을 살짝 피해간 후에야 새벽에 그들은 자신들이 강의 16킬로미터 위로 왔다는 것을 알게 되었다. 어쨌든 전날 밤에 비하면 한 발짝도 안 되는 가까운 곳에 버지니아가 있었다.

둘은 온 종일 난제모이 내포의 습지에 숨어 있었다. 다음 날 밤, 물에 젖고 허기진 그들은 노를 저어 강을 건넜다. 그리고 부스가 소리쳤다. "드디어 살았다. 하느님 감사합니다. 정겨운 버지니아에 영광 있으라!"

남부 연합 정부의 스파이로 활동했고 킹 조지 카운티에서 제일 부자인 리처드 스튜어트 박사의 집으로 급히 간 부스는 남부의 구세주로 환영 받을 것이라고 기대했다. 그러나 박사는 남군을 도운 혐의로 벌써 몇 번 체포된 적이 있었고, 전쟁이 끝난 그때는 링컨을 살해한 자를 돕는 데 목숨을 걸려고 하지 않았다. 그런 쪽으로는 약삭빠른 자였다. 그래서 부스를 집에 들이려고 하지도 않았다. 하지만 마지못해 도망자들에게 음식을 주었고, 외양간에서 음식을 먹게 했으며, 밤에는 흑인 가족에게 보내서 같이 잠을 자게 했다.

그러나 흑인들도 부스를 달가워하지 않았다. 급기야 부스는 그곳에서 머물게 해달라고 흑인 가족들을 협박해야만 했다.

그런데 이것은 버지니아에서 일어난 일이었다! 버지니아라는 걸 유의하라. 그의 이름만 대면 환영을 하며 열렬한 갈채가 그 구릉에 울려 퍼질 것으로 자신 있게 기대했던 그 버지니아였다.

이제 끝이 가까워지고 있었다. 그것은 3일 후로 다가왔다. 부스는 멀리 가지 않았다. 그는 전쟁에서 돌아온 세 명의 남군 기병과 동행해서 로열 항에서 배를 타고 래퍼해넉 강을 건너간 후, 그들 중 한 명의 말을 타고 남쪽으로 3마일 더 내려갔다. 그들의 도움으로 농부로 위장해서, 이름을 보이드로 바꾸고 리치먼드 근처의 리 장군 부대에서 부상을 입은 것처럼 꾸몄다.

그래서 다음 이틀 동안 부스는 가레트 농가에 머무르며, 잔디밭에서 일광욕을 하고, 상처로 괴로워하고, 옛 친구들에게 의견을 묻고, 리오그란데로 가는 길을 익히고, 멕시코로 가는 길을 노트에 적으며 보냈다.

첫날 저녁 때 그는 그곳에서 저녁 식탁에 앉게 되었다. 가레트의 어린 딸이 암살 소식에 대해 재잘거리기 시작했는데, 그녀가 방금 이웃을 통해 들은 얘기였다. 그녀는 계속 재잘거리며, 누가 암살을 했으며, 그 암살로 돈을 얼마나 받았는지 궁금하다고 얘기했다.

갑자기 부스가 "내 생각에는, 그는 돈을 한 푼도 받지 않았어. 유명해지고 싶어 암살을 한 거지."라고 말했다.

다음 날인 4월 25일 오후, 부스와 헤럴드가 가레트네 마당에 있는 개아카시아 나무 밑에서 팔다리를 쭉 펴고 늘어져 있었는데, 그들이 래퍼해녁 강을 건널 때 도와준 남군 기병 중 한 명인 러글스 소령이 갑자기 달려와서 소리쳤다. "북군이 강을 건너고 있소. 조심하시오."

그들은 숲으로 허둥지둥 달려가서는, 어둠이 깔렸을 때 다시 몰래 집으로 내려왔다.

가레트에게는 그들의 행동이 수상쩍어 보였다. 그는 이

의심스런 '손님들'이 바로 떠났으면 했다. 그들이 링컨을 저격한 게 아닐까 하고 의심했기 때문일까? 아니다. 그런 생각까진 하지 못했다. 사실은 말 도둑으로 여겼다. 저녁 식사 자리에서 그들이 말을 두 마리 사고 싶다고 했을 때 그의 의심은 더욱 커졌으며, 잠자리에 들 시간이 되자 안전을 기하려고 그 도망자들이 2층으로 가지 않고 현관이나 헛간에서 자고 싶다고 하자, 모든 게 확실해졌다.

가레트는 이제 그들을 말 도둑으로 확신하게 되었다. 그래서 건초와 가구를 보관하는 데 사용하고 있는 오래된 담배 창고로 그들을 데려가서, 안에 들어가게 한 다음 맹꽁이 자물쇠를 채워 가두어버렸다. 그리고 마침내, 더더욱 조심하기 위해 그 늙은 농부는 두 아들인 윌리엄과 헨리를 보내, 밤새 말이 사라지지 않는지 감시할 수 있는, 집 근처의 옥수수 창고로 들어가 어둠 속에서 담요를 뒤집어쓴 채 밤새 몰래 감시하라고 시켰다.

가레트 가족은 잊지 못할 그날 밤에, 무슨 일인가가 벌어질 것처럼 약간 흥분을 느끼며 잠자리에 들었다. 그런데 아침이 되기도 전에 일이 벌어졌다.

이틀 낮과 밤에 걸쳐, 북군 기병 중대의 군인들이 부스와 헤럴드를 맹렬히 추적하며 단서를 연달아 포착해내고, 그들이 포토맥 강을 건너는 것을 보았다는 늙은 흑인의 말을 듣고, 그들을 대형 평저선에 태우고 노를 저어 래퍼해넉 강을 건너게 했던 흑인 뱃사공 롤런드를 찾아냈다. 이 뱃사공은 강을 건넌 그들이 말을 타고 갔을 때 부스를 말에 태운 남군이 바로 윌리 제트 대위이며, 대위에게는 볼링그린에 살고 있는 애인이 있는데, 아마 대위는 그곳으로 갔을 것이라고 북군에게 말해주었다.

그 정도면 충분한 정보인 듯했다. 그래서 기병들은 말안장에 재빨리 뛰어올라, 달빛을 받으며 볼링그린을 향해 전속력으로 달려갔다. 그들은 자정에 그곳에 도착한 후에 집 안으로 뛰어들어 제트 대위를 찾아내, 그를 침대에서 일으켜 세우고는 늑골에 권총을 들이대며 물었다.

"부스는 어디 있어? 이놈아, 부스를 어디에 숨겼어? 말하지 않으면, 가슴에 구멍을 내고 말겠다!"

제트는 자신의 조랑말 안장에 올라타고서 북군 병사들을 가레트 농장으로 안내했다.

그날 밤은 어두웠고, 달은 졌으며, 별도 없었다. 전속력으로 질주하는 말발굽 아래 숨 막히는 먼지구름이 피어 올랐는데, 자욱한 먼지로 뒤덮인 길이 14킬로미터에 이르렀다. 군인들은 제트의 말고삐를 움켜잡고 그의 양옆으로 나란히 붙어 달려, 그가 어둠 속에서 도망치지 못하게 했다.

새벽 3시 30분에 기병들은 오래되어 백색 도료가 벗겨진 가레트네 집 앞에 도착했다.

민첩하고 조용히, 그들은 집을 둘러쌌고, 모든 문과 창에 총을 겨누었다. 그들의 지휘관이 권총의 개머리판으로 현관문을 두드리며, 들어가겠다고 했다.

곧 손에 촛불을 든 리처드 가레트가 빗장을 벗겨 문을 열자, 개들이 미친 듯이 날뛰며 짖어댔다. 부들부들 떨리는 그의 다리를 향해 바람이 잠옷의 긴 자락을 휙 내리쳤다.

재빨리 베이커 중위가 그의 목을 움켜잡고 그의 머리에 권총을 들이대며, 부스를 넘기라고 다그쳤다. 두려움에 말문이 막힌 노인은 맹세하건대 그런 낯선 사람들은 집에 있지 않고 숲으로 가버렸다고 말했다.

거짓말이었다. 실제로도 거짓말처럼 들렸다. 그래서 기병들이 노인을 현관 밖으로 끌어내 얼굴에 로프를 걸면서 마당의 개아카시아 나무에 그를 곧장 매달겠다고 위협했다.

그때 옥수수 창고에서 잠자고 있던 가레트의 아들 중 한 명이 집으로 달려와 사실을 말해주었다. 단숨에 기병들이 담배 헛간을 에워쌌다.

총격이 시작되기 전에 설전이 먼저 쏟아졌다. 15분 내지

20분 동안 북군의 장교들이 부스에게 항복할 것을 권했다. 부스는 자신이 불구의 몸이라고 되받아친 다음, "절름발이에게 기회를 달라."고 요청하며, 그들이 100여 미터 뒤로 물러선다면 밖으로 나와서 모든 대원과 일대일로 한 번 싸워 보겠다고 제안했다.

헤럴드는 용기를 잃고 항복하기를 원했다. 부스는 혐오감을 느끼며 이렇게 외쳤다. "빌어먹을 겁쟁이 녀석, 꺼져버려. 네놈하고 같이 있기 싫으니까."

그래서 헤럴드는 수갑에 채워질 각오로 손을 앞으로 내밀며 밖으로 나와서 자비를 구했다. 그는 링컨의 농담을 좋아했다고 이따금 말하며, 자신은 맹세코 암살에 조금도 관여하지 않았다고 말했다.

칸저 대령이 그를 나무에 묶고, 바보처럼 계속 우는 소리를 내면 입에 재갈을 물리겠다고 윽박질렀다.

그러나 부스는 항복하려고 하지 않았다. 그는 자신의 행동이 후세를 위한 것이라고 여겼다. 그는 추적자들에게 '항복'이라는 말은 자신의 사전에 없다고 외치면서, 자신을 위해 들것을 준비해주라고 하며, 그들이 "오래된 영광의 깃발에 오점을 남기려고 한다."고 경고했다.

칸저 대령은 그를 밖으로 나오게 하려고 연기를 피우기로 하고, 가레트의 아들 중 한 명에게 헛간을 향해 마른 덤불을 쌓아올리라고 명령했다. 부스는 가레트의 아들이 하는 것을 보고, 욕을 퍼부으며 멈추지 않으면 총으로 쏴버리겠다고 위협했다. 그 아들은 덤불 쌓기를 멈추었지만 칸저 대령이 헛간 귀퉁이로 살금살금 돌아가서, 갈라진 틈으로 건초 한 묶음을 밀어 넣고 성냥을 그었다.

헛간은 원래 담배를 저장하려고 10센티미터 넓이의 간격으로 통풍이 되게 지어져 있었다. 그 틈을 통해 기병들은 부스가 책상을 집어 들고 솟아오르는 불길과 싸우는 것을 볼 수 있었는데, 그것은 마지막 순간에 스포트라이트를 받는 배우, 즉 고별 공연의 마지막 장을 연기하는 비극 배우와도 같았다.

부스를 산 채로 잡아오라는 엄중한 명령이 있었다. 정부는 그가 사살되는 것을 원치 않았다. 중대한 재판을 연 다음, 그를 교수형에 처하기를 원했다.

종교적 광신자에 거의 미친 하사관인 '보스턴' 코베트가 아니었더라면 그는 아마 산 채로 붙잡혔을 것이다.

명령 없이는 쏘지 말라고 모든 병사들은 계속해서 주의를 받았다. 하지만 코베트는 훗날 전지전능하신 하느님으로부터 자신이 직접 명령을 받았다고 주장했다.

불타오르는 헛간의 넓은 틈으로 '보스턴'은 부스가 자신의 목발을 버리고, 기병총을 떨어뜨리며, 연발 권총을 치켜들면서 문 쪽으로 뛰어오르는 것을 보았다.

'보스턴'은 그가 총을 쏘며 뛰어나와 최후를 맞이하기 위하여 자유를 향해 필사적으로 질주하며 총을 발사할 것이라고 확신했다.

그래서 쓸모없는 유혈 참사를 막기 위해 코베트는 앞으로 나가, 권총을 들고, 틈새를 겨냥해서, 부스의 영혼을 위해 기도하며 방아쇠를 당겼다.

권총의 탕 하는 소리에 부스는 소리를 내지르며 공중으로 30센티미터 정도 껑충 뛰어오르며 앞으로 돌진했다가 건초 더미로 고꾸라지며 치명상을 입었다.

높게 타오른 화염이 이제 마른 건초로 빠르게 옮겨 붙고 있었다. 베이커 중위는 비참하게 죽어가는 부스가 불에 타 버리기 전에 밖으로 끄집어내려고 했다. 중위는 불타는 헛간 속으로 뛰어들어가 부스를 덮쳤다. 중위는 꽉 움켜쥔 부스의 주먹에서 연발 권총을 비틀어 떼어내고, 그가 단지 죽은 체하고 있을까 염려되어 그의 손을 옆으로 붙들어 맸다.

부스는 농가의 현관으로 재빨리 옮겨졌다. 한 병사가 말에 올라타서 먼지 나는 약 5킬로미터의 길을 내달리며 의사를 부르러 로열 항으로 갔다.

가레트 부인에게는 핼로웨이 양이라는 여동생이 한 명 있었는데, 그녀는 그곳에서 하숙을 하며 학교에서 교편을 잡고 있었다. 핼로웨이 양은 현관의 인동 덩굴 줄기 밑에서 죽어가는 사람이 낭만적인 배우이자 위대한 연인인 존 윌크스 부스라는 것을 알고는, 그를 좀 더 친절하게 대해야 한다고 말했다.

그녀는 매트리스를 갖고 와서 그가 깔고 누울 수 있게 했으며, 자신의 베개를 갖고 와서 그의 머리 밑에 받쳐주었고, 이어서 그의 머리를 자신의 무릎에 올려놓고, 포도주까지 주었다. 하지만 그는 목구멍이 마비가 된 듯 삼키지도 못했다. 그래서 그녀는 손수건을 물에 적셔서, 그의 입술과 혀를 계속 적셔주고 관자놀이와 이마를 마사지해주었다.

죽어가는 부스는 2시간 반을 고통과 싸우며 매우 괴로워했다. 그는 얼굴과 옆구리, 등을 돌려달라고 애원했다. 기침을 하며 칸저 대령에게 그의 손으로 자신의 목구멍을 눌러달라고 했다. 그리고 심한 고통으로 울부짖었다. "죽여라! 나를 죽여!"

어머니에게 전할 마지막 말이 있다고 간청하며, 그가 더듬거리며 작게 이야기했다.

"어머니에게 말해주오. …… 나는 내가 생각하는…… 최선의 일을 행했다고……. 그리고 나는 조국을 위해…… 죽었다고……."

죽음이 가까워지자, 그는 눈으로 볼 수 있게 자신의 손을 들어 올려달라고 했지만, 손이 완전히 마비되어 있었다. 그리고 이렇게 중얼거렸다.

"헛되도다! 헛되어!"

그것이 부스의 마지막 말이었다.

그는 가레트네 마당에 있는 유서 깊은 개아카시아 나무 위로 태양이 막 떠오르자마자 숨을 거두었다. 그의 '턱은 경련을 일으키며 밑으로 비스듬히 처졌고, 그의 눈알은 발쪽으로 돌아가 부풀어 오르기 시작했으며…… 일종의 꼴꼴 하는 소리가 나다가 갑자기 멈추더니 발을 쭉 펴면서 손을 떨어뜨렸다.' 그게 끝이었다.

그때가 7시였다. 그는 링컨의 사망 시각보다 22분 전에 숨을 거두었다. 그리고 '보스턴' 코베트의 탄환은 부스 자신이 쏘았던 총알이 링컨의 몸에 박힌 위치로부터 고작 2.5센티미터 밑의 머리 뒤쪽을 강타했다.

의사가 부스의 머리칼을 잘라서 핼로웨이 양에게 주었다. 그녀는 그 머리카락과 더불어 부스가 머리를 베고 누웠던

피 묻은 베개를 간직했다. 그녀는 이 유품을 소중히 간직했지만, 결국은 훗날 갑자기 닥친 가난에 못 이겨, 얼룩진 베갯잇의 절반을 밀가루 한 통과 바꿔야 했다.

저격범 부스를
둘러싼 의혹

✤ 3 ✤

부스가 사살되었다는 사실에는 의심의 여지가 없었다.
하지만 부스는 죽지 않고 도망쳤고, 여러 곳에서 부스를 보았다는 등
부스를 둘러싼 수많은 주장들이 끊이지 않았다.

부스의 숨이 끊어지자마자 형사들이 무릎을 꿇고 그를 살펴보았다. 그들은 담뱃대, 칼집 달린 사냥칼, 연발 권총 두 자루, 일기장, 촛농이 떨어져 미끈미끈한 나침반, 캐나다 은행의 약 300달러짜리 수표, 다이아몬드 핀, 손톱 줄, 그를 흠모했던 다섯 미녀들의 사진 등을 찾아냈다. 네 명은 여배우였는데, 에피 거몬, 앨리스 그레이, 헬렌 웨스턴, 그리고 '깜찍한 요정 브라운'이었다. 다섯 번째 여인은 워싱턴 사교계의 부인이었는데, 후손들로부터 존경을 받을 수 있도록 이 부인의 이름은 밝혀지지 않았다.

그리고 나서 도허티 대령은 말에서 안장깔개를 벗겨내고 가레트 부인한테서 바늘을 빌려 시체를 봉합하고, 나이 많

은 흑인인 네드 프리맨에게 2달러를 주면서 배가 기다리고 있는 포토맥 강으로 그 시체를 운반해달라고 했다.

라파예트 C. 베이커 중위는 『미국 비밀 검찰국의 역사』라는 책의 505쪽에서 강으로 이동한 이야기를 다음과 같이 서술했다.

짐마차가 출발하자 이제는 거의 응고되었던 부스의 상처에서 다시금 피가 흐르기 시작했다. 피가 짐마차의 틈새로 떨어져서, 차축으로 뚝뚝 떨어졌으며, 끔찍한 핏자국들이 길을 더럽혔다. 피는 두꺼운 판자에 얼룩이 지게 했으며 덮개를 적셨다. 가는 길 내내, 천천히 그리고 꾸준히 붉은 피가 시체에서 뚝뚝 떨어졌다.

그 와중에 예기치 못한 일이 발생했다. 네드 프리맨의 낡은 짐마차는, 베이커의 말에 따르면, '금방이라도 부서질 것처럼 덜컹덜컹 소리를 내는 덜컥거리고 우스꽝스런' 기묘한 장치였다. '금방이라도 부서질 것처럼 덜컹덜컹 소리를 낼' 뿐만 아니라, 움직이기에 벅찬 짐의 무게와 빠른 속도로 인해 곧 무너져 내릴 것 같은 그 낡은 짐마차는 실제로 그곳 길에서 부서지기 시작했다. 중심 핀이 툭 끊어졌고, 짐마차의 밧줄도 끊어졌으며, 앞바퀴가 뒷바퀴로부터 떨어져나갔고, 마부석의 앞쪽 끝이 쿵 소리를 내며 바닥에 떨어져 부스의 시체가 '마치 최후의 탈출을 시도하려는 것처럼 앞으로' 갑자기 기울어졌다.

베이커 중위는 곧 부서질 것같이 오래된 그 장의 마차를 포기하고, 근처의 농부로부터 다른 짐마차를 징발하여, 그곳에 부스의 시신을 내던져 싣고 강으로 급히 달려갔다. 그리고 시신을 정부의 예인선인 존 S. 아이드 호에 옮겨 싣고 워싱턴을 향해 나아갔다.

다음 날 아침 동틀 무렵, 부스가 사살되었다는 소식과 그의 시신이 포토맥 강에 정박하고 있는 군함 몬탁 호에 실려 있다는 소식이 도시로 퍼져나갔다.

수도는 전율에 휩싸였다. 수많은 사람들이 강으로 급히 내려가서, 오싹한 기운을 느끼며 그 장의선을 넋을 잃고 바라보았다. 정오에는 비밀 검찰국의 책임자인 베이커 대령이 스탠턴에게 달려가 다음과 같은 소식을 전했다. 대놓고서 명령을 어기고 몬탁 호에 승선한 민간인들을 체포했는데, 그들 중 한 여자가 부스의 머리털을 잘랐다는 내용이었다.

스탠턴은 경악했다. 그는 "부스의 머리카락 한 올까지도 반역자의 유품으로서 엄중하게 보관되어야 한다."라고 외쳤다.

스탠턴은 그것들이 단순히 유품 이상의 의미가 될까 봐 두려웠다. 스탠턴은 링컨의 암살이 제퍼슨 데이비드와 남부 지도자들에 의해 계획되고 지시된 음흉한 음모라고 확신했다. 또한 그들이 부스의 시신을 탈취해 성전에 이용함으로써, 자극을 받은 남부의 노예주들이 다시 한 번 라이플총으로 전쟁을 시작할까 봐 두려웠다.

그는 가능한 한 신속하게 부스를 비밀리에 매장해야 한다고 엄숙히 지시했다. 자질구레한 장신구도 없이, 조금의 옷도 없이, 머리 다발도 없이, 그리고 남군이 성전에 사용할 그 무엇도 남기지 않은 채 부스의 존재를 사라지게 하라는 것이었다.

마침내 스탠턴이 명령을 내렸다. 곧이어 그날 저녁, 태양이 불타는 듯한 구름층 밑으로 가라앉았을 때, 베이커 대령과 그의 사촌인 베이커 중위, 이 두 사람은 작은 보트를 타고 몬탁 호로 노를 저어갔다. 배에 승선한 그들은 강기슭에서 입을 벌리고 멍하니 바라보고 있던 군중들이 분명히 볼 수 있게 다음의 일들을 했다.

두 사람은 소나무로 만든 총포 상자 안에 있던 부스의 시체를 몬탁 호의 측면을 통해 작은 보트에 내려놓은 다음, 큰 공과 무거운 쇠사슬도 내려놓았다. 그런 다음 그들도 기어 내려가 보트를 떠밀고, 강 아래로 내려갔다.

강기슭에 있던 호기심 많은 군중들은 자신들이 하고 싶었던 일들을 그 두 사람이 하는 모습을 지켜보았다. 군중들은 강기슭을 따라서 달리며, 세차게 밀어 제치고, 텀벙거리며 나아갔다. 흥분해서 떠들어대며 보트를 감시하면서 시체가 어디로 가라앉는지 지켜볼 작정이었다.

군중들은 여전히 표류하고 있는 그 두 사람을 뒤쫓아 약 3킬로미터 거리를 따라갔다. 그런데 어둠이 서서히 강으로 다가오고 있었고, 구름이 달과 별을 가려버려서 제아무리 날카로운 눈이라 할지라도, 더 이상 강 한가운데의 작은 보트를 알아볼 수 없었다.

작은 보트가 포토맥 강에서 가장 외딴곳 중 하나인 기스보로 곶에 도착했을 때 베이커 대령은 군중들의 시야에서 완전히 벗어났다고 확신했다. 그래서 고약한 냄새가 풍기고 골풀과 진흙 구덩이에다 잡초가 무성한 거대한 습지로 보트를 몰고 갔다. 그곳은 더 이상 쓸모 없어진 말과 죽은 노새를 버리는 매장지였다.

이곳에서, 이 무시무시한 저습지에서, 두 사람은 두 시간 동안 기다렸다가 소리를 엿들으며 뒤따라온 사람이 혹시 있는지 살폈다. 하지만 식용 개구리의 울음소리와 사초 사이로 들려오는 잔물결 소리만 들릴 뿐이었다.

자정이 되었다. 숨소리조차 내지 않고 극도의 주의를 기울이며 두 사람은 남몰래 상류 쪽으로 다시 배를 저어갔다. 둘은 두려움에 떨며 나지막하게 얘기했고, 심지어는 노에 물결이 살랑거리며 울리는 소리나 뱃전에 물결이 찰싹거리는 소리도 무서워했다.

마침내 그들은 오래된 교도소의 담장에 도착했는데, 안으로 들어가기 위해 견고한 석조 건축물에 구멍이 나 있는 곳으로 배를 저어갔다. 수하를 하는 장교에게 신호를 보낸 다음, 뚜껑에 '존 윌크스 부스'라는 이름이 쓰여 있는 소나무 관을 넘겨주었다. 그리고 30분 후에, 그 관은 탄약이 보관되어 있는 정부 병기고의 큰 방 남서쪽 모퉁이에 있는 얕은 구멍에 매장되었다. 무덤의 윗부분은 더러운 바닥의 일부처럼 보이도록 섬세하게 위장되었다.

다음 날 아침 해가 떠오르자, 쇠갈고리를 든 홍분한 사람들이 포토맥 강바닥을 훑고 있었고, 기스보로 곶 뒤에 있는 거대한 습지대에서도 죽은 노새의 시체 사이를 갈퀴질하며 찔러대고 있었다.

전국 방방곡곡의 수백만 명의 사람들이 부스의 시체가 어떻게 됐는지를 묻고 있었다. 그 답을 알고 있는 사람은 단 여덟 명뿐이었다. 하지만 이들은 절대 비밀을 발설하지 않기로 맹세한 상태였다.

이 모든 비밀의 한가운데로 떠들썩한 소문들이 입소문과 신문을 타고 전역으로 퍼져나갔다. 부스의 머리와 심장은 워싱턴에 있는 군 의학 박물관에 안치되었다고 〈보스턴 애드버타이저〉가 보도했다. 다른 신문들은 그 시신은 바다에 수장되었다고 보도했다. 또 다른 신문들은 시신이 화장되었다고 했고, 〈목격자〉를 발행하는 주간지는 한밤중에 시신이 포토맥 강으로 잠기는 그림을 보여주었다.

앞뒤가 안 맞는 혼란스러운 추측들이 제기되는 가운데 또 다른 소문이 돌았다. 즉, 군인들이 다른 사람을 쏘았으며 부스는 탈출했다는 것이었다.

아마도 이 소문은 죽은 부스가 생전의 부스와 다르게 보였기 때문에 생겨났을 것이다. 1865년 4월 27일, 몬탁 포함에 승선해서 시체의 신원을 확인해보라는 스탠턴의 명령을 받았던 사람 중 한 명이 워싱턴의 저명한 의사인 존 프레드릭 메이 박사였다. 메이 박사는 유해를 가리고 있던 타르 칠한 방수천이 벗겨졌을 때를 다음과 같이 얘기했다.

매우 놀랍게도, 시체를 보았더니 얼굴 모양이 전에 알고 있었던 그 사람과 조금도 비슷하지 않았다. 나는 매우 놀라서 곧 반즈 장군에게 말했다. "저 시체는 부스와 전혀 닮지 않았습니다. 그 사람의 시체라는 것을 믿을 수가 없어요." …… 그 뒤 나의 요청에 의해 그 시체를 앉은 자세로 바꾸어, 위에서 밑으로 내려다봤더니, 마침내 나는 부스의 얼굴 생김새를 불완전하게나마 인지할 수 있었다. 피부는 노랗게 변색되었고, 머리카락은 텁수룩하게 엉클어져 있었으며, 그가 겪었을 두려움과 굶주림으로 인해 얼굴 전체의 윤곽이 움푹 들어가고 뾰족해져 있었다. 활기에 넘치고 건강했던 한 인간에서 그때 내 앞에 있던 말라비틀어진 시체만큼 그토록 심하게 모습이 바뀌어버린 예는 일찍이 보지 못했다.

그 시체를 본 다른 사람들은 부스라는 것을 '불완전하게' 조차도 인정하지 않았다. 그래서 시체에 대한 자신들의 의혹을 얘기하자 소문은 빠르게 퍼져나갔다.

정부가 신속하고 비밀리에 매장해서 시체를 숨기고, 스탠턴이 아무런 정보도 제공하지 않은 채 나쁜 소문을 부인하지 않는 까닭에 이런 상황이 해소되지가 않았다.

수도에서 발행되고 있는 신문인 〈입헌 연방〉은 전체 행위가 일종의 날조라고 말했다. 다른 신문들도 함께 목청을 높였다. "우리는 부스가 도망친 걸 알고 있다."라며 〈리치먼드 검사관〉이 거듭 보도했다. 〈루이스빌 저널〉은 전체 사건에 부패한 무언가가 있으며, "베이커와 그의 동료들이 계획적으로 음모를 꾸며서 연방 재무부의 자금을 사취했다."고 공개적으로 주장했다.

싸움은 격렬하게 고조되었다. 으레 그렇듯이, 수백 명의 목격자들이 나타나 자신들이 부스를 만났으며, 가레트 헛간에서의 총격전 이후 그와 오랫동안 이야기를 나눴다고 했다. 그를 이곳에서, 저곳에서, 아니 여러 곳에서 보았다는 것이다. 그가 캐나다로 도망쳤고, 멕시코로 달아났으며, 남미행 배를 타고 여행 중이고, 유럽으로 급히 갔고, 버지니아에서 설교를 하고 있으며, 동양의 한 섬에 숨어 있다는 등 온갖 소문이 무성했다.

그렇게 해서 미국 역사상 가장 대중적이고 영속적이며 불가사의한 신화가 탄생했다. 그 신화는 거의 70~80년 동안 계속 이어졌다. 그래서 오늘날까지도 수많은 사람들이 그것을 믿고 있는데, 그들 중 상당수는 남달리 학식 있는 사람들이다.

심지어 그 신화를 믿는다고 고백하는 대학의 몇몇 학자들도 있다. 이 나라의 가장 유명한 성직자 중 한 명은 전국을 오가며 수많은 청중들이 모인 강연에서 부스가 도망쳤다고 주장하고 있다. 이 장을 집필하는 동안, 과학적인 교육을 받은 한 사람이 나에게 부스는 자유롭게 떠났다고 진지하게 알려주기도 했다.

물론 부스는 살해당했다. 거기엔 의심의 여지가 없다. 가레트의 담배 창고에서 총을 맞은 그 사람은 모든 근거를 들이대며, 자신의 목숨을 구하려고 했던 것으로 볼 수 있다. 게다가 그는 뛰어난 상상력을 지니고 있었다. 하지만 가장 치명적인 순간에, 자신이 존 윌크스 부스라는 것을 부정하지는 않았다. 아무리 죽음이 목전에 닥쳤다고 해도 자신을 부정하는 일은 너무나 어리석고도 터무니없는 짓이었다.

그리고 살해된 사람이 부스라는 것을 두 배로 더 확실하게 하기 위해서 스탠턴은 시체가 워싱턴에 도착한 후 신원을 확인하기 위해 열 사람을 보냈다. 우리가 이미 기록한 대로 그중 한 명은 메이 박사였다. 그는 부스의 목에서 '많은 섬유성 종양'을 잘라낸 적이 있었는데, 그 때문에 부스에게는 '크고 험악한 흉터'가 남았었다. 메이 박사는 그 흉터로 부스의 신원을 확인해주며 다음과 같이 말했다.

체포한 사람들이 제시한 시체에는 살아 있는 사람과 유사한 모든 흔적이 거의 사라져버리고 없었다. 하지만 살아생전에 외과용 메스에 의해 생긴 상처 자국이 죽어서도 지워지지 않고 남아 있어서, 당대의 모든 의혹과 미래의 모든 억지를 잠재 워주었다. 그 시체의 신원은 대통령을 암살했던 그 남자였다.

치과 의사인 메릴 박사는 그가 최근에 부스의 치아 중 하나에 넣어준 재료로 그 시체의 신원을 확인해주었다.

부스가 묵은 적이 있는 내셔널 호텔의 직원인 찰스 도슨은 부스의 오른팔에 문신되어 있는 'J. W. B.'라는 머리글자로 죽은 사람의 신원을 확인해주었다.

워싱턴의 유명한 사진사인 가드너가 그의 신원을 확인했고, 부스의 가장 절친한 친구 중 한 명인 헨리 클레이 포드 또한 확인해주었다.

1869년 2월 15일 앤드루 존슨 대통령의 명령으로 부스의 시체를 파서 올렸을 때, 부스의 가까운 친구들에 의해 또다시 신원이 확인되었다. 그러고 나서 그 시신은 그린마운트 묘지에 있는 부스 가족의 땅에 다시 묻히기 위해 볼티모어로 옮겨졌다. 그런데 시신이 묻히기 전에, 부스의 형과 어머니, 그리고 평생 그를 알고 지냈던 친구들이 신원을 확인했다.

아마도 이제껏 부스처럼 철저하게 사체의 신원을 확인받은 사람은 없을 것이다.

그런데 잘못된 전설이 아직도 살아 있다. 80년 동안 많은 사람들은 버지니아 주 리치먼드의 J. G. 암스트롱 목사가 신분을 위장한 부스라고 믿고 있었다. 암스트롱은 새까만 눈을 가졌고, 다리를 절었으며, 인상적인 행동을 했고, 목 뒤에 있는 흉터를 감추기 위해 검은 머리를 길게 길렀다는 것이다. 그리고 또 다른 '부스'가 20명이나 생겨났다.

1872년, 이들 가운데 한 '존 윌크스 부스'는 테네시 주립대학의 학생들 앞에서 극본 낭독을 하고 놀라운 손재주를 보여주었던 사람이다. 그는 한 미망인과 결혼을 했는데, 그녀에게 싫증이 나자 자기가 진짜 암살자임을 고백하고, 자신을 기다리고 있는 부를 얻기 위해서 뉴올리언스로 가겠다고 말하고 사라져서, '부스 부인'은 결코 그의 소식을 다시 들을 수 없었다.

1870년대 말에 텍사스의 그랜베리에서 천식을 앓고 있던 술집 주인이 베이츠라는 이름의 젊은 변호사에게 자기가 부스라고 고백하며 목 밑에 있는 흉측한 흉터를 보여주었고, 어떻게 존슨 부통령이 그에게 링컨을 살해하라고 설득했고 그가 언젠가 붙잡히게 되면 사면해주겠다고 약속했는지를 상세히 이야기했다.

25년이 지난 1903년 1월 13일, 술고래인 건물 페인트공이자 마약 상용자인 데이비드 E. 조지는 오클라호마의 에니드에 있는 그랜드 애비뉴 호텔에서 스트리크닌(중추신경계에 특이하게 작용하여 강한 경련을 일으키는 신경 흥분제-옮긴이)을 복용하고 자살했다. 그런데 그는 자살하기 전에 자신이 존 윌크스 부스라고 '고백했다.' 그의 친구들이 링컨을 살해한 그를 트렁크에 숨겨서 유럽행 배에 타게 했는데, 그곳에서 10년을 살았다고 했다.

베이츠 변호사는 신문에서 이 소식을 읽고 오클라호마로 달려가서 그 시체를 보고 나더니, 데이비드 E. 조지가 25년 전에 텍사스 그랜베리에 사는 천식을 앓고 있던 술집 주인이라고 자신에게 밝혔던 바로 그 사람임을 단언했다.

부스가 머리를 길렀던 것처럼 베이츠는 장의사에게 시체의 머리를 빗질해달라고 했다. 그는 유해에 눈물을 떨어뜨렸으며, 시신을 미라로 만들어서, 그것을 가지고 테네시 주 멤피스에 있는 그의 집으로 갔다. 그는 20년 동안 그의 마구간에 시신을 간직하면서 정부에 그것을 팔려고 했고, 정부에 큰 보상을 요구했는데, 부스를 붙잡은 값을 달라는 것이었다.

  1908년에 베이츠는『존 윌크스 부스의 탈출과 자살, 혹은 링컨 암살에 대한 최초의 진짜 이야기—범행 후 오랜 세월이 지나서 부스가 털어놓는 완벽한 고백을 담고 있다』라는 제목의 터무니없는 책을 썼다. 그는 물의를 일으킨 그 보급판 책을 7만 권가량 판매해서 엄청난 혼란을 야기했고, 자기가 미라로 만들어 보존하고 있던 '부스'를 천 달러에 헨리 포드에게 제공해서, 마침내 한 번 보는 데 10센트를 받는 서커스로 남부 전역을 순회하는 전시가 시작되었다.

  현재는 다섯 개의 다른 두개골이 서커스에서 부스의 두개골 텐트와 함께 전시되고 있다('http://www.cwbr.com/'의 자료에 따르면, 1923년 베이츠가 죽자 그의 미망인이 그 미라를 팔아서, 1940년대까지 그 순회 전시가 계속되었다고 함-옮긴이).

링컨 사후의 링컨 부인

※ 4 ※

미국 역사상 에이브러햄 링컨만큼 존경 받고 사랑 받은 사람은 없었다.
그리고 아마도 미국 역사상 그의 아내만큼 지독하게 비난 받은
여인도 없을 것이다. 링컨 부인은 1882년 어느 평화로운 여름 저녁,
마비성 발작 후에 언니의 집에서 조용히 잠들었다.

백악관을 떠난 후 링컨 여사는 심각한 곤경을 겪었을 뿐 아니라, 전국민의 험담 거리가 되었다.

가계 비용 문제에 있어서, 그녀는 지나치게 인색했다. 대통령이 계절마다 많은 사람들에게 만찬을 제공하는 것은 오래된 관례였다. 하지만 링컨 여사는 남편을 설득해서 그 전통을 그만두라고 하면서, 그런 만찬은 '돈이 아주 많이 들고' 지금 전쟁 중이니 공식적인 리셉션은 좀더 '절약되어야' 한다고 했다.

링컨은 그녀에게 "우리는 검소한 살림살이 이외의 것도 고려해야 한다."는 것을 상기시켜야만 했다.

하지만 옷이나 보석류처럼 자신의 허영심을 끄는 물건들

을 살 때가 되면 그녀는 검소함을 잊어버릴 뿐만 아니라, 모든 이성을 잃고 소비의 환상적인 탐닉에 빠져든 것처럼 보였다.

1861년 그녀는 '영부인'이 된다는 자신만만한 기대에 차서 초원을 떠났다. 그녀는 워싱턴 사교계의 화려한 무리들의 중심이 될 것이었다. 하지만 놀랍고 창피하게도 그녀는 남부 도시의 오만한 귀족들에 의해 자신이 냉대 받고 무시 당한다는 사실을 알게 되었다. 그들이 보기에, 켄터키 출신인 그녀는 남부에 충실하지 않고 그들에게 전쟁을 일으키고 있는 거칠고 꼴사나운 '흑인 동정자'와 결혼을 한 것이었다.

게다가 그녀는 호감이 가는 개인적 자질도 거의 갖추고 있지 않았다. 분명 그녀는 상스럽고, 저속하고, 시기심이 강하고, 젠체하고, 예의 없는, 바가지 긁는 여자였다.

사교계에서 인기를 얻을 수 없자, 그녀는 인기를 얻은 사람들을 매우 질투했다. 당시 워싱턴 사교계를 군림하던 여왕은 유명한 미인인 아델 커츠 더글러스였는데, 링컨 여사의 옛 애인인 스테판 A. 더글러스와 결혼한 여인이었다. 더글러스 부인과 새먼 P. 체이스의 딸의 매력적인 인기가 링컨 여사를 질투에 불타오르게 하자, 그녀는 돈으로 사교계에서 승리를 거두리라 작정하고 옷과 보석류를 사는 데 돈을 소비했다.

그녀는 "체면을 유지하려면, 남편이 나에게 쓰라고 준 돈보다 더 많은 돈을 가지고 있어야 해. 남편은 너무 정직해서 월급 외에는 한 푼도 벌지 못하고 있어. 그러니 난 계속 빚을 질 수밖에 없는 거야."라고 엘리자베스 케클리에게 말했다.

결국 그녀는 7만 달러 정도의 빚을 지게 되었다! 대통령으로서 링컨의 연봉이 고작 2만 5천 달러였다는 것을 상기해볼 때, 경이적인 금액이었다. 그것은 2년 9개월 넘게 링컨의 모든 수입을 오직 그녀의 화려함의 대가를 지불하는 데에만 써야 하는 금액이었다.

엘리자베스 케클리는 앞에서도 몇 차례 언급했던 여인이다. 그녀는 돈을 지불하고 자유를 얻은 다음 워싱턴으로 와서 양장점을 차린 매우 총명한 흑인 여성이었다. 짧은 시간에 그녀는 그 도시 사교계의 지도층 명사 중 몇몇을 단골로 확보했다.

1861년부터 1865년까지 그녀는 거의 매일 백악관에서 링컨 여사와 같이 있으며, 옷을 만들고, 개인 비서로 그녀의 시중을 들었다. 그녀는 결국 링컨 여사의 절친한 친구이자 조언자였을 뿐만 아니라, 그녀의 가장 친밀한 친구가 되었다. 링컨이 숨을 거두던 날 밤, 링컨 여사가 계속 찾았던 유일한 사람이 바로 엘리자베스 케클리였다.

케클리 부인은 자신의 경험을 책으로 썼는데, 이것은 역사적인 면에서도 다행스러운 일이었다. 그 책은 50년 동안 절판되었지만, 헐어빠진 책을 때로는 희귀본 판매상들로부터 10달러나 20달러에 구입할 수 있다. 제목은 조금 긴 『사건 현장의 숨은 이야기 ― 전에는 노예였으나 근래에는 양재사로 활동하며 에이브러햄 링컨 여사의 친구가 된 엘리자베스 케클리 지음. 혹은 노예로 보낸 30년, 백악관에서의 4년』이다.

엘리자베스 케클리는 링컨이 두 번째 임기에 출마했을 때인 1864년 여름에 "링컨 여사는 두려움과 불안으로 거의 미쳐 있었다."라고 그 책에 기록하고 있다.

왜 그랬을까? 뉴욕의 채권자 중 한 명이 그녀를 고소하겠다고 위협했기 때문이다. 링컨의 정적들이 그녀의 빚에 대한 풍문을 듣고 치열한 선거전에서 그것을 정치적인 위협으로 이용할지도 몰랐기에, 그녀는 미칠 지경이었다.

그녀는 이성을 잃고 흐느꼈다. "남편이 다시 당선되면, 내게 일어난 일들을 모르게 해야만 해. 하지만 재선에 실패하면, 남편에게 청구서를 보내서 모든 걸 알릴 수밖에 없어."

그래서 링컨에게 이렇게 소리쳤다. "나는 무릎을 꿇고 당신에게 표를 달라고 간청할 수 있어요."

하지만 링컨은 이렇게 말했다. "메리, 당신이 이 엄청난 걱정의 벌을 받을까 봐 걱정되오. 내가 재선이 되면 괜찮겠지만, 만약 떨어지면 당신은 실망을 이겨내야 하오."

케클리 부인이 링컨 여사에게 이렇게 물은 적이 있다. "링컨 각하는 영부인께서 얼마나 많은 빚을 지고 있다고 생각하고 있을까요?"

『사건 현장의 숨은 이야기』의 150쪽에 기록된 대로, 링컨 여사의 대답은 이랬다.

"맙소사! 천만에! ― 이 말은 그녀(링컨 여사)가 가장 좋아하는 표현임 ― 나는 그가 눈치채지 못하게 했어. 만일 마누라가 매우 복잡하게 말려들어 있다는 것을 알게 된다면, 남편은 미쳐버릴 거야."

케클리 부인은 말했다. "링컨의 암살로 인해 딱 하나 다행인 점은 그가 이 빚들을 모르고 숨을 거두었다는 사실이다."

남편이 무덤에 누운 지 일주일이 되자마자 링컨 여사는 그의 머리글자가 새겨져 있는 셔츠를 펜실베이니아가의 가게에 내놓고서 팔려고 애쓰고 있었다.

수어드가 이 소식을 듣고 무거운 마음으로 가서 몸소 전부 사버렸다. 링컨 여사가 백악관을 떠날 때, 그녀는 20개의 트렁크와 50개의 포장 박스를 지니고 있었다. 그 때문에 추잡한 소문들이 많이 나돌았다.

그녀는 이미 나폴레옹 왕자를 접대한 소요 경비를 속여서 미국 재무부의 돈을 사취했다는 비난을 공개적으로 계속 받고 있었다. 그녀의 적들은 처음에는 그녀가 몇 개의 트렁크만 달랑 들고 대통령 관저로 들어갔는데, 이제는 화차 한 대 분량의 소지품을 들고 떠나고 있다는 사실을 지적했다. …… 왜 그랬을까? 물건들을 몽땅 빼내갔을까? 닥치는 대로 싹쓸이를 했던 것일까?

심지어 그녀가 워싱턴을 떠난 지 거의 2년 6개월이나 지난 1867년 10월 6일에도, 〈클리블랜드 헤럴드〉는 링컨 여사에 대해 이렇게 얘기했다.

"백악관에서 벌어진 약탈을 벌충하기 위해 10만 달러가 필요했다는 것을 국가는 알아야 한다. 그 강탈로 누가 이득을 취했는지 밝혀내야 한다."

사실, 상당히 많은 것들이 '장미 황후'의 통치 기간 동안 백악관에서 도난당했지만, 그 잘못은 대부분 그녀의 책임이 아니었다. 물론 그녀가 실책을 범한 게 있었다. 첫 번째 실수 중 하나는 그녀가 그곳을 혼자서 관리해서 경제적 기반을 닦겠다고 말하며 집사와 다른 많은 일꾼들을 해고하려고 한 것이었다.

실제로 해고를 시켜버리자, 그들은 떠나면서 문손잡이와 부엌 난로를 제외한 거의 모든 것들을 훔쳤다. 1861년 3월 9일 〈워싱턴 스타〉는 백악관의 첫 번째 리셉션에 참석한 많은 손님들이 그들의 외투와 목도리를 잃어버렸다고 보도했다. 머지않아 백악관의 가구들조차도 수레에 실려 사라졌다.

50개의 포장 박스와 20개의 트렁크! 그 안에는 뭐가 들었을까? 대부분 쓸모없는 것들이었다. 쓸데없는 선물들, 조각상, 가치 없는 그림과 책들, 밀랍으로 만든 화환들, 사슴 머리들, 그리고 절망적으로 시대에 뒤떨어진 많은 낡은 옷들과 모자들이었는데, 그녀가 몇 년 전에 스프링필드에서 입었던 것들이었다.

케클리 부인은 "그녀는 오래된 물건을 사재기하는 것을 매우 좋아했다."고 했다.

그녀가 짐을 꾸리는 동안, 하버드를 최근에 졸업한 아들 로버트가 그녀에게 오래된 하찮은 물건들은 태우라고 충고했다. 어머니가 충고를 무시하자, 아들은 이렇게 말했다고 한다. "이 박스를 싣고 시카고로 가는 차에 불이 나서, 어머니의 오래된 약탈품들이 모두 타버리기를 하느님께 기원합니다."

링컨 여사가 마차를 몰고 백악관을 떠나던 날 아침 분위기를 케클리 부인은 이렇게 전했다. "그녀에게 잘 가라고 인사하는 친구도 거의 없었다. 너무나 조용해서 마음이 아팠다."

새 대통령인 앤드루 존슨조차 작별 인사를 하지 않았다. 실제로 그는 암살 이후 단 한 줄의 조문장조차도 보내지 않았다. 그녀가 자신을 경멸하고 있음을 알고 있었기에, 앙갚음을 했던 것이다.

지금은 역사적 사실에 비추어 터무니없게 보이지만, 당시 링컨 여사는 앤드루 존슨이 링컨을 암살한 음모의 배후였다고 확신하고 있었다.

두 아들, 테드와 로버트와 함께 링컨의 미망인은 시카고로 가서, 트레몬트 하우스에서 일주일 동안 머무르다가 너무 비싸다는 것을 알고, 하이드파크라고 불리는 피서지에 있는 '작고 평범한 가구가 있는' 방들로 옮겼다.

좀 더 좋은 곳에서 살 수가 없는 것에 흐느끼며 그녀는 예전 친구들과 친척들을 만나거나 심지어 연락을 취하는 것조차도 거부하고, 테드에게 맞춤법에 따라 글을 쓰는 법을 가르치는 데 몰두했다.

테드는 아버지가 가장 좋아하던 아이였다. 실제 이름은

토마스였지만 링컨은 그를 '테드' 혹은 '올챙이'라는 별명으로 불렀는데, 아이로서는 비정상적으로 큰 머리를 가졌기 때문이었다.

보통 테드는 아버지와 같이 잤다. 그 아이는 잠들 때까지 백악관의 집무실에서 어슬렁거렸기에 대통령이 그를 어깨에 메고 침대로 가곤 했다. 테드는 약간의 언어장애를 갖고 있었지만 아버지가 맞장구를 잘 쳐주었다. 테드는 자신의 장애를 재치있게 활용했기에, 부모가 공부를 시키려 해도 잘 피해나갔다. 열두 살이 되었지만, 그는 읽을 줄도 쓸 줄도 몰랐다.

케클리 부인의 기록에 따르면, 테드는 첫 번째 철자법 수업에서 'a, p, e'의 세 글자가 'monkey'라는 단어의 철자라고 우겼다고 한다. 그 세 글자는 테드가 원숭이(monkey)라고 여기는 작은 목판에 설명되어 있었기 때문이었다. 틀렸다는 것을 납득시키는 데 세 사람이 나서서 힘을 모아야 했다.

링컨 여사는 자신이 할 수 있는 모든 수단을 강구해서, 링컨이 살아서 두 번째 임기를 채웠을 경우 받았을 10만 달러를 자신에게 지불해달라고 의회를 설득했다. 의회가 받아들이지 않자, 그녀는 자신의 계획을 파렴치하고 사악한 거짓말로 방해한 '악마들'을 신랄하게 비난했다.

그녀는 "이 백발의 죄인들이 죽으면 사악함과 위선의 우두머리에게 끌려갈 거야."라고 말했다.

의회는 결국 링컨이 그해의 나머지 기간을 봉직했을 경우 당연히 받게 되는 금액과 거의 맞먹는 2만 2천 달러를 그녀에게 지급했다. 이 돈으로 그녀는 시카고에 정면이 대리석으로 된 집을 구입해서 가구를 들여놓았다.

2년이 지났지만, 링컨이 남긴 유산은 매각되지 않았다. 그런데도 계속 그녀가 돈을 많이 지출하자, 채권자들은 아우성을 쳤다. 곧 그녀는 셋방을 줘야만 했고, 나중엔 하숙을 치다가, 결국엔 집을 포기하고 자신이 하숙집으로 옮겨야만 했다.

그녀의 자금은 점점 더 고갈되어, 1867년 가을이 되기 전에 그녀는, 자신의 표현대로, "생계를 위해 아주 끔찍할 정도로 압박을 받았다."

그래서 그녀는 많은 옛날 옷가지와 레이스, 보석류를 포장해서, 주름 비단 면사포로 얼굴을 가린 채 신분을 숨기고 뉴욕으로 달려가, '클락 부인'이라는 이름을 기재하고 그곳에서 케클리 부인을 만났다. 그녀는 닳아 해진 옷들을 한 아름 모아 마차에 싣고 가서 7번가에 있는 중고 옷장수들에게 팔려고 했다. 하지만 받은 금액은 기대와는 달리 낮았다.

다음에 그녀는 브로드웨이 609번지에 있는 다이아몬드를 중개하는 브래디 앤 키스 상회로 갔다. 그녀의 사정을 듣고서 깜짝 놀라면서 그들은 이렇게 말했다.

"우리한테 모든 일을 맡겨주신다면, 몇 주 내로 10만 달러를 마련해줄 수 있습니다."

그 말에 솔깃해진 그녀는, 그들이 요구하는 대로, 자신의 비참한 가난을 말해주는 두세 통의 편지를 썼다.

키스는 이 편지들을 공화당 지도자들에게 보여주며, 돈을 주지 않으면 편지 내용을 발표해버리겠다고 위협했다.

하지만 그가 얻은 것이라곤 링컨 여사에 대한 그들의 평판뿐이었다.

그래서 그녀는 도움을 주고자 하는 도처의 사람들에게 관대함을 호소하는 15만 장의 회람을 발송하라고 브래디 앤 키스에게 요구했다. 하지만 회람에 서명할 저명인사를 찾기는 거의 불가능했다.

이제 공화당원들에 대한 분노로 부글부글 끓게 된 그녀는 마음을 바꿔 링컨의 적들에게 도움을 청하기 시작했다. 뉴욕의 〈월드〉는 정부의 명령으로 정간된 적이 있고, 편집장이 링컨에게 맹공을 퍼부었다는 이유로 체포되었던 민주당

신문이었다.

그 신문의 칼럼을 통해서 링컨 여사는 가난을 호소하고, 그녀의 오래된 옷들뿐만 아니라, '파라솔 덮개'나 '두 개의 드레스 옷감'과 같은 하찮은 물건들도 판매할 수 있도록 허락을 받았다.

주 선거 직전이어서, 민주당의 〈월드〉는 그녀의 편지를 인쇄해서, 설로 위드, 윌리엄 H. 수어드, 그리고 〈뉴욕 타임스〉의 헨리 J. 레이먼드를 맹렬히 비난했다.

조롱 섞인 말로, 〈월드〉는 민주당 독자들에게 버림 받고 고통 받는 첫 공화당 대통령의 미망인을 돌보기 위해 기부금을 보내달라고 진지하게 요청했다. 하지만 기부금은 거의 들어오지 않았다.

다음으로 그녀는 흑인들이 그녀를 위한 모금을 벌이게 하기 위해, 그 일에 힘을 쏟아달라고 케클리 부인을 재촉했다. 그러면서 이렇게 약속했다. 즉, 흑인들한테서 2만 5천 달러를 모금하면, 자신이 살아 있는 동안에는 케클리 부인이 매년 300달러의 '배당'을 받을 것이고 자신이 죽게 되면 2만 5천 달러를 전부 갖게 된다고 말이다.

한편 브래디 앤 키스는 그녀의 옷과 보석류를 판매한다는 광고를 냈다. 사람들이 가게로 몰려와 옷들을 만져보더니 불평을 늘어놓았다. 옷들이 유행이 지났고, 터무니없이 비싸고, '낡았고', '소매와 치맛단 밑이 고르지 않고', '안감에 얼룩이 있다'는 것이었다.

브래디 앤 키스는 또한 가게에 예약자 명부를 펼쳐놓고, 유람객들이 사지 않는다면 링컨 여사에게 돈을 기부하기를 바랐다.

끝내는 절망에 빠진 그 상인들이 그녀의 옷과 보석을 로드아일랜드 주의 프로비던스 시로 갖고 갔는데, 전시를 해서 25센트의 입장료를 받으려고 했다. 그 도시의 당국자들은 상인들의 말을 들어보려고도 하지 않았다. 브래디 앤 키스는 마침내 그녀의 물품들을 824달러에 팔았지만, 자신들의 일당과 지출 경비로 820달러를 떼어갔다.

링컨 여사를 위한 모금 운동은 실패했을 뿐만 아니라, 오히려 국민들의 맹렬한 비난만 받게 되었다. 모금 운동 내내 그녀는 자신의 수치스러운 모습을 드러냈기 때문이다.

〈앨버니 저널〉은 "그녀는 자신과 조국의 명예 그리고 작고한 남편에 대한 소중한 추억을 실추시켰다."고 소리 높였다.

설로 위드가 〈커머셜 에드버타이저〉에 보낸 편지에서 그녀는 거짓말쟁이에다 도둑이라고 비난받았다.

수년 동안 일리노이로 돌아가 지냈던 그녀는 '스프링필

드 마을에서 공포의 대상'이었으며, 그녀의 '기행이 일상의 화제'였고, '참고 산 링컨은 그의 거주 지역에서 제2의 소크라테스'였다고 〈하트퍼드 이브닝 프레스〉는 공격했다. 하지만 스프링필드의 〈저널〉은 그녀가 정상적인 정신 상태가 분명 아니었기에, 특이한 행동을 한 것에 대해 동정을 해주어야 한다고 사설에서 언급했다.

매사추세츠 주 스프링필드의 〈리퍼블리컨〉은 "무서운 여인인 링컨 여사의 고약한 성격을 온 나라의 큰 수치로서 널리 알려야 한다."고 거듭 주장했다. 이런 비난들에 굴욕을 느낀 링컨 여사는 케클리 부인에게 편지를 보내 자신의 아픈 마음을 다음과 같이 토로했다.

> 로버트가 지난밤에 미치광이 같고 거의 자살할 것처럼 하고 왔어. 〈월드〉 지에 어제 편지들이 공개되었기 때문이야……. 이 편지를 쓰면서 지금 나는 흐느끼고 있어. 오늘 아침에는 죽고 싶은 마음뿐이야. 사랑스러운 아들 테드만 없었으면 벌써 죽었을 거야.

예전부터 자매 및 일가친척들과 소원해져 있던 그녀는 이제 결국 자식인 로버트와의 관계조차도 깨졌다. 로버트에게 보낸 편지에서 자식을 너무나 무시하고 헐뜯었기에 일부 내용은 나중에 출간되기 전에 삭제해야만 했다.

링컨 여사는 49세가 되었을 때, 흑인 양재사에게 편지를 썼다. "당신 외엔 이 세상에 단 한 명의 친구도 없는 것 같아."

미국 역사상 에이브러햄 링컨만큼 존경 받고 사랑 받은 사람은 없었다. 그리고 아마도 미국 역사상 그의 아내만큼 지독하게 비난 받은 여인도 없을 것이다.

링컨 여사가 오래된 옷가지들을 팔려고 한 지 한 달도 되지 않아서, 링컨의 유산이 최종적으로 매각되었다. 그 액수는 110,295달러였으며, 링컨 여사와 두 아들에게 각각 36,765달러씩 공평하게 분배되었다.

그러자 링컨 여사는 아들 테드와 함께 프랑스로 가서 고독하게 지냈다. 프랑스 소설을 읽으며 소일했고 미국인은 아무도 만나지 않았다.

하지만 얼마 안 가 자신의 가난한 처지를 다시 하소연했다. 그녀는 매년 5천 달러의 연금을 지급해달라고 연방 상원에 청원했던 것이다. 그 법안은 상원에서 방청석의 야유와 의원석의 욕설을 받았다.

아이오와의 하웰 상원 의원은 "그것은 비열한 사기 행위이다."라고 소리쳤다. "링컨 여사는 남편에게 충실하지 않았다."고 일리노이의 예이츠 상원 의원이 소리쳤다. "그녀는 반란에 동조했다. 그녀는 우리의 자선을 받을 자격이 없다."

몇 달 동안의 처리 지연과 극심한 비난 끝에, 그녀는 마침내 1년에 3천 달러씩 받게 되었다.

1871년 여름 테드가 장티푸스가 걸려 극심한 고통을 겪다가 죽었다. 유일하게 남은 아들인 로버트는 이미 결혼을 한 상태였다.

친구도 없이 홀로, 절망에 빠진 메리 링컨은 강박관념의 희생자가 되었다. 어느 날 플로리다의 잭슨빌에서 커피를 사 놓고서도 독이 들어 있는 게 틀림없다며 마시지를 않았.

시카고로 기차를 타고 가면서 그녀는 주치의에게 전보를 쳐서 로버트의 생명을 구해달라고 애원했다. 하지만 로버트는 아프지 않았다. 로버트는 역에서 어머니를 만나, 안정되기를 바라며 그랜드 퍼시픽 호텔에서 같이 일주일을 보냈다.

종종 한밤중에 그녀는 아들 방으로 달려가, 악마가 자신을 죽이려 한다는 둥, 인디언들이 자기 머리에서 철사를 끄집어내고 있다는 둥, 의사들이 자기 머리에 강철 용수철을 꺼내고 있다는 둥 이상한 말을 하곤 했다. 낮 동안에는 상점을 방문해서, 어리석은 구매를 하고 값을 치렀는데, 예를 들면 그것들을 걸 집이 없는데도 레이스 커튼을 300달러에 구입했다.

무거운 마음으로 로버트 링컨은 시카고의 군 재판소에 어머니의 정신 상태에 대한 심리를 신청했다. 12명의 배심원단이 그녀가 미쳤다는 결정을 내려서, 그녀는 일리노이의 바타비아에 있는 사설 보호시설에 감금되었다.

13개월 후에 그녀는 풀려났다. 그녀로서는 불행한 일이었다. 완쾌되지 않은 채 풀려났기 때문이다. 이후 그 불쌍하고 병든 여인은 외국으로 가서 이방인들 틈에서 살았는데, 로버트에게 편지를 썼지만 주소는 알려주지 않았다.

프랑스의 포에서 홀로 살고 있던 어느 날, 그녀는 벽난로 위에 그림을 걸려고 사다리에 올라갔다가 그 사다리가 부서지는 바람에 떨어져 척추를 다쳤다. 그 바람에 오랫동안 걸을 수조차 없었다.

임종을 위해 고국으로 돌아온 그녀는 스프링필드에 사는 에드워즈 언니의 집에서 남은 날을 보내며, 이야기하고 또 했다. "언니는 내가 남편과 아이들한테 갈 수 있게 기도해줘야 해."

당시 그녀는 6천 달러의 현금과 7만 5천 달러어치의 정부 채권을 갖고 있으면서도, 가난에 대한 어리석은 두려움으로 끊임없이 고통을 받았다. 게다가 그 당시 육군장관으로 있던 로버트가 그의 아버지처럼 암살당할지도 모른다는 두려움에 사로잡혀 있었다.

그녀는 억누르는 가혹한 현실로부터 탈출하기를 갈망하며 모든 사람을 멀리했고, 방문과 창문을 닫고 커튼을 내려서 그녀의 방을 어둡게 했으며, 태양이 밝게 빛날 때도 양초를 밝혔다.

주치의는 이렇게 말했다. "아무리 권해도 링컨 여사는 신선한 바깥으로 나가려고 하지 않았다."

그곳에서, 고독과 촛불의 조용한 정적 한가운데에서, 분명 그녀의 기억은 잔인한 세월을 거슬러 올라가 마침내 한창 젊은 시절의 소중한 상념에 다다랐다. 상상 속에서 자신은 스테판 A. 더글러스와 다시 한 번 춤을 추면서, 그의 정중한 매너에 매료된 채 낭랑한 자음과 또박또박한 모음이 어우러진 그의 풍성한 노래소리를 듣고 있었다.

때때로 그녀는 자신의 또 다른 연인인 링컨, 즉 에이브러햄 링컨이 밤에 자신에게 구애를 하러 오는 것을 상상했다. 사실 그는 단지 스피드네 가게 위의 고미다락에서 잠을 자는 가난하고 못생기고 분투하는 변호사에 불과했다. 하지만 자극을 주면 대통령이 될 것으로 믿었기에, 그녀는 사랑을 얻으려고 그에게 아름답게 보이기를 갈망했다. 비록 그녀는 지난 15년 동안 가장 어두운 옷만 입었지만, 그런 상상이 들 때면, 스프링필드의 상점으로 슬그머니 내려갔다. 의사의 말에 따르면, 그녀는 '실크와 의류를 몇 트렁크씩' 구입해서 '짐마차 한 대분의 많은 양을' 가득 실었다. 하지만 '그녀가 결코 쓰지 않을 것들이었으며, 보관하는 방의 바닥이 꺼지지 않을까 걱정될 정도로 그것들을 쌓아올렸다.'

1882년 어느 평화로운 여름 저녁에, 그 가엾고 지치고 광포한 영혼에게, 그토록 갈구하던 해방이 주어졌다. 마비성 발작 후에 그녀는 언니의 집에서 조용히 잠들었다. 그곳은 40년 전에 에이브러햄 링컨이 '사랑은 영원하리라'라는 문구가 새겨진 반지를 그녀의 손가락에 끼워주었던 곳이다.

링컨 묘지 도굴 사건과
링컨 유해의 이장

⁕ 5 ⁕

1876년에 위조지폐 조직이 링컨의 시신을 훔치려고 했지만
실패하고, 일당은 붙잡혀 투옥되었다. 그 뒤 여러 가지 이유로
링컨의 유해는 17차례 옮겨졌다.

1876년에 위조지폐 조직이 링컨의 시체를 훔치려고 했다. 놀라운 이야기인데도, 이 내용을 다룬 링컨 관련 책은 거의 없다.

'빅 짐' 키닐리는 미국의 비밀 검찰국을 역사상 가장 난처하고 당황하게 만든 가장 지능적인 위조지폐단 중의 한 명이었다. 그는 옥수수를 기르고 돼지를 키우는 정직한 마을인 일리노이 주의 링컨에 본거지를 두고 있었다.

수년 동안, 빅 짐의 상냥하고 부드러운, 그들이 부르는 대로 '밀치기들(shovers, 원래는 '통근 열차에 손님을 밀어 넣는 사람'을 뜻하는 어휘로, counterfeiters, couriers, wholesalers, retailers, shovers 등등 위조지폐의 지하경제 사슬에서 위폐를 거리에 유통시키는

사람을 일컬음-옮긴이)'이 전국으로 다니며 속기 쉬운 상인들의 계산대 위에 가짜 5달러 지폐를 밀어 넣고 있었다. 그 벌이는 엄청났다. 하지만 1876년 봄, 치명적인 마비 상태가 그 조직에 다가오고 있었다. 그들이 공급하는 위조지폐 물량이 거의 바닥이 났고, 가짜 지폐를 만드는 원판 조판공인 벤 보이드가 감옥에 갇혔기 때문이다.

몇 개월 동안 빅 짐은 세인트루이스와 시카고를 뒤지며 위조지폐를 만들 다른 조판공을 구하려고 했지만 허사였다. 결국 그는 매우 귀중한 벤 보이드를 무슨 일이 있어도 석방시키겠다고 결심했다.

빅 짐은 에이브러햄 링컨의 시체를 훔쳐서 숨긴다는 사악한 아이디어를 생각해냈다. 그래서 북부 전체가 몹시 떠들썩해도 빅 짐은 조건이 까다롭고 굉장한 거래를 조용히 추진하려 했다. 그는 신성한 시체를 벤 보이드의 사면 및 많은 양의 금과 교환해 받으려고 했다.

위험한 계획이었을까? 전혀 그렇지 않았다. 일리노이 주의 법령집에는 시체 절도에 대한 법이 없었기 때문이다.

그래서 1876년 6월, 빅 짐은 활동 준비에 착수했다. 그는 공모자 다섯 명을 스프링필드에 급파해서, 그곳에 그들이 준비를 할 동안 바텐더로 위장할 수 있게 술집과 댄스홀을 차렸다.

그런데 불행하게도, '바텐더들' 중 한 명이 6월의 어느 토요일 밤에 위스키를 너무 많이 마시고 스프링필드의 홍등가를 어슬렁거리다, 너무 많은 걸 말해버렸다. 자신이 곧 많은 금을 갖게 된다고 떠벌렸던 것이다.

나아가 세부 사항까지 밝히고 말았다. 7월 4일 밤, 스프링필드가 축포를 쏘아 올릴 때 자신이 오크리지 묘지에서 '링컨의 유해를 훔쳐' 갖고 가서, 생거먼 강을 가로지르는 다리 밑의 모래톱에 매장할 것이라고 말이다.

1시간 후에 고급 유곽의 마담이 급히 경찰서로 달려가 그 소름 끼치는 정보를 알렸다. 게다가 그녀는 아침까지 그 소식을 상당히 많은 사람들에게 주책없이 지껄여댔다. 곧 도시 전체가 그 이야기를 듣게 되었고, 바텐더로 위장한 사람들은 계획을 단념하고 그 도시에서 도망쳤다.

하지만 빅 짐은 계획을 포기하지 않았다. 단지 연기했을 뿐이었다. 그는 본부를 스프링필드에서 시카고의 메디슨가 294번지로 옮겼다. 그곳에 술집을 차렸는데, 앞쪽 방에서는 그의 부하인 테런스 뮬란이 노동자에게 알코올음료를 만들어 팔았고, 뒷방에는 위조지폐범들이 비밀 회동을 하는 일종의 클럽 룸이 있었다. 그 술집 위에는 에이브러햄 링컨의 흉상이 서 있었다.

 몇 개월 동안 루이스 G. 스웨글스라는 이름의 도둑이 이 술집에 단골로 다니면서 빅 짐 조직의 환심을 사기 위해 노력했다. 그는 말 절도죄로 교도소에 두 번 복역했다고 말하며, 현재 자신이 '시카고의 시체 도둑 일인자'라고 떠벌렸다. 또한 그 도시의 의과대학에 해부용 시체의 대부분을 자신이 공급했다고 말했다. 묘지 도굴로 전국이 흉흉하던 시절이었기에 충분히 그럴 법한 얘기였다. 의과대학들은 강의실에서 쓸 해부용 시체를 구하기 위해, 눈 밑까지 눌러 쓴 모자에 불룩한 자루를 등에 걸치고 새벽 두 시에 뒷문으로 슬며시 다가온 사람들로부터 그것들을 사야만 했다.

 스웨글스와 키닐리 조직은 링컨의 무덤을 약탈하기 위한 계획을 세세하게 마련했다. 그들은 긴 자루에 시체를 넣어 짐마차의 바닥에 던져 싣고, 기운찬 말들이 교대하면서 전속력으로 인디애나 북쪽으로 달려간다는 내용이었다. 그리고 물새만이 노닐고 있는 그곳의 한적한 모래언덕 사이에 시체를 숨길 예정이었다. 그러면 호수 위로 불어오는 바람이 곧 모든 증거의 흔적들을 흐르는 모래 속으로 지워버릴 것이었다.

 시카고를 떠나기 전에 스웨글스는 런던 신문을 사서 한

조각을 떼어냈다. 그러고는 신문의 나머지를 웨스트 메디슨 가 294번지의 술집 위에 서 있는 링컨의 흉상 안에 쑤셔 넣었다. 11월 6일, 그날 밤에 그와 빅 짐의 조직원 둘은 떼어낸 신문 조각을 갖고 스프링필드로 가는 시카고 앤 앨톤 열차에 올랐다. 시체를 훔쳐내자마자 그 신문 조각을 빈 석관 옆에 남겨둘 작정이었다. 형사들이 그 신문을 찾아내면 당연히 사건의 단서로 여겨 보관할 것이었다. 그런 뒤 전국이 흥분으로 떠들썩할 때, 조직원 중 한 명이 주지사에게 접근해서 22만 달러어치의 금과 벤 보이드의 석방을 조건으로 링컨의 시체를 돌려주겠다고 할 계획이었다.

그런데 주지사는 대변인을 자칭하는 그 조직원이 사기꾼이 아님을 어떻게 알 수 있을까? 그 조직원은 런던 신문을 갖고 올 것이기에, 형사들이 찢어진 페이지에 그 신문 조각을 맞춰보면 그가 도굴꾼들의 진짜 대표자임을 인정하게 될 것이다.

그 조직은 일정에 맞추어 스프링필드에 도착했다. 그들은 스웨글스가 그들의 모험을 위해 '기막히게 좋은 시간'이라고 부른 때를 택했다. 11월 7일은 선거일이었다. 지난 몇 개월 동안 민주당원들은 부정한 이득과 부패가 그랜트의 두 번째 정부를 손상시켰다고 공화당원들을 비난해오고 있었고, 공화당원들은 민주당원들의 면전에 남북전쟁의 '피의 셔츠(미국 역사에서 남북전쟁 당시의 열정과 어려움을 상기시켜 유권자들에게 호소하기 위해 전후의 선거에 사용한 정치적 전략-옮긴이)'를 흔들었다. 이것은 미국 역사상 가장 치열한 선거 중 하나였다.

그날 밤, 흥분한 군중들이 신문사 주변에 운집하고 술집을 가득 메우고 있는 동안, 빅 짐의 부하들은 서둘러 어둡고 황량한 오크리지 묘지로 가서, 링컨 무덤의 철문에 매달린 맹꽁이자물쇠를 톱질로 제거하고 안으로 들어가, 석관에서 대리석 뚜껑을 지레로 비틀어 열고, 나무 관을 반쯤 들어올렸다.

조직원 중 한 명이 스웨글스에게 링컨 기념관에서 북동쪽으로 약 200미터 떨어진 협곡에 준비시켜 둔 말과 마차를 데려오라고 지시했다. 스웨글스는 가파른 절벽으로 급히 내려가 어둠 속으로 사라졌다.

사실 스웨글스는 도굴꾼이 아니었다. 그는 한때는 범죄자였지만 손을 씻은 뒤 비밀 검찰국의 정보원으로 일하고 있었다. 골짜기에서 그를 기다리는 한 조의 말과 짐마차는 없었다. 하지만 기념관에서 여덟 명의 요원들이 그를 기다리고 있었다. 스웨글스는 곧바로 그곳으로 달려가 사전에 약속한 대로 신호를 보냈다. 그는 성냥불을 그어서 담배에 불을 붙이며, 낮은 목소리로 '세탁'이라는 암호를 댔다.

여덟 명의 비밀 검찰국 요원들은 발소리를 죽이며 숨어 있던 곳에서 빠져나왔는데, 모두들 총구를 위로 치켜세운 연발 권총을 손에 들고 있었다. 그들은 스웨글스와 함께 묘소로 달려가, 컴컴한 무덤 안으로 한 걸음 내디디며, 도굴꾼들에게 항복하라고 했다.

하지만 대답이 없었다. 비밀 검찰국의 지역 책임자인 타이렐이 성냥을 켰다. 관은 대리석 석관에서 반쯤 들린 상태로 놓여 있었다. 그런데 도둑들은 어디로 갔을까? 형사들은 묘지 곳곳을 샅샅이 뒤졌다. 달이 나무 위로 떠오르고 있었다. 타이렐이 기념관의 테라스 위로 뛰어올랐다. 그때 조각상들 뒤에서 그를 노려보고 있는 두 사람의 형체가 눈에 들어왔다. 흥분하고 당황한 나머지 그는 둘에게 총을 발사했고, 그들도 곧장 응사했다. 그런데 그들은 도둑이 아니었다. 그는 자기 부하들을 쏘고 있었다.

그러는 사이에 30미터 떨어진 어둠 속에서 기다리고 있던 도둑들은 스웨글스가 말을 데리고 돌아오는 동안 숲 속으로 달아나버렸다.

열흘 후 그들은 시카고에서 붙잡혀 스프링필드로 압송되어 감옥에 투옥되었는데, 밤낮으로 엄중한 감시를 받았다.

한동안 많은 사람들이 이 사건 때문에 극심한 흥분과 분노를 느꼈다. 부유한 풀먼가와 결혼한 링컨의 아들 로버트는 시카고 최고의 변호사들에게 의뢰하여 그 조직을 고발했다. 변호사들은 최선을 다했지만, 어려움을 겪었다.

당시 일리노이 주에는 시체를 훔치는 것을 벌할 법이 없었다. 그들이 실제 관을 훔쳤다면 관을 훔친 것에 대해서만 기소될 텐데, 그들은 관을 훔치지도 않았다. 그들은 관을 무덤 밖으로 갖고 나가지 않았다. 그래서 시카고에서 온 가장 비싼 변호사들이 할 수 있는 최선의 일은 그 도굴꾼들을 75달러의 값어치가 있는 관을 훔치려고 '음모'를 꾸몄다는 혐의로 기소하는 것이었는데, 그 범죄에 대한 최고의 벌은 5년형이었다.

하지만 그 사건은 8개월 동안이나 재판이 열리지 않았다. 국민들의 분노는 그동안 수그러들었지만 정치적 압력이 존재했기 때문이다. 첫 번째 표결에서 네 명의 배심원들이 실제로 무죄방면에 표를 던졌다. 몇 번 표결을 더하고 나서 열두 명의 배심원들이 타협을 보고 난 뒤 그 도굴꾼들에게 줄리엣 감옥에서의 1년형의 판결이 내려졌다.

다른 도둑들이 또 시신을 훔칠지 모른다고 링컨의 친구들이 걱정하자, 링컨 기념 협회는 링컨의 시신을 철제 관에

월급 차이다. 월공의 지급정지 지정 포기 신의 측 중증의 이상 공 돈을 받아 나가면을 것과 무리가 어려에 2년 동안 간 불합리다. 그동안 수령은 정해보들을 뗀 뒤 시간의 것이를 표했다.

여러 가지 이유로 월급의 유예되는 17가지나 늦가졌다. 회 사면 이제 더 이상 송강지로 월급을 받지 못할 것이다. 월급의 절반 이상인 1.8원 트 목이 강형된 공로지토로 만든 재테크의 중 간 고장을 속에 매장님이 있으나 말이다. 월급

1901년 9월 26일에 그로하에 속하셨다.

그날 한 판권이 일했을 때, 사람들은 그의 일공을 마지막 으로 매기었었다. 그래 왕권의 일공을 돈 사람들이 그 가 공원 자일꾼으로 포장되고 일했다고 말했다. 동고 친 지 36년이 지났지만, 미래를 만드는 사람들에 서기에 지지를 매우 원했기 때문에 생각이 보통은 그대로 지기고 있었다. 엉원의 장생기가 메니메이의 상공을 당자에 부 신로 가지아이 일일을 뻔이다.